Linzer Schriften zur Frauenforschung

Reihe

Linzer Schriften zur Frauenforschung

Herausgegeben von

Univ. Prof. Dr. Ursula Floßmann

Die Schriftenreihe im Universitätsverlag R. Trauner will frauenrelevante Untersuchungsergebnisse einem breiteren Publikum zugänglich machen, um Lücken im Wissen über Frauen zu schließen und die Sensibilität für die Benachteiligung von Frauen in den unterschiedlichsten Lebensbereichen zu fördern.

Gedruckt mit Unterstützung von:
Land Oberösterreich
Stadt Linz

Karin Neuwirth

Die sozialversicherungsrechtlichen Folgen der Ehescheidung

Historische Entwicklung, gegenwärtige Rechtslage und Reformüberlegungen

Linzer Schriften zur Frauenforschung
Band 7

Das Logo auf dem Titelbild stammt von Gerald Raab, 5. Klasse HGBLA für Kunstgewerbe, und ist aus einem von der Linzer Koordinationsstelle für Frauenforschung und Frauenstudien initiierten SchülerInnenwettbewerb hervorgegangen.

Universitätsverlag R. Trauner
Linz 1998

ISBN 3 85320 962 9

Inhaltsverzeichnis

I. Die Problemstellungen der Arbeit

A. Die Idee der Sozialversicherung

Die Sozialversicherung bildet den Kernbereich des Sozialrechts. Tragendes Prinzip ist die Bildung einer Risikogemeinschaft, deren Mitglieder durch Einzahlung von Beiträgen jenes Kapital schaffen, aus dem dem einzelnen in einer anspruchsauslösenden (sozialen) Notlage Leistungen gewährt werden.[1] Neben der Sozialversicherung kennt das österreichische Sozialrecht als zweite Kategorie die Sozialhilfe (Fürsorge)[2], die subsidiär zur Sozialversicherung zur Anwendung kommt und den Bereich der klassischen Fürsorge abdeckt. Hier wendet die Allgemeinheit unter festgelegten Bedingungen Personen ohne vorherige Gegenleistung Mittel zur Abdeckung ihrer Grundbedürfnisse zu. Als dritter Bereich kann jener der Versorgung genannt werden, die wie die Fürsorge aus öffentlichen Geldern finanziert wird und quasi als Entgelt jenen Personen, die besondere Leistungen oder Opfer für die Allgemeinheit erbracht haben, zukommt.[3]

Die Bestimmungen des Sozialversicherungsrechts entstanden in der uns heute geläufigen Struktur in den letzten Jahrzehnten des vorigen Jahrhunderts. Die Normen erfüllten in erster Linie Schutzfunktionen für die notleidende, arbeitende Bevölkerung, mit deren schwieriger wirtschaftlicher und sozialer Lage sich der Gesetzgeber nun nicht mehr nur im Sinn eines almosenspendenden Wohltäters, sondern eines Sozialstaates[4]

---

1 Zum Versicherungsprinzip *Krejci*, Das Sozialversicherungsverhältnis.

2 *Tomandl*, Grundriß des österreichischen Sozialrechts 260 ff.

3 Zu nennen sind hier zB die Kriegs- und Verbrechensopferversorgung; auch die Leistungen an Beamte sind Versorgung (*Grillberger*, Österreichisches Sozialrecht 2; *Tomandl*, Grundriß 3 f). Die Beamtenversorgung soll dennoch parallel zu den Versicherungsbestimmungen behandelt werden, weil anderenfalls sowohl aufgrund der Zahl der Betroffenen als auch der zunehmenden Bemühungen um Vereinheitlichung der Systeme eine vollständige Bearbeitung des Themas nicht möglich wäre.

4 Zur Problematik verschiedener Begriffe wie "Sozialstaat" oder "Wohlfahrtsstaat" und ihrer oft synonymen Verwendung *Tálos/Wörister*, Soziale Sicherung im Sozialstaat Österreich 9 f.

auseinandersetzte.[5] Waren die zeitgleich erkämpften, arbeitsrechtlichen Vorschriften dem Schutz bei aufrechter Erwerbstätigkeit gewidmet, so bezogen sich die Bestimmungen des Sozialrechts im besonderen auf Fälle einer geminderten bzw vorübergehend oder dauernd verlorenen Arbeitsfähigkeit. Relativ früh entstanden die Versicherungszweige der Kranken-, Unfall-, Invaliden- bzw Pensionsversicherung. Erst später wurde die Lage des Arbeitsmarktes mittels Bestimmungen, die eine kurzfristige Lebensabsicherung im Fall der Arbeitslosigkeit garantieren sollten, mitberücksichtigt.[6]

Das Sozialversicherungssystem beruht - wie der Begriff Versicherung auch im allgemeinen Sprachgebrauch ausdrückt - auf dem Grundsatz, daß bei Erbringung regelmäßiger Beiträge der Versicherte in einem vorher definierten Anlaßfall mit bestimmten Leistungen durch den Versicherungsträger rechnen kann. "Versicherung ist somit ein gegenseitiges und entgeltliches Rechtsverhältnis. Sein Vorteil besteht darin, daß das Risiko auf eine große Anzahl von Personen verteilt und dadurch für den einzelnen tragbar wird."[7] Der Vorteil besteht auch darin, daß ein Versi-

---

[5] Zur Geschichte der Sozialgesetzgebung einschließlich ihrer politischen Hintergründe siehe die umfassenden Darstellungen bei *Brügel*, Soziale Gesetzgebung in Österreich von 1848 bis 1918; *Hofmeister*, Landesbericht Österreich, in: *Köhler/Zacher* (Hg), Ein Jahrhundert Sozialversicherung in der Bundesrepublik Deutschland, Frankreich, Großbritannien, Österreich und der Schweiz 453 ff; *Tálos*, Staatliche Sozialpolitik in Österreich.

[6] Eine Arbeitslosenversicherung wurde in Österreich mit G v 24.3.1920, StGBl 153 eingeführt. Bereits nach Kriegsende war es zu einer groß angelegten Arbeitslosenunterstützungsaktion gekommen, die jedoch als rein aus öffentlichen Mitteln finanzierte Fürsorgemaßnahme angelegt war. Zu den ursprünglichen gewerkschaftlichen Forderungen nach einer Arbeitslosenversicherung siehe *Hofmeister*, Die Rolle der Sozialpartnerschaft in der Entwicklung der Sozialversicherung, in: *Stourzh/Grandner* (Hg), Historische Wurzeln der Sozialpartnerschaft 306 ff; zur weiteren Entwicklung auch *Hofmeister*, Landesbericht, in: *Köhler/Zacher* (Hg), Jahrhundert 634. Eine nähere Erläuterung der Arbeitslosenversicherung einschließlich ihrer Gesetzesentwicklung ist für die Behandlung der in der Arbeit gegebenen Fragestellungen nicht von Bedeutung.

[7] *Grillberger*, Sozialrecht 10.

cherungssystem dem Betroffenen begründete, durchsetzbare Ansprüche in die Hand gibt und ihn nicht zum die Gesellschaft belastenden Bittsteller macht.

Die Frage, ob außer dem Arbeitnehmer auch der Arbeitgeber und die öffentliche Hand in ein derartiges Versicherungssystem einzahlen sollten, war von Beginn an starken Kontroversen unterworfen und wurde schließlich im Hinblick auf das Allgemeinwohl bejaht. Ein wesentliches Element der Sozialversicherung bilden die Zugangsvoraussetzungen, die es dem einzelnen ermöglichen, in den Genuß eines Versicherungsschutzes zu kommen. Traditionellerweise wurde und wird hier auf eine bezahlte Erwerbstätigkeit abgestellt. Der durch den Wegfall der Arbeitskraft[8] bedingte Wegfall der Entlohnung war zentraler Anknüpfungspunkt von Sozialversicherungsleistungen. Sowohl sozialpolitisch als auch versicherungstechnisch sinnvoll erschien es, einer möglichst großen Anzahl von Personen einen Sozialversicherungsschutz zu ermöglichen, was vice versa zu einer Stärkung des Systems mittels höherer Beitragsleistung führt.

[8] Wie bereits gesagt, konnte es sich hier um krankheits- oder unfallsbedingte, vorübergehende bzw unfalls- oder altersbedingte, dauernde Erwerbsunfähigkeit handeln.

B. Die Position eines geschiedenen Ehepartners in der Sozialversicherung

Um das Problem der Zugehörigkeit zum Kreis der Versicherten geht es grundsätzlich auch bei der Frage nach den Auswirkungen einer Ehescheidung auf den sozialversicherungsrechtlichen Schutz einer Person.

Im Sinne einer wiederum eher wohlfahrtsstaatlich geprägten Politik wurde das Leistungssystem der Versicherungen kontinuierlich auch auf andere, mit dem eigentlichen Versicherten in enger Beziehung stehende Personen ausgedehnt. Abgestellt wurde auf bestehende Unterhaltsverpflichtungen, die dem Versicherten durch familienrechtliche Bindungen und Vorschriften auferlegt waren. Unterhaltsberechtigte Angehörige des Versicherten traf der Verlust seiner Arbeitskraft ebenso wie den Betroffenen selbst, im Fall seines Todes blieben sie unversorgt zurück. *Mädje/Neusüß* definieren den Übergang von der bloßen Armenpflege zur staatlichen Wohlfahrt (hier im Sinn der Einräumung rechtlicher Ansprüche) als die verstärkte "staatliche Substitution des familiären Unterhalts", die jedoch durch die heutige Krise des Instituts Ehe zunehmend wieder den Charakter einer umfassenden Absicherung verliert.[9]

Familienangehörige wurden entweder mitversichert[10] oder waren als Hinterbliebene[11] des Versicherten anspruchsberechtigt. Der Bereich des Eherechts - sprich die rechtlichen Wirkungen der Eheschließung sowie die Scheidungsfolgen - wird im Zusammenhang mit einer Sozialversi-

---

9 *Mädje/Neusüß*, Frauen im Sozialstaat 44 ff. Umfassend zum Verhältnis von familienrechtlich bedingten Unterhaltszahlungen und staatlichen Sozialleistungen auch *Ruland*, Familiärer Unterhalt und Leistungen der sozialen Sicherheit.

10 Typischer Bereich ist die Krankenversicherung, die durch ihre großzügigen Regelungen zur Mitversicherung (sowie der Eigenversicherung ohne versicherungsbegründende Erwerbstätigkeit) mittlerweile zur "Volksversicherung" geworden ist. So *Schiffbänker*, Weibliche Lebenszusammenhänge im Sozialversicherungsrecht, in: *Floßmann* (Hg), Recht, Geschlecht und Gerechtigkeit. Frauenforschung in der Rechtswissenschaft 409. Bereits 1930 waren 60 % der Bevölkerung krankenversichert (*Tálos/Wörister*, Sicherung 24).

11 Witwen- und Waisenpensionen der Unfall- und Altersversicherung bilden hier den klassischen Anwendungszweig.

cherung dann relevant, wenn sozialversicherungsrechtliche Bestimmungen den Ehepartner nicht als Selbstversicherten, sondern als Angehörigen des anderen Versicherten mitberücksichtigen. Die Frage, ob ein vom versicherten Ehepartner abgeleiteter Schutz auch nach Beendigung der Ehe mittels Scheidung weiterbesteht, ist für eine im Sozialversicherungssystem nicht oder unzureichend selbständig abgesicherte Person von entscheidender Bedeutung.

Grundsätzlich kann angemerkt werden, daß die Position der/des geschiedenen Ehegattin/en[12] in der österreichischen Sozialversicherung von geringer Bedeutung scheint, wenn man von der Zahl der einschlägigen Bestimmungen ausgeht. Dem Geschiedenen stehen entweder als ehemaligem Mitversichertem oder als Hinterbliebenem Leistungen aus Kranken-, Unfall- oder Pensionsversicherung zu. Auf der Frage, unter welchen Voraussetzungen die Versicherungen derartige, abhängige Leistungen an geschiedene Ehepartner erbringen und wie sich diese Gesetzesbestimmungen seit Entstehen des Sozialversicherungssystems entwickelt haben, soll der Schwerpunkt der Arbeit liegen.

---

[12] Meine Ausführungen zum modernen Recht gehen prinzipiell von einer rechtlichen Gleichregelung bezüglich beider Geschlechter aus, auf eine unterschiedliche Behandlung von Frau und Mann wird ausdrücklich hingewiesen. Um die Lesbarkeit des Textes nicht zu erschweren, werde ich mich auf jeweils eine Form der Bezeichnung beschränken. Im allgemeinen Teil wird das zumeist die männliche sein, bei Behandlung der einzelnen Regelungen meist die weibliche, weil historisch gesehen die angesprochenen Sozialrechtsnormen auf Frauen zugeschnitten waren - Witwen und Waisen waren die klassischen Empfänger/innen von Hinterbliebenenrenten - und weil sich diese Regelungen noch heute als primär für Frauen problematisch erweisen.

C. Historische Verwurzelung aktueller Probleme

Praktischer Ausgangspunkt der Arbeit ist die Tatsache der schlechten Altersabsicherung von Frauen, insbesondere geschiedener Frauen, im System der Sozialversicherung.[13] Der Kern der Ausführungen liegt daher bei der Alterspension; Kranken- und Unfallversicherung können jedoch nicht ausgeklammert werden.

Die durchschnittlichen Eigenpensionen von Frauen (ca S 6.800,--) erreichen knapp mehr als 50 % der Männerpensionen. Von den rund 20 % Mehrfachpensionsbeziehern sind der Großteil Frauen. Die durchschnittliche Pension dieser Frauen (ca S 11.000,--), die neben der eigenen noch eine Hinterbliebenenpension erhalten, liegt noch immer unter dem Betrag, den ein Mann an Eigenpension erhält (ca S 12.700,--). Man kann daher grob vereinfacht sagen, daß nur 1/5 der weiblichen Pensionsbezieher einen gleich hohen Anspruch wie männliche Pensionisten erlangt, wobei hier die Hinterbliebenenpensionsansprüche der Männer noch nicht mitberücksichtigt sind. Rund 25 % der Frauen über 60 Jahre beziehen ausschließlich eine Hinterbliebenenpension, 15 % haben keinerlei Pensionsanspruch.[14]

Die Ursachen für die geschlechtsspezifischen Pensionsunterschiede sind komplex angelegt, zu nennen sind primär die in der Pension fortgesetzte Lohndiskriminierung, die Ausrichtung des Systems an einer "männlichen Erwerbsbiographie", dh die Notwendigkeit einer lebenslangen,

---

[13] Hierbei handelt es sich nicht um ein österreichisches Phänomen, sondern offenbar um eine grundsätzliche Schwäche der Sozialsysteme. Für den amerikanischen Raum geht *Fraser* von einer Feminisierung der Armut aus (*Fraser*, Widerspenstige Praktiken 222 ff), die Schwächen der europäischen Sozialordnungen ortet *Schunter-Kleemann* (Hg), Herrenhaus Europa.

[14] Weiteres statistisches Material liefern *Obermayr Ursula* ua, Geschlechtsspezifisches Pensionsniveau. Stand und Entwicklung, SozSi 1993, 23 ff; *Wörister Karl*, Witwen- und Witwerpension - Einige Fakten, SozSi 1993, 702 ff sowie *Bundesministerin für Frauenangelegenheiten* (Hg), Bericht über die Situation der Frauen in Österreich. Frauenbericht 1995, 409 ff und der Projektbericht zu der von der Bundesministerin für Frauenangelegenheiten in Auftrag gegebenen Studie von *Prinz/Rolf-Engel/Thenner*, Neue Wege der eigenständige Alterssicherung von Frauen.

vollzeitigen Erwerbstätigkeit zum Erreichen der optimalen Bedingungen eines Pensionsanspruchs, sowie die Unter- oder besser Nichtbewertung von familienbezogenen und sozialen Tätigkeiten, die überwiegend von Frauen und großteils unentgeltlich geleistet werden, in der Sozialversicherung. "Das System der sozialen Sicherung ist in Österreich in dominanter Weise ein erwerbsarbeitsorientiertes, berufsgruppenbezogenes und am Statuserhalt ausgerichtetes. [...] Das Niveau der Leistungen reproduziert nicht nur die ungleichen Bedingungen von Erwerbsarbeit, sondern auch die Unterschiede des Erwerbseinkommens."[15] Für das deutsche Rentenrecht formuliert *Ute Gerhard*: "Ausgehend von der These, daß sich im Problem der Alterssicherung von Frauen verschiedene Formen sozialer Ungerechtigkeit bündeln und sogar potenzieren - wie Lohnungleichheit, die geschlechtshierarchische Form der Arbeitsteilung, die Unterbewertung der Familien- und Erziehungsarbeit -, ist die Rentendebatte nicht isoliert zu betrachten, sondern in den Kontext der politischen Rahmenbedingungen und normativen Vorgaben zu stellen."[16]

Für die unzureichende Altersversorgung vieler Frauen sind einerseits allgemeine, pensionsrechtliche Faktoren verantwortlich, andererseits verschärfen offenbar die spezifischen Regelungen der Geschiedenen-Hinterbliebenenpension die Situation noch weiter.

Die entwicklungsgeschichtliche Darstellung der sozialversicherungsrechtlichen Regelungen, die die abgeleiteten Versicherungsansprüche Geschiedener zum Inhalt haben, sowie die gegenüberstellende Betrachtung der Entwicklung des Scheidungsrechts soll die zwingende Verflechtung zwischen Ehe- und Sozialrecht aufzeigen.

Anzusetzen ist bei den religiös dominierten Scheidungsregelungen des ABGB idF 1811, das zur Zeit des Entstehens der Sozialgesetze in den 80er Jahren des vorigen Jahrhunderts anwendbar war. Eine für beide

---

[15] *Tálos/Wörister*, Sicherung 44.

[16] *Gerhard*, Frauenleitbilder und Etappen bundesrepublikanischer Frauenpolitik, in: *Veil/ Prinz/Gerhard* (Hg), Am modernen Frauenleben vorbei 17.

Bereiche wesentliche Neuordnung fand erst im Zeitpunkt der Machtergreifung durch die Nationalsozialisten in Österreich und die angeordnete Übernahme der reichsdeutschen Versicherungsbestimmungen sowie die Schaffung des EheG 1938 statt. Das EheG blieb auch nach dem 2. Weltkrieg in Geltung, das Sozialrecht fand wieder zu österreichischen Bestimmungen zurück. Die Familienrechtsreform der 70er Jahre muß wieder als Markstein in der rechtlichen Entwicklung gesehen werden, den Umwälzungen des Eherechts folgte das Sozialversicherungsrecht hier nur zögerlich.

Die Fragen, auf welchen Kriterien die gegenseitige Wechselwirkung beruhte bzw wieweit die jeweiligen Novellierungen von Sozialversicherungs- und Eherecht aufeinander abgestimmt waren, sind von zentraler Bedeutung für die Themenstellung.

D. Reformnotwendigkeiten und aktuelle rechtspolitische Zielsetzungen

Gerade in der derzeitigen, unbeständigen Wirtschaftslage nimmt die Bedeutung einer sozialversicherungsrechtlichen Absicherung zu, während gleichzeitig aufgrund ebendieser Bedingungen die Versicherungen und Versicherungsträger zum Sparen gezwungen sind und, um Kostenexplosionen zu vermeiden, die Zugangsbedingungen zur sozialen Sicherung erschweren. War oder ist der geschiedene Ehepartner auch eigenversichert, so kommen ihr oder ihm zumindest eigene Ansprüche gegenüber der Versicherung zu. Ob diese real ein finanzielles Auskommen garantieren können, ist ein eigenes Problem. Bei einem allein von abgeleiteten Ansprüchen abhängigen Ehegatten hingegen handelt es sich bei der Entscheidung, die Ehe zu beenden, prinzipiell um eine Existenzfrage.

Voranstellen möchte ich hier die Behauptung, daß nicht - wie nach derzeitiger Rechtslage - der Ausgang eines Scheidungsurteils der Hauptparameter dafür sein kann, ob jemand aus dem Sicherheitsnetz der Sozialversicherung fällt, oder ob er im Alter Ansprüche auf eine Pension geltend machen kann.

Von Seiten der Frauenpolitik wird vehement eine Änderung der Rechtslage gefordert. Nach den als Rückschlag zu bewertenden Erkenntnissen des VfGH zu Witwerpension[17] und Pensionsalter[18] kann man aller-

---

[17] Erk v 26.6.1980, G 6/79 ua = VfSlg 8871/1980; SozSi 1980, 349 ff; JBl 1981, 144 ff. Die im ASVG nur von Witwern geforderten Voraussetzungen (Erwerbsunfähigkeit, Bedürftigkeit und Unterhaltsleistung durch die Verstorbene) zur Erlangung einer Hinterbliebenenpension wurden als gleichheitswidrig aufgehoben. Wie eine Neugestaltung des Hinterbliebenenrechts ausfallen sollte, ließ der VfGH offen; in der Folge wurden die Regelungen der Witwenpension spiegelgleich auch für Witwer übernommen. Zur Kritik an dieser Entscheidung siehe Kap II.C.5.1.1.

[18] Erk v 6.12.1990, G 223/88 ua = VfSlg 12568/1990; DRdA 1991, 380 ff. Zu beiden Erkenntnissen *Hornyik*, Sind Männer gleicher?, in: *Mesner/Steger-Mauerhofer* (Hg), Der Tod der Olympe de Gouges 67 ff.

dings kaum davon ausgehen, daß eine Berufung auf den Gleichheitsgrundsatz zu zielbringenden Ergebnissen führen kann.[19] Mit dem Tenor, daß die durch die Familienrechtsreform der 70er Jahre geschaffene, theoretische Gleichstellung der Geschlechter in der Ehe auch in das Sozialversicherungsrecht Einzug finden müsse, wurden die Bestimmungen zum unterschiedlichen Pensionsalter von Mann und Frau sowie die Regelungen der Witwerpension als gleichheitswidrig aufgehoben.

Das unterschiedliche Pensionsalter von Frauen und Männern wurde nicht nur als Begünstigung von Frauen gegenüber Männern, sondern auch im Hinblick auf eine gleichheitswidrige Bevorzugung berufstätiger Frauen gegenüber nicht (ständig) berufstätigen Frauen, die diese "vorteilhaften Regelungen" nicht in Anspruch nehmen können, aufgehoben. Pensionsstatistiken zeigten allerdings schon damals ein von den normierten Grenzen abweichendes Bild: "1989 lag beispielsweise in der Pensionsversicherungsanstalt der Arbeiter das durchschnittliche Pensionszugangsalter von Frauen und Männern knapp unter 57 Jahren. Bei den Beamten gingen trotz des gleichen Pensionsalters für Frauen und Männer die Männer mit 59, die Frauen mit durchschnittlich 56 Jahren in Pension. Beamtinnen gingen also im Schnitt fast ein Jahr früher in Pension als Arbeiterinnen, obwohl sie rechtlich ein um fünf Jahre höheres Pensionsalter haben [...]."[20] Nach den Ausführungen von *Wolff* ist aus versicherungsmathematischen Überlegungen auch heute noch ein 1 bis 5 Jahre früher anzusetzendes Pensionsalter für Frauen vertretbar. Auf diese ursprünglich auch für die Schaffung des unterschiedlichen Pensionsalters (RGBl 1914/138) verantwortlichen Berechnungen, die keine "Bevorzugung" der Frauen, sondern in Wahrheit nur die Beitrags- und Leistungsäquivalenz zwischen den Versicherungsgruppen der Frauen

---

[19] *Hieden-Sommer* spricht treffenderweise von einer zynischen Umfunktionierung des Gleichheitssatzes und einer "Gleichstellung nach dem Tod", die "bekanntlich nicht zu größerer Gleichheit und Gerechtigkeit unter den Lebenden" führt. *Hieden-Sommer*, Alterssicherung der Frauen, in: *Renner-Institut* (Hg), Der Sozialstaat in Österreich 58.

[20] *Hieden-Sommer*, 'Frauenpolitik' - Geschlechterverhältnisse. Wissenschaftliche Grenzziehungen 102.

und Männer dokumentieren[21], ist der VfGH in seiner Begründung nicht eingegangen.[22]

Die faktische Gleichstellung von Frauen und Männern in der sozialversicherungsrechtlichen Absicherung läßt somit weiterhin auf sich warten. "'Geschlechtsneutrale' Regelungen berücksichtigen bestehende soziale Ungleichheiten nicht, sie gelten gleichermaßen für Frauen und Männer, für Arme und Reiche. Eine genauere Betrachtung solcher 'geschlechtsneutraler' Regelungen zeigt, daß sich dahinter oft 'bürgerlich'-patriarchalische Ordnungs- und Zielvorstellungen verstecken."[23]

Der bundesdeutsche Gesetzgeber fand bereits Mitte der 70er Jahre eine Lösung des für die deutsche Rechtslage gleichermaßen bestehenden Problems der sozialrechtlichen Absicherung Geschiedener im Rahmen eines neuen Scheidungs- und Scheidungsfolgenrechts. Das deutsche Modell soll als mögliches Vorbild für österreichische Regelungen untersucht werden, ist aber nur als ein denkbarer Ansatz zu verstehen. Eine Auflösung der Problematik der Versicherungsansprüche Geschiedener allein über das Eherecht erscheint mA als zu einseitig – obwohl auch hier dringend Änderungen geboten wären. Eine Scheidung sollte nicht mehr als Instrument für Rache- und Strafzwecke, sondern mit aller Nüchternheit als Schlußpunkt einer vertraglichen Beziehung angesehen werden. Neben den scheidungsrechtlichen Aspekten wäre das Hauptaugenmerk auf soziale Überlegungen zu richten und eine Antwort in Zusammenhang mit einer Neuordnung der versicherungs- insbesonders der pensionsrechtlichen Regelungen zu suchen.

---

[21] Hinterbliebenenpensionen beispielsweise führen zu enormen Verzehrungen dieser Äquivalenz.

[22] Siehe *Wolff Karl-Heinz*, Ein Versicherungsmathematiker zum Gleichheitsgrundsatz in der sozialen Pensionsversicherung, DRdA 1991, 335 ff.

[23] *Hieden-Sommer*, Frauenpolitik 96.

II. Österreichische Rechtsentwicklung

A. Einführung in die historischen Wurzeln des Sozialversicherungsrechts

1. Allgemeines

1.1. Geschichtliche Entwicklung

Bestimmungen, die die finanzielle Absicherung Angehöriger bestimmter Berufsgruppen in Fällen von Krankheit oder Arbeitsunfähigkeit garantierten, können bis ins Mittelalter zurückverfolgt werden; ebenso Regelungen zur Versorgung ihrer Witwen und Waisen. Die rechtlichen Grundlagen bildeten Zunft- und Bergordnungen;[24] Eigeninitiative und Selbständigkeit der Betroffenen können als Motor derartiger Modelle angesehen werden.

"Erst um die Wende des 18. Jahrhunderts zeigten sich in England, später auch in Preußen, Österreich und einigen anderen Staaten des europäischen Festlandes leise Anzeichen eines beginnenden Arbeiterschutzes. Dies erste Stadium dauerte bis 1848, dem Revolutionsjahr, das auch dem Assoziationswesen der Arbeiter Raum gab. Nun folgt die zweite Periode, welche etwa drei Jahrzehnte umfaßt und in der das allmähliche Erstarken der organisierten Arbeiterschaft deutlich in Erscheinung tritt. Trotz mancher staatlicher Abwehraktionen vermag sich die [...] Sozialdemokratie [...] politisch zur Geltung zu bringen und mit Hilfe der bürgerlichen Sozialreformer auf die Gestaltung der sozialen Gesetzgebung Einfluß zu nehmen. Diese letztere gelangt allerdings erst im dritten bis zum Kriegsausbruch währenden Stadium zu merklicher Entfaltung."[25]

---

[24] Als Träger der Absicherung fungierten die sogenannten Gesellen- und Bruderladen.

[25] *Lederer*, Grundriß des österreichischen Sozialrechts 13.

Es ist kaum möglich, den Beginn der Sozialgesetzgebung mit einer bestimmten Jahreszahl oder einem einzelnen Gesetz zu fixieren. Vom Ansatz einer staatlich geregelten und unterstützten[26] Sozialabsicherung kann in Österreich jedoch erst ab den 50er Jahren des 19. Jh gesprochen werden. *Ritter* geht hierbei von einer Art Wandlung vom Wohlfahrts- zum Sozialstaat[27] aus.

Die folgende Darstellung beschränkt sich daher auf die beispielhafte Anführung wichtiger Regelungen, die die Entwicklung der Sozialversicherung ermöglicht bzw fortgeführt oder die Basis für heute noch gültige Strukturen des Versicherungssystems geschaffen haben. Ziel ist es, einen kurzen Einstieg in die Geschichte der österreichischen Sozialgesetzgebung zu vermitteln, um später vorgestellte Einzelbestimmungen besser in einen zeitlichen, strukturellen und organisatorischen Zusammenhang einordnen zu können. Auf die jeweiligen sozialen und politischen Ereignisse, die den Gesetzgebungsprozeß determiniert haben,[28] näher einzugehen, würde den Rahmen dieses Einführungsabschnitts sprengen.[29]

---

[26] Die staatliche Unterstützung beschränkte sich anfänglich auf ein reines Ermöglichen und Befürworten derartiger Bestimmungen, die finanzielle Unterstützung der Versicherungskassen in Form von Staatsbeiträgen oder -garantien blieb hingegen lange Zeit ein zentraler Streitpunkt zwischen den politischen Lagern.

[27] Zur genauen Begriffsabgrenzung sowie zur allgemeinen Entwicklung der staatlichen Sozialpolitik siehe *Ritter Gerhard A.*, Entstehung und Entwicklung des Sozialstaates in vergleichender Perspektive, in: Historische Zeitschrift, Band 243 (1986) 1 ff.

[28] Zu nennen wären vor allem das Erstarken der Arbeiterbewegung, das Ende des ausgeprägten Wirtschaftsliberalismus sowie auch die allgemeine Verfassungsentwicklung in der österreichisch-ungarischen Monarchie, die Regierungsarbeiten in der 2. Hälfte des 19. Jh und der Einfluß der im Reichsrat vertretenen Parteien auf die Legislative.

[29] Eine genaue Analyse des Gesetzgebungsprozesses der Sozialgesetze einschließlich der Reichsratsdebatten findet sich bei *Brügel*, Gesetzgebung und *Hofmeister*, Landesbericht, in: *Köhler/Zacher* (Hg), Jahrhundert; insbesondere auch zum Beginn der Arbeiterschutzbestimmungen *Ebert*, Die Anfänge der modernen Sozialpolitik in Österreich. Zur Sozialgeschichte siehe *Tálos*, Sozialpolitik.

1.2. Erste gesetzliche Regelungen

Für die Beamtenschaft gab es mit dem von Joseph II erlassenen *Pensionsnormale* vom 31.3.1781 eine relativ früh normierte Pensionsregelung sowie Witwen- und Waisenversorgung.[30] Beamte nahmen durch ihre enge Bindung zur Staatsgewalt stets eine Sondertellung ein, ihre soziale Versorgung war daher kaum Vorbild für Regelungen andere Bevölkerungsgruppen betreffend. Diese stellten daher in der Sozialrechtsgeschichte, die klassischerweise als Arbeitergeschichte abgehandelt wird, eher ein Randproblem dar.[31]

Mit dem *Allgemeinen Berggesetz* v 23.5.1854[32] beginnt die Reformierung bestehender Bruderladen. Ziel dieses und vieler späterer Sozialgesetze war die Ausweitung des "Versichertenkreises" sowie die Stabilisierung dieser Einrichtungen durch Errichtungs-, Beitrags- und Beitrittszwang. Nur verstärkte Organisation und die Schaffung größerer Einheiten konnte ein wirtschaftlich sinnvolles Arbeiten und die Auszahlung angemessener Leistungen gewährleisten.

Die *Gewerbeordnung 1859*[33] erschloß die Möglichkeit einer sozialen Absicherung mittels Unterstützungskassen erstmals auch dem großen Kreis der Fabriksarbeiter und Arbeitnehmern von gewerblichen Genossenschaften.

---

[30] Pensionsberechtigt war ein Beamter nach 10 Dienstjahren bei Eintritt der Dienstunfähigkeit. Die Pensionszahlungen steigerten sich mit den Dienstjahren von 1/3 bis zur Höhe des ganzen Gehalts bei Pensionsantritt nach über 40 Dienstjahren. Beamtenwitwen erhielten 1/3 des letzten Gehalts, bei besonders hohen Bezügen wurde jedoch die Witwenpension generell gekürzt. Beamten mit sehr niederen Verdiensten wurde allerdings 1800 ein De-facto-Heiratsverbot auferlegt, weil ihre Witwen mit keinen Pensionen rechnen durften. (*Heindl*, Gehorsame Rebellen. Bürokratie und Beamte in Österreich 1780 bis 1848, 32 u 43).

[31] Zur allgemeinen Geschichte des Beamtentums siehe *Schimetschek*, Der österreichische Beamte; zur Pensionsregelung *Beidtel*, Geschichte der österreichischen Staatsverwaltung I 380 f.

[32] RGBl 146. Zur Gesetzesentstehung *Hofmeister*, Landesbericht, in: *Köhler/Zacher* (Hg), Jahrhundert 500 ff.

[33] RGBl 227.

Nach Einführung des Vereinsgesetzes 1867[34] kam es wiederum aufgrund der Eigeninitiative der Arbeiterschaft zur Gründung von Arbeiterklassen[35], die jedoch - um den Bestimmungen des VereinsG zu entsprechen - formell als Wohltätigkeitsvereine gegründet werden mußten. 1882 wurde diese Umgehungspraxis durch einen Ministerialerlaß unmöglich gemacht und die Kassen nach dem strengeren Vereinspatent von 1852 bzw dem Versicherungsregulativ aus 1880 beurteilt.[36]

2. Der Beginn der "modernen" Sozialgesetzgebung

Diese oben angeführten legislativen Maßnahmen waren großteils Erweiterungen bzw Modifikationen bereits bekannter Sicherungssysteme, sie bewirkten somit keine wesentlichen Verbesserungen für die zunehmend sozialem Elend preisgegebene Bevölkerung. 1879 stellte Kaiser Franz Josef in einer Thronrede umfangreiche gesetzgeberische Arbeiten zur Lösung der sozialen Probleme in Aussicht. Er reagierte damit - mit einem Jahrzehnt Verspätung[37] - auf den massiven Druck der arbeitenden Massen. Intention der Regierung und des Monarchen war weniger die Schaffung von sozialrechtlichen Bestimmungen, sondern der Erlaß umfassender Arbeiterschutzgesetze, um den Ausbruch einer Arbeiterrevolte zu verhindern.[38]

---

[34] RGBl 134.

[35] Beispielsweise erfolgte 1868 die Gründung einer "Allgemeinen Arbeiter-Kranken- und Invalidenkasse" durch den Wiener Arbeiter-Bildungsverein mit ca 12 000 Mitgliedern.

[36] Dazu ausführlich *Hofmeister*, Landesbericht, in: *Köhler/Zacher* (Hg), Jahrhundert 512 f.

[37] Bereits 1869 war es zu groß angelegten Protesten und einer Arbeiterdemonstration vor dem Parlamentsgebäude gekommen, in denen neben dem allgemeinen Wahlrecht arbeits- und sozialrechtliche Maßnahmen gefordert wurden (*Brügel*, Gesetzgebung 16).

[38] Auf die Vorgangsweise des deutschen Kaisers sowie den gegenteiligen Lösungsansatz im Deutschen Reich wird später noch einzugehen sein.

2.1. Das Arbeiter-Unfallversicherungsgesetz 1887

Im Jahr 1882 wurde eine Unfallversicherung für Arbeiter endlich Thema parlamentarischer Beratungen. Erst nach mehrmaliger Änderung der eingebrachten Entwürfe und Regierungsvorlagen konnte dem *G betreffend die Unfallversicherung der Arbeiter*[39] am 28.12.1887 die kaiserliche Sanktion erteilt werden. Es trat 3 Monate später in Kraft, der Wirksamkeitsbeginn der Versicherung als solcher wurde mit 1.11.1889 festgelegt.

Zum Kreis der Versicherten gehörte ein streng eingegrenzter Teil der Arbeiterschaft, vorrangig der Industrie und anderer tendenziell gefährlicher Gewerbe. Die land- und fortwirtschaftlichen Arbeiter waren großteils ausgenommen. Die Tatsache, daß nur wenige Berufssparten von der Pflichtversicherung erfaßt waren, wurde vor allem vom sozialdemokratischen Lager vehement kritisiert.[40] Die Liberalen hingegen sahen in diesen Bestimmungen einen Angriff auf die Großindustrie, der man die Belastung einer Versicherung auferlegte, und forderten ebenfalls eine Erweiterung des Versichertenkreises.[41]

Als Versicherungsleistungen waren bei Einschränkung oder Verlust der Arbeitsfähigkeit Renten für den Verunglückten vorgesehen; führte der Unfall zu seinem Tod erhielten Witwen und Waisen, sowie unter erschwerten Bedingungen auch Witwer oder Aszendenten der/des Verstorbenen, eine Hinterbliebenenrente.

Die Beitragsleistung erfolgte auf Arbeiterseite als fixer Prozentsatz der kollektiven Lohnsumme (10 %), auf Betriebsseite ebenfalls als Prozentsatz der im Betrieb ausgezahlten Löhne, dessen Höhe sich jedoch aus der Zuordnung des Betriebs zu einer von 12 Gefahrenklassen ergab. Das Gesetz regelte überdies die durch Gewerbeinspektoren durchzuführende Aufsicht über die in der Versicherungsgemeinschaft erfaßten Betriebe.

---

[39] RGBl 1888/1.

[40] *Hofmeister*, Landesbericht, in: *Köhler/Zacher* (Hg), Jahrhundert 558 ff.

[41] *Tálos*, Sozialpolitik 62.

2.2. Das Arbeiter-Krankenversicherungsgesetz 1888

Das *G betreffend die Krankenversicherung der Arbeiter*[42] trat am 6.7.1888 in Kraft, der Wirksamkeitsbeginn der Versicherung war mit 14.7.1889 bestimmt. "Trotz späterer parlamentarischer Behandlung erzielte die Krankenversicherung demnach in der Schlußphase noch einen dreimonatigen 'Vorsprung' gegenüber der Unfallversicherung."[43] Dies läßt sich auch damit erklären, daß es sich bei der Krankenversicherung im Gegensatz zur Unfallversicherung um keine grundlegend neue Materie handelte. "[...] die Krankenfürsorgepflicht der gewerblichen Arbeitgeber (war) eine unumstrittene Tatsache, deren Traditionen weit zurückreichten. Es war dies ein typisches 'altes' Recht, das in den Vorberatungen zur Gewerbeordnungsreform und später zum Krankenversicherungsgesetz von 1888 gar nicht erst in Frage gestellt, sondern sozusagen zur Voraussetzung genommen worden war."[44]

Der Versichertenkreis war im Vergleich zum Unfallversicherungsgesetz ein wesentlich größerer, so waren neben den unfallversicherten Arbeitnehmern auch Arbeiter der unter die Gewerbeordnung fallenden Kleingewerbebetriebe sowie der Handels- und Verkehrsgewerbe erfaßt. Ausgenommen waren wiederum Beschäftigte der Land- und Forstwirtschaft, Schiffahrtsbetriebe und die Hausindustrie. Die ursprünglich ebenfalls versicherungspflichtigen Lehrlinge der einzelnen Gewerbe wurden noch vor Wirksamwerden der Versicherung großteils wieder davon befreit.

Organisatorisch unterschied man 6 verschiedene Kassenarten, die unter staatlicher Aufsicht nach dem Prinzip der Selbstverwaltung arbeiteten. Die Beitragsleistungen erfolgten zu 2/3 von Arbeitnehmer- und zu 1/3 von Arbeitgeberseite.

---

42 RGBl 33.

43 *Hofmeister*, Landesbericht, in: *Köhler/Zacher* (Hg), Jahrhundert 572.

44 *Baryli*, Zur Geschichte der gesetzlichen Krankenfürsorgepflicht der gewerblichen Arbeitgeber in Österreich, in: *Steindl* (Hg), Wege zur Arbeitsrechtsgeschichte 174.

Der Leistungskatalog der Krankenversicherung beinhaltete freie ärztliche Behandlung, Heilmittel, Krankenhauspflege, Krankengeld sowie einen Bestattungskostenbeitrag für die Hinterbliebenen.

Im Verhältnis zu den auf Basis des VereinsG gegründeten Krankenkassen bestimmte das Arbeiter-KrankenversicherungsG, daß nur Kassen, die gemäß Vereinspatent 1852 gebildet wurden, als gleichwertig anzuerkennen seien. Nur Mitgliedern derartiger Kassen war es möglich, von der Versicherungspflicht nach dem Arbeiter-KrankenversicherungsG ausgenommen und von der Belastung einer Doppelversicherung befreit zu werden. Das *HilfskassenG*[45] folgte als Reaktion auf diesen Mißstand, und ermöglichte allen freien Kassen, sich als Hilfskassen registrieren zu lassen und somit rechtliche Gleichstellung mit den nach Vereinspatent gegründeten Krankenkassen zu erhalten.

2.3. Das Bruderladengesetz 1889

Da die Eingliederung der Bergleute in die allgemeine Arbeiter-Unfallversicherung 1887 nicht gelungen war, sollte das *Bruderladengesetz*[46] die durch das BergG 1854 bereits reformierten Bruderladen erneut den veränderten Gegebenheiten anpassen. Als besondere Schwachstellen hatten sich die zersplittete Organisation der einzelnen Bruderladen sowie die daraus resultierenden geringen Leistungshöhen erwiesen. Im Zuge der Debatten zum neuen BruderladenG wurde erstmals in der Sozialrechtsgesetzgebung Österreichs die Idee eines staatlichen Zuschusses entwickelt, um die finanziell bedrohten Bruderladen vor dem Ruin zu bewahren. Das BruderladenG umfaßte sowohl die Krankenversicherung als auch eine Invalidenunterstützung bzw Hinterbliebenenversorgung; diese beiden Bereiche wurden weitgehend getrennt verwaltet. Neu geschaffen wurde die Möglichkeit des Wechsels eines Arbeiters von einer Bruderlade zur anderen unter Mitnahme der bisher erbrachten Beiträge, die Pflicht der Bergwerksbesitzer zur Beitragsleistung sowie die Vereinigung mehrerer Bruderladen.

---

[45] RGBl 1892/202.

[46] RGBl 1889/127.

3. Die Entwicklung der Sozialversicherungsgesetze bis zum Ende des 1. Weltkriegs (1890 - 1918)

3.1. Der Bereich der Unfall- und Krankenversicherung der Arbeiter

Sowohl im Bereich der Unfall- als auch der Krankenversicherung kam es zu partiellen Ergänzungen. Durch eine Gewerbeordnungsnovelle 1897[47] erfolgte die Errichtung der Meisterunterstützungs- und Meisterkrankenkassen, die die Einbindung der Selbständigen in die Krankenversicherung normierte.

Die Novelle des Krankenversicherungsgesetzes der Arbeiter aus 1917[48] verwirklichte unter anderem die Einbeziehung der Angehörigen des Versicherten in die Krankenversicherung, sofern sie nicht selbst versicherungspflichtig waren und mit ihm in einem Haushalt lebten.[49]

Das sogenannte AusdehnungsG[50] schuf für nicht versicherungspflichtige Betriebe die Möglichkeit eines freiwilligen Beitritts zur Unfallversicherung. Weiters wurde der Bereich der Unfallversicherung der Bergarbeiter von den Bruderladen auf eine eigene Unfallversicherungsanstalt der Bergarbeiter übertragen.[51]

Kriegsbedingt - vor allem mit dem Ziel, die starke Inflation abzufangen - kam es mittels Notverordnungsrechts zu zahlreichen, kleineren Änderungen bezüglich der Leistungshöhen bzw zur Ausdehnung des Leistungskatalogs der beiden Versicherungszweige.

---

[47] RGBl 63.
[48] RGBl 457.
[49] Das Gesetz spricht von der sogenannten Familienversicherung, ihre Einrichtung war fakultativ und bestimmte sich nach dem Statut der jeweiligen Krankenkasse.
[50] RGBl 1894/168.
[51] Kaiserliche Verordnung v 7.4.1914, RGBl 80.

3.2. Der Beginn der Pensionsversicherung

Das *G v 16.12.1906 betreffend die Pensionsversicherung der in privaten Diensten und einiger in öffentlichen Diensten Angestellten*[52] normierte erstmals neben der Invaliden- auch eine Alterspension[53] sowie eine Hinterbliebenenrente. Als äußerst schwierig erwies sich die Eingrenzung des Angestelltenbegriffs. "Als wichtigstes Kriterium der Abgrenzung gegenüber den Arbeitern wurde das Überwiegen geistiger Dienstleistungen angesehen, wobei als Kerngruppe der Angestellten die Industrie-, Bank-, Versicherungs- und Güterbeamten galten. Fraglich war dagegen die Zugehörigkeit des kaufmännischen Hilfspersonals; [...]."[54] Versichert waren gem § 1 des Pensionsversicherungsgesetzes nur Angestellte mit einem bestimmten jährlichen Mindesteinkommen. Bereits 1914 kam es zur 1. Novelle[55] des PensionsversicherungsG, die eine Klärung des Problems des Angestelltenbegriffs und somit der Versicherungszugehörigkeit brachte und die extrem niedrigen Rentenleistungen verbesserte.

Die Bemühungen, in Entsprechung des PensionsversicherungsG der Angestellten auch eine Alterspension für Arbeiter einzuführen, konnten zu diesem Zeitpunkt politisch noch nicht verwirklicht werden.[56]

---

[52] RGBl 1907/1. Die Gesetzesentstehung war ähnlich mühsam und langwierig wie bei allen im Reichsrat beschlossenen Sozialversicherungsnormen. Die erste Petition eines Abgeordneten zu diesem Thema wurde bereits 1888 eingebracht, 1893 folgte die Aufforderung der Abgeordneten an die Regierung zur Gesetzesvorlage, die 1901 einen ersten Entwurf vorstellte.

[53] Einzige Anspruchsvoraussetzung war das Erreichen von 40 Dienstjahren mit Beitragszahlung.

[54] *Hofmeister*, Landesbericht, in: *Köhler/Zacher* (Hg), Jahrhundert 616. Gebräuchlich war auch der Begriff der "Privatbeamten". Zur Unterscheidung von Arbeitern und Angestellten siehe auch *Pfeifer,* Grundsätze und Probleme des österreichischen Sozialversicherungsrechtes 57.

[55] RGBl 138. In den Jahren 1920 (StGBl 370) und 1921 (BGBl 594) folgten weitere Novellierungen.

[56] "So war denn den Privatangestellten eine, wenn auch nicht völlig ausreichende Alters-, Invaliditäts- und Hinterbliebenenversicherung zuteil geworden. Hingegen konnte der in gleicher Richtung gehende Wunsch der Arbeiterschaft damals nicht erfüllt werden." (*Lederer*, Grundriß 434).

4. Die Sozialversicherung in der Zwischenkriegszeit (1918 - 1938)

4.1. Die Weiterführung bestehender Systeme

Die Nachkriegsjahre waren gekennzeichnet von einer Vielzahl kleinerer Novellen. Das ArbeiterkrankenversicherungsG wurden zwischen 1919 und 1929 insgesamt 22mal novelliert und zweimal wiederverlautbart.[57] Ähnlich erging es dem UnfallversicherungsG mit 17 Novellierungen und einer Wiederverlautbarung 1929.[58] Als bedeutendste Änderungen der Krankenversicherung seien nur die Auflösung kleiner Kassen und ihr Zusammenschluß mit anderen Kassen genannt sowie die Erweiterung des Versichertenkreises um die Arbeiter der Land- und Forstwirtschaft, Heimarbeiter, Hausgehilfen und Personen in einem Lehrverhältnis.

Für öffentlich Bedienstete wurde eine eigene Krankenversicherung[59] geschaffen, die ihnen "die Wohltaten einer ihren speziellen beruflichen Verhältnissen angepaßten Krankenversicherung erschloß."[60]

4.2. Die Gliederung der Sozialversicherung nach Berufssparten

Nach Ausbau des Versicherungssystems in den ersten beiden Jahrzehnten des Jahrhunderts blieben 3 zentrale Problemkreise, die es in Angriff zu nehmen galt. Es waren dies die vom sozialdemokratischen Lager geforderte Altersabsicherung der Arbeiter sowie die Arbeitslosenversicherung[61]. Von Seiten der Christlichsozialen hingegen wurde nunmehr

---

[57] Die letzte Wiederverlautbarung erfolgte mit BGBl 1929/50.

[58] BGBl 150.

[59] G v 13.7.1920, StGBl 311.

[60] *Lederer*, Grundriß 436 FN 1. So wurde von der Zahlung eines Krankengeldes zugunsten einer besseren Krankenpflege Abstand genommen, wobei erstmals das Prinzip der freien Arztwahl gesetzlich verankert war.

[61] Um nicht zu weit auszuholen, soll auf die Gesetzesentwicklung der Arbeitslosenversicherung hier nicht mehr näher eingegangen werden, siehe dazu FN 6.

der Versuch des Zusammenschlusses aller Versicherungssparten unter Einbeziehung der Selbständigen propagiert. Diese Idee mußte jedoch mangels politischer Mehrheit wieder zurückgestellt werden. "Spätestens 1923 wurde im Schoß der Regierung Seipel daher der Gedanke entwickelt, die von den Stammgesetzen her schon in Ansätzen vorgegebene Differenzierung der Sozialversicherungsträger nach Berufsgruppen weiter auszubauen und damit das 'berufsständische' Gliederungsprinzip zum leitenden Organisationsprinzip der Sozialversicherung zu erheben."[62]

4.2.1. Das AngestelltenversicherungsG 1926

Die Idee, alle Versicherungszweige (sprich Kranken-, Unfall-, Arbeitslosen- und Pensionsversicherung) für eine Berufsgruppe in einem einzigen Gesetz zu normieren, wurde vor allem von Seiten der Angestellten begrüßt. Hauptargument war die bisher gegebene Unterversorgung der Angestellten aufgrund der niedrigen Versicherungsleistung. Das Kassenvermögen sollte durch eine Senkung der Verwaltungskosten bei Straffung der Organisation gesteigert werden. Den Weg für eine derartig berufsständisch gegliederte Versicherung ebnete eine Regierungsvorlage[63] aus 1923, die den Gesetzesentwurf einer Kranken-, Stellenlosen- und Pensionsversicherung der Angestellten enthielt. Im G v 29.12.1926[64] wurden schließlich die Zweige der Kranken-, Unfall- und Pensionsversicherung der Angestellten vereinigt, die Arbeitslosenversicherung verblieb bei den bereits bestehenden Kassen.

---

[62] *Hofmeister*, Rolle, in: *Stourzh/Grandner* (Hg), Wurzeln 310.

[63] Neben den Angestellten waren die öffentlichen Dienstnehmer, die Arbeiter aus Industrie und Gewerbe sowie die land- und forstwirtschaftlichen Arbeiter (fakultativ auch die Bauern) als weitere Standes- und Versicherungsgruppen vorgesehen.

[64] BGBl 388.

4.2.2. Das ArbeiterversicherungsG 1927

Dem Beispiel der Angestelltenversicherung folgend wurde das G v 1.4.1927 betreffend die Kranken-, Unfall- und Invalidenversicherung der Arbeiter[65] beschlossen. Die Eingliederung einer Arbeitslosenversicherung war hier ebenfalls nicht gelungen; eine Altersrente für die Arbeiterschaft wurde zwar formell erreicht, ihre Wirksamkeit allerdings suspendiert.

4.2.3. Das LandarbeiterversicherungsG 1928

Die Landarbeiter waren bis ins Jahr 1921 fast vollständig von jeder Versicherungspflicht ausgenommen gewesen und erst durch eine Novelle des Krankenversicherungsgesetzes[66] in dieselbe einbezogen worden. Dem folgte ein Kompetenzstreit zwischen dem Bund und den Ländern[67], der in der Übernahme dieser Bestimmungen in einzelne Landesgesetze bzw eigenen landesgesetzlichen Regelungen mündete. Somit konnte es erst nach Inkrafttreten der Kompetenzbestimmungen des B-VG im Jahr 1925[68] zu weiteren gesamtstaatlichen Regelungen kommen. Das LandarbeiterversicherungsG wurde schließlich 1928[69] erlassen und beinhaltete die Zweige der Kranken-, Unfall- und Invalidenversicherung[70]. Besonders zu erwähnen ist die Tatsache, daß auch Landwirten (sprich selbständig Erwerbstätigen) die Möglichkeit der Versicherung geboten wurde.[71]

---

[65] BGBl 125.

[66] G v 21.10.1921, BGBl 581.

[67] Das Land Salzburg bekämpfte diese Novelle beim Verfassungsgerichtshof, der feststellte, daß der Kompetenztatbestand der "Sozialversicherung" keine Bundesangelegenheit darstellte. Zur näheren Entwicklung siehe *Kerber* (Hg), Die österreichische Kranken- und Unfallversicherung 48 und *Hofmeister*, Landesbericht, in: *Köhler/Zacher* (Hg), Jahrhundert 648.

[68] BGBl 1925/269.

[69] BGBl 235.

[70] Die Invaliden-, sprich Altersfürsorge wurde allerdings aufgrund eines weitergeltenden Provisoriums nie wirksam (siehe *Lederer*, Grundriß 584 f).

[71] Im Bereich der Unfall- und Alterssicherung sollte dies auf Verordnungsweg geschehen; bei der Krankenversicherung war ein freiwilliger Beitritt der Betroffenen vorgesehen.

4.3. Das Gesetz betreffend die gewerbliche Sozialversicherung 1935

Hatte man bis 1933 versucht, die Mängel der bestehenden Sozialversicherungen (insbesondere die Defizite der Versicherungskassen) durch einzelgesetzliche Maßnahmen in den Griff zu bekommen, wurde nun - nach erfolgtem Wechsel der politischen Mehrheiten und wohl bereits im Hinblick auf ein ständisches Gesamtstaatsmodell - eine grundlegende Änderung des Systems unter Zusammenlegung aller Kassen angestrebt. Mit dem *G betreffend die gewerbliche Sozialversicherung* (GSVG)[72] konnte dieses Ziel der Konzentration der Versicherungszweige und -kassen verwirklicht werden.[73] Nach § 1 normierte das GSVG die Versicherung der aufgrund eines Arbeits-, Dienst- oder Lehrverhältnisses in der Industrie und im Bergbau, im Gewerbe, im Handel und Verkehr, im Geld-, Kredit- und Versicherungswesen, in freien Berufen, im öffentlichen Dienst und in der Hauswirtschaft berufsmäßig beschäftigten Personen im Bereich der Kranken-, Unfall-, Invaliditäts- und Altersversicherung sowie die Arbeitslosenfürsorge. Durch das GSVG kam es jedoch nicht nur zum angestrebten Positiveffekt der Kassenzusammenlegungen sondern auch zu Leistungskürzungen, bzw blieben Teile der Bestimmungen einer näheren Regelung durch Verordnung vorbehalten und konnten mangels solcher keine Wirksamkeit entfalten.

5. Das Sozialversicherungsrecht zur Zeit des Nationalsozialismus

5.1. Die angestrebte Rechtsvereinheitlichung zwischen dem Deutschen Reich und dem Land Österreich

Nach der Machtübernahme der Nationalsozialisten in Österreich sollte das Land möglichst rasch in die Verwaltungsorganisation des Dritten Reichs eingebunden werden, was eine größtmögliche Rechtsgleichheit

---

[72] BGBl 1935/107.

[73] Durch das GSVG wurden 95 Sozialversicherungsgesetze obsolet und aufgehoben. Siehe *Lederer/Czerny*, Das Bundesgesetz betreffend die Gewerbliche Sozialversicherung (Seite) XII (Einleitung).

voraussetzte.[74] Erste Maßnahme einer derartigen "Rechtsvereinheitlichung" im Bereich der Sozialversicherung war die Bestimmung[75], daß die Rentenversicherung der Arbeiter nach reichsrechtlichen Grundsätzen anzuwenden sei.[76]

Durch die *Verordnung über die Einführung der Sozialversicherung im Lande Österreich*[77] wurden folgende Gesetze per 1.1.1939 für Österreich in Geltung gesetzt: die Reichsversicherungsordnung[78], das Angestelltenversicherungsgesetz[79], das Reichsknappschaftsgesetz[80], das Gesetz über die Arbeitsvermittlung[81]. Dieser ersten Verordnung folgten bis 1940 drei weitere zur Durchführung und Ergänzung.

Bemerkenswert ist, daß trotz der angestrebten Rechtsgleichstellung in einzelnen Punkten vorteilhaftere österreichische Regelungen beibehalten wurden. "Wiewohl sich die Verordnung vom Titel her den Anschein beimaß, die Sozialversicherung sei eine deutsche Neueinführung, lassen doch einzelne ihrer Bestimmungen eine gewisse Zurückhaltung gegenüber den in Österreich vor 1938 erzielten sozialversicherungsrechtlichen Errungenschaften erkennen."[82] Der vom Reichskommissar für die Wie-

---

[74] Zu den rechtlichen Aspekten der "Wiedervereinigung" Österreichs mit dem Deutschen Reich allgemein siehe *Botz*, Die Eingliederung Österreichs in das Deutsche Reich; *Botz*, Das Anschlußproblem (1918 -1945) - Aus österreichischer Sicht, in: *Kann/Prinz* (Hg), Deutschland und Österreich 179 ff; *Wiederin*, März 1938 - staatsrechtlich betrachtet, in: *Davy ua* (Hg), Nationalsozialismus und Recht 226 ff.

[75] V v 26.3.1938, DRGBl I, 335.

[76] Diese Anordnung bildete faktisch eine bloße "Ergänzung" der österreichischen Normen, die ja für die Pensionsversicherung der Arbeiter bisher nicht in Wirksamkeit getreten waren.

[77] V v 22.12.1938, DRGBl I, 1912.

[78] G v 19.7.1911, DRGBl I, 509. Die materiellen Grundstrukturen der RVO sowie weiterer bedeutsamer deutscher Sozialversicherungsgesetze sollen im Kap zur deutschen Rechtsentwicklung (III.) vorgestellt werden.

[79] G v 28.5.1924, DRGBl I, 563.

[80] G v 1.7.1926, DRGBl I, 369.

[81] G v 16.7.1927, DRGBl I, 187.

[82] *Hofmeister*, Landesbericht, in: *Köhler/Zacher* (Hg), Jahrhundert 657.

dervereinigung Österreichs mit dem Deutschen Reich zur Regelung der Angelegenheiten der Sozialversicherung beauftragte *Reinhard Jakob* formulierte dies folgendermaßen: "Es geht also nicht um die Angleichung schlechthin, sondern um die Rechtsvereinheitlichung. Hinsichtlich der Beurteilung der österreichischen Staatssysteme, insonderheit der volksfemden und -zerstörenden Schuschnigg-Regierung, gibt es nur eine Meinung. Diese Tatsache hindert aber nicht anzuerkennen, daß das Land Österreich von ausgezeichneten Fach- und Sachkennern geschaffenes Recht besitzt, das in mancher Beziehung vorbildlich und die mit Energie fortgeführten Bestrebungen, einheitliches Recht zu setzen, zu fördern imstande ist."[83]

5.2. Änderungen in den einzelnen Versicherungszweigen

In der Krankenversicherung wurden insbesondere höhere Leistungen des österreichischen Rechts aufrechterhalten, sowie zusätzlich einzelne Verbesserungen[84] des deutschen Rechts übernommenen. Im Bereich der Unfallversicherung kam es zu einem Ausbau der Aufgaben der Versicherungsträger[85] - so wurden ihnen Verpflichtungen hinsichtlich der Unfallverhütung und Wiedereingliederung der Verletzten in die Erwerbstätigkeit auferlegt.

Die größten Änderungen ergaben sich durch die Übernahme der Bestimmungen der RVO zur Invaliden-, Alters- und Hinterbliebenenrente der

---

[83] *Jakob*, Neues Sozialversicherungsrecht in der Ostmark 13 f.

[84] Erwähnenswert sind die für alle Versicherten geltende freie Arztwahl sowie der Ausbau der Familienversicherung.

[85] Zu den Versicherungsträgern und ihrer organisatorischen Gliederung ist anzumerken, daß die österreichischen Kassen grundlegend umstrukturiert und in die deutschen Verbände integriert wurden. Diese wiederum waren mit dem G über den Aufbau der Sozialversicherung v 5.7.1934 dem Führerprinzip unterworfen und ihrem Charakter als Selbstverwaltungskörper enthoben worden (DRGBl I, 577; auch hier vermittelt die Benennung des G wiederum den Eindruck einer grundlegenden Neuerung und nicht einer Organisationsumbildung). Zu den Ausformungen und Auswirkungen des "Führerprinzips" siehe *Lehner*, Österreichische Verfassungs- und Verwaltungsgeschichte 324 f.

Arbeiter, die jedoch aufgrund der geringen Leistungshöhen keine wesentliche Verbesserung der Realsituation der Arbeiterschaft brachte.

Während des Krieges kam es zu vereinzelten Leistungsverbesserungen und Vergünstigungen für Teile der Industrie (Produzenten kriegswirtschaftlich wichtiger Güter); teils geschah dies als Folge der gesteigerten Wirtschaftsproduktivität (so zB im Bergbau), teils als Mittel der Durchhaltepropaganda.[86]

6. Die Rückkehr zum österreichischen Sozialversicherungsrecht nach 1945

6.1. Die sozialversicherungsrechtlichen Normen unmittelbar nach dem Krieg

Nach Kriegsende wurden für die wiederhergestellte[87] Republik Österreich durch die provisorische Staatsregierung mit dem Rechtsüberleitungs-Gesetz[88] sämtliche Gesetze und Verordnungen, die nach dem 13.3.1938 erlassen worden waren, vorläufig in Geltung gesetzt (man könnte ebensogut von einem "Belassen" sprechen), sofern sie nicht ausdrücklich aufgehoben[89] wurden. Damit blieb im Sozialversicherungsbereich die während des Krieges geschaffene Rechtslage aufrecht, die RVO sowie die anderen übernommenen Normen standen weiter in Gel-

---

[86] *Tálos*, Sozialpolitik 297.

[87] Proklamation über die Selbständigkeit Österreichs v 27.4.1945, StGBl 1.

[88] G v 1.5.1945, StGBl 5. Allgemein zur Frage der Rechtskontinuität bzw -diskontinuität in Österreich nach Ende des 2. Weltkriegs, insbesondere auch zum Konflikt zwischen der sogenannten Annexions- und Okkupationstheorie, siehe *Öhlinger*, Verfassungsrecht 43 u 45 ff; *Verosta*, Die internationale Stellung Österreichs 1938 bis 1947; *Walter/Mayer*, Grundriß des österreichischen Bundesverfassungsrechts 33 f sowie mit weiterführender Literatur *Rabofsky*, Ver-Fassungsloses Österreich, in: *Dimmel/Noll* (Hg), Verfassung 90 ff.

[89] Aufgehoben wurden einzelne Paragraphen, Abschnitte oder Gesetze, die eindeutig nationalsozialistisches Gedankengut beinhalteten und die mit den demokratischen Grundsätzen der neuen Republik Österreich nicht vereinbar waren.

tung.[90] Von Beginn an war klar, daß es sich dabei nur um eine provisorische Lösung handeln sollte. Das Sozialversicherungs-ÜberleitungsG v 12.6.1947[91] legte die Beibehaltung der bestehenden Rechtslage als Provisorium fest[92] und war somit der erste Schritt hin zu einer großangelegten Gesamtreform.[93]

Mit dem Behörden-ÜberleitungsG v 20.7.1945[94] kam es zu einer sofortigen Umstrukturierung der Versicherungsämter, die von der Eingliederung in den deutschen Organisationsaufbau wieder auf eine eigenständige österreichische Behördenorganisation zurückgeführt werden mußten. Auch hier ging man einstweilig von einer provisorischen Gliederung aus.

6.2. Die weitere Entwicklung in der 2. Republik

Neben einer Reihe von Einzelgesetzen[95], die in der Zeit nach 1945 erlassen wurden, kam es zu 8 Novellierungen des Sozialversicherungs-ÜberleitungsG, bis es 1953 wiederverlautbart wurde und dann abermals 3 Novellen erlebte. Mit dem Erlaß des (1.) Sozialversicherungsneu-

---

[90] Änderungen ergaben sich lediglich im Bereich der Leistungshöhen, die, um eine Existenzsicherung in der herrschenden, katastrophalen, wirtschaftlichen Lage zu garantieren, laufend gesteigert werden mußten.

[91] BGBl 142.

[92] § 1 lautete: "Bis zur Neugestaltung des österreichischen Sozialversicherungsrechtes bleiben auf dem Gebiete der Sozialversicherung die bisherigen Vorschriften [...] als vorläufiges Recht in Geltung."

[93] Eine sich zu diesem Zeitpunkt anbietende Abkehr vom bisher praktizierten Modell der Sozialversicherung in Richtung eines zB in Großbritannien existierenden Versorgungssystems wurde von allen damals führenden österreichischen Sozialpolitikern abgelehnt. *Hofmeister Herbert*, Die ersten Sozialversicherungsgesetze ZAS 1987, 187.

[94] StGBl 6.

[95] Angeführt werden soll das G v 21.4.1948 über die Herabsetzung der Altersgrenze für weibliche Versicherte und Witwen in der gesetzlichen Rentenversicherung (BGBl 80), das nach der allgemeinen Altersgrenze von 65 Jahren der RVO wieder zur unterschiedlichen Regelung von 60 Jahren für weibliche und 65 für männliche Versicherte zurückkehrte. Erwähnenswert ist auch das RentenbemessungsG (BGBl 1954/151), das eine beträchtliche Rentenerhöhung und die Entflechtung von Renten und anderen in der Nachkriegszeit gewährten, als Rentenbestandteil gewerteten Zuschüssen brachte.

regelungsG[96] wurde der Weg für die Bestimmungen des zentralen, heute noch gütligen *Allgemeinen SozialversicherungsG* (ASVG)[97] geebnet. Zur Verabschiedung des geplanten 2. Sozialversicherungsneuregelungs G, das unter anderem die Bereiche des Versichertenkreises und des Beitragswesen neu regeln sollte, ist es nicht mehr gekommen, das ASVG wurde nach intensiven Parteienverhandlungen[98] vorgezogen.

6.2.1. Die Sozialversicherung der Unselbständigen - das Allgemeine SozialversicherungsG 1955 und seine Novellen

Die Vorteile des ASVG liegen in der Rückkehr zu einem österreichischen Recht, der erreichten Rechtsvereinheitlichung, der Zusammenfassung des größtmöglichen Versichertenkreises aller unselbständig Erwerbstätigen sowie der Vereinigung der Kranken-, Unfall- und Pensionsversicherung in einem Gesetz. Sonderversicherungen einiger Berufsgruppen (zB Öffentlicher Dienst) wurden leider wieder von den allgemeinen Bestimmungen ausgenommen - ebenso die Arbeitslosenversicherung[99]. Organisatorisch kam es zu keinen Änderungen mehr, sondern zu einer bloßen Umbenennung der Versicherungsanstalten.

"Damit stellte das ASVG - wie in der Folgezeit deutlich wurde - nicht nur das sozialversicherungsrechtliche 'Grundgesetz' des weitaus überwiegenden Teiles der Arbeiter und Angestellten in der Zweiten Republik dar, auf der die weitere sozialversicherungsrechtliche Entwicklung fundierte. Es wurde - zusammen mit seinen Novellierungen - auch zum 'Leitgesetz' für die Entwicklung der Sozialversicherung der Selbständigen."[100]

---

[96] G v 3.4.1952, BGBl 86.
[97] G v 9.9.1955 über die Allgemeine Sozialversicherung, BGBl 189.
[98] Aus parteipolitischer Sicht herrschte in den ersten Nachkriegsjahrzehnten eine einmalige Konsensfähigkeit zwischen den politischen Lagern, die Grundvoraussetzung für die effektive Umsetzung der geplanten Sozialversicherungsmaßnahmen war und als Wurzel der Sozialpartnerschaft gelten kann (*Tálos*, Sozialpolitik 307 f).
[99] Im Gegensatz zum Gewerblichen SozialversicherungsG aus 1935.
[100] *Tálos*, Sozialpolitik 345.

Die Novellierungen des ASVG erfolgten zum Teil in ausdrücklich als solche bezeichneten Gesetzen oder mittels anderer Gesetze[101]. Sie beinhalteten sowohl bloße Betragsanpassungen als auch grundlegende Änderungen und Ergänzungen[102].

6.2.2. Die Sozialversicherung der Selbständigen - Regelungen für die gewerbliche Wirtschaft, die freien Berufe und die Land- und Forstwirtschaft

Obwohl das Zustandekommen des ASVG die Bemühungen um die Vereinheitlichung des Versicherungswesens eindeutig bewiesen hatte, konnte im Sektor der selbständig Erwerbstätigen kein derartiger Erfolg erzielt werden. Der Gesetzgeber hielt einerseits an den alten Berufsgliederungen fest, was verschiedene Normen für Angehörige der gewerblichen Wirtschaft, der freien Berufe und des landwirtschaftlichen Bereichs zur Folge hatte. Andererseits konnte man sich nicht zu einer verpflichtenden, alle Sparten umfassenden Versicherung durchringen.

6.2.2.1. Gewerbliche Wirtschaft und freie Berufe

Das erste nach dem Krieg erlassene Gesetz für Gewerbetreibende war das *Gewerbliche Selbständigen-PensionsversicherungsG* (GSPVG)[103], das auch Freiberuflern[104] den Einstieg in eine freiwillige Versicherung bot. Schwachpunkte des GSPVG waren - wie so oft - die Pensionshöhen

---

[101] Beispielsweise kam es aufgrund des PensionsanpassungsG (BGBl 1965/96) zu wesentlichen Verbesserungen im Bereich der Anpassung der Pensionshöhen an Preis- und Lohnsteigerungen, die bisher ad hoc angeordnet worden waren und nun automatisch bzw dynamisch erfolgen. Weitere zentrale Bestimmungen fanden sich im Sozialversicherungs-ÄnderungsG (BGBl 1977/192) und im Sozialrechts-ÄnderungsG (BGBl 1978/684).

[102] Eine beispielhafte Aufzählung findet sich bei *Hofmeister*, Landesbericht, in: *Köhler/Zacher* (Hg), Jahrhundert 679 ff.

[103] BGBl 1957/292.

[104] Die Verbände der Wirtschaftstreuhänder, der Dentisten und Journalisten machten von dieser Möglichkeit sofort Gebrauch, später folgten weitere Berufsgruppen.

sowie die äußerst strengen Kriterien zur Erlangung einer Erwerbsunfähigkeitsrente.

Die Krankenversicherung war bis 1966 durch das übergeleitete MeisterkrankenversicherungsG geregelt, welches vom *Gewerbliche Selbständigenen-KrankenversicherungsG* (GSKVG)[105] abgelöst wurde. Es beruhte auf dem freiwilligen Versicherungsbeitritt der einzelnen Gewerbevertretungen nach erfolgter Abstimmung unter den Mitgliedern. Dies hatte zur Folge, daß es zu keiner wesentlichen Steigerung der Versichertenzahlen kam. Mit dem (gleichnamigen) GSKVG aus 1971[106] erfolgte die Vereinigung der Versicherungsträger der gewerblichen Pensions- und Krankenversicherungen. Eine Novelle des neuen GSKVG[107] normierte endlich eine Krankenversicherungspflicht für alle Gewerbetreibenden und deren Pensionisten.

Das heute gültige *Gewerbliches SozialversicherungsG* (GSVG)[108] stellt eine Zusammenfassung der Bestimmungen des GSPVG und des GSKVG dar.

Für die Mitglieder der freien Berufe gab es - wie bereits oben erwähnt - allein die Möglichkeit des Beitritts zur gewerblichen Pensionsversicherung. Mit dem G v 30.11.1978 über die Sozialversicherung der freiberuflich selbständig Erwerbstätigen (FSVG)[109] schuf der Gesetzgeber die Möglichkeit, auf Antrag der Berufsvertretung Freiberufler sowohl der Pensions- als auch der Kranken- und Unfallversicherungspflicht zu unterwerfen. Versicherungsträger sind die Sozialversicherungsanstalt der gewerblichen Wirtschaft sowie die Allgemeine Unfallversicherungsanstalt.

---

105 BGBl 167.
106 BGBl 287.
107 BGBl 1976/706.
108 G v 11.10.1978 über die Sozialversicherung der in der gewerblichen Wirtschaft selbständig Erwerbstätigen, BGBl 560.
109 BGBl 624.

6.2.2.2. Land- und Forstwirtschaft

Die 1928 durch das LandarbeiterversicherungsG geschaffene Unfallversicherungsmöglichkeit der Bauern (siehe Kap 4.2.3.) wurde durch Bestimmungen der RVO[110] zur Pflichtversicherung weiterentwickelt. Eine Kranken- und Invaliditätsversicherung der Bauern war nie normiert worden, jedoch wurde die Möglichkeit einer freiwilligen Krankenversicherung nach dem 2. Weltkrieg verstärkt genutzt.[111] Mehrere Entwürfe einer Bauernrentenversicherung scheiterten, eine einstweilige Lösung wurde mit dem am 18.12.1957 verabschiedeten *Landwirtschaftlichen ZuschußrentenversicherungsG* (LZVG)[112] gefunden. Wie der Name schon sagt, handelte es sich dabei nicht um eine Pensionsversicherung im eigentlichen Sinn, sondern um die bloße Gewährung von Rentenzuschüssen zum bäuerlichen Ausgedinge, das als Vorbedingung für den Erhalt der Geldleistungen bestehen mußte.

Erst mit dem *Bauern-PensionsversicherungsG* (B-PVG)[113] wurde eine dem ASVG und GSPVG nachempfundene Pensionsversicherung für Bauern und ihre mitarbeitenden Angehörigen geschaffen. Pensionsbegründend waren sowohl Alter als auch Erwerbsunfähigkeit, weiters war eine Hinterbliebenenrente vorgesehen. Massive Finanzierungsschwierigkeiten verhinderten lange Zeit das Entstehen einer Krankenpflichtversicherung für Bauern. Nach Mitfinanzierungsgarantien durch den Bund entstand mit dem *Bauern-KrankenversicherungsG* (B-KVG)[114] eine Krankenversicherung, die bloß subsidiär gegenüber anderen Versicherungen wirksam wurde sowie eine 20%ige Selbstbeteiligung der Versicherten an den erhaltenen Leistungen festlegte.

---

110 G v 9.3.1942, DRGBl I, 107.

111 *Hofmeister*, Landesbericht, in: *Köhler/Zacher* (Hg), Jahrhundert 687.

112 BGBl 293.

113 G v 12.12.1969, BGBl 1970/28.

114 G v 7.7.1965, BGBl 219.

Das derzeit in Geltung stehende *Bauern-SozialversicherungsG* (BSVG)[115] ist eine Zusammenfassung der Normen des B-KVG und des B-PVG, für den Bereich der Unfallversicherung wird auf relevante Bestimmungen des ASVG verwiesen.

6.2.3. Die soziale Versorgung der Beschäftigten des Öffentlichen Dienstes

Mit dem Sozialversicherungs-ÜberleitungsG wurde 1947 das KrankenversicherungsG der Staatsbediensteten aus 1920[116] wieder in Kraft gesetzt, die Vorschriften erwiesen sich jedoch als stark veraltert und wurden im Rahmen von ASVG-Novellen dem modernen Standard angepaßt.

Das *PensionsG*[117] sowie das *Beamten-Kranken- und UnfallversicherungsG* (B-KUVG)[118] brachten auch im Bereich des Öffentlichen Dienstes abschließende Regelungen für alle Versicherungszweige.

7. Schlußfolgerungen

Wie aus der Entwicklungsgeschichte der österreichischen Sozialversicherungsnormen hervorgeht, zeichnete sich schon sehr früh eine heute noch gültige Grundstrukturierung ab. Dabei ging es einerseits um das Entstehen der verschiedenen Versicherungszweige, also der Kranken-, der Unfall- sowie der Pensionsversicherung[119], andererseits um ver-

---

[115] G v 11.10.1978 über die Sozialversicherung der in der Land- und Forstwirtschaft selbständig Erwerbstätigen, BGBl 559.

[116] StGBl 311.

[117] BGBl 1965/340.

[118] BGBl 1967/200,

[119] Die Bezeichnungen der Materie, die heute die Pensionsversicherung bildet, waren unterschiedlich: Alters-, Invaliden-, Renten- oder Pensionsversicherung beinhaltet jedoch grundsätzlich den Anspruch auf Geldleistung im Fall einer altersbedingten Erwerbs-

schiedene Normierungen bezüglich einzelner Gemeinschaften von Versicherten[120]. Damit in enger Wechselwirkung kristallisierte sich die Trennung der Versicherungsträger heraus, was zu einer Zersplitterung der Rechtsmaterie und der Verwaltung sowie schlußendlich der Verteuerung des Systems führte. Reformen in Richtung einer einheitlichen Absicherung der Gesamtbevölkerung werden seit längerem diskutiert, haben aber noch keine konkrete Gestalt angenommen.

---

unfähigkeit bzw nach Erreichen eines bestimmten Lebensalters oder einer gewissen Lebensarbeitszeit.

[120] Hier bildete die Arbeiterschaft, die als erste für versicherungsrechtliche Absicherungen kämpfte, gemeinsam mit den Angestellten die große Gruppe der unselbständig Tätigen. Den Gegenpol dazu stellte der Bereich der Gewerbetreibenden und Unternehmer dar, die sich lange Zeit gegen eine verpflichtende Aufnahme in ein Versicherungssystem wehrten und diese als Eingriff in ihre selbständige Tätigkeit und als Angriff auf die Unternehmerfreiheit interpretierten. Die Bauern als ebenfalls selbständig Erwerbstätige schienen von Beginn an nicht als Zielgruppe einer Sozialversicherung auf, ihre triste wirtschaftliche und soziale Lage bedingte jedoch zunehmend auch ihre Eingliederung in ein derartiges Sicherungskonzept. Auch die Beamten und Freiberufler fanden erst spät Aufnahme in das Versicherungssystem, weil hier traditionell andere, staatliche Absicherungsformen bzw die berufliche Sonderstellung sowie auch soziales Prestigedenken hemmend wirkten.

B. Die Entwicklung des Ehescheidungsrechts seit der Einführung des ABGB 1811

1. Das konfessionelle Eherecht des ABGB 1811

Der Beginn des vorigen Jahrhunderts war die Zeit der großen Kodifikationen und der Grundstein vieler noch heute geltender Bestimmungen bzw Prämissen in der Rechtssetzung. Viele Grundstrukturen unseres Zivilrechts blieben seit der Entstehung des Allgemeinen bürgerlichen Gesetzbuches von 1811 (ABGB)[121] gleich. Das Scheidungsrecht des ABGB war ein nach Religionen[122] unterschiedliches, das auf der Vorgabe Joseph II basierte, konfessionsrechtliche Unterschiede durch Erlaß entsprechender staatlicher Gesetze zu respektieren.[123] Mit Abschluß des Konkordats vom 18.8.1855[124] nahm die Dominanz der Katholischen Kirche im Eherecht vorübergehend nochmals zu.[125] Ehen von Katholiken unterstanden wieder ausschließlich kanonischem Recht sowie kirchlichen Entscheidungsorganen. Bereits mit dem G v 25.5.1868[126] wurde das ABGB-Eherecht für die Katholikenehe erneut in Kraft gesetzt. Weiters kam es zur Einführung der Notzivilehe, die die

---

[121] Kaiserliches Patent vom 1.6.1811, JGS 946; das ABGB trat am 1.1.1812 in Kraft.

[122] Die katholische Kirche, die beiden protestantischen Bekenntnisse (AB u HB) und das Judentum wurden im eherechtlich relevanten Zusammenhang als Religionsgemeinschaften anerkannt. Erst mit G v 9.4.1870, RGBl 51, wurden auch Angehörige nicht anerkannter Religionen hinsichtlich der Trennbarkeit der Ehe den akatholischen, christlichen Personen gleichgestellt.

[123] Naturrechtsphilosoph und ABGB-Mitbegründer *Zeiller* hingegen nahm die Möglichkeit einer auch einseitigen, vollständigen Auflösung der Ehe wie bei jedem anderen Vertrag als gegeben und knüpfte sie lediglich an die Voraussetzung , daß " der andere Theil die, nach dem Begriffe der Ehe als wesentlich zu betrachtenden, Bedingungen" durch Setzung eines Scheidungsgrunds übertrat. Auf den Sakramentscharakter einer katholischen Ehe stellte er nicht ab. Vgl *Zeiller*, Das natürliche Privat-Recht 203.

[124] RGBl 195.

[125] 1874 erfolgte die formelle Kündigung desselben durch das G zur Regelung der äußeren Rechtsverhältnisse der katholischen Kirche v 7.5.1874, RGBl 50.

[126] RGBl 47. Eine Zusammenstellung der weiterhin kirchenrechtlich relevanten Bestimmungen findet sich bei *Grießl*, Kirchliche Vorschriften und österreichische Gesetze und Verordnungen in Ehe-Angelegenheiten.

Abwicklung der Trauung den staatlichen Behörden für jene Fälle übertrug, in denen die Kirche ihre Zustimmung zur Ehe "aus einem durch die Gesetzgebung des Staates nicht anerkannten Hinderungsgrunde" verweigerte, während staatlicherseits keine Bedenken bestanden. Dies war beispielweise der Fall, wenn nur ein Partner Mitglied einer gesetzlichen Religionsgemeinschaft war. Gehörten beide keiner anerkannten Kirche an, bedurfte es nicht länger eines Aufgebotsversuchs bei einem Seelsorger, die Ziviltrauung war hier obligatorisch vorzunehmen.

1.1. Die Scheidung von Katholikenehen

Eine Scheidung im heutigen Sinn, dh die vollständige Lösung vom Ehepartner und die Möglichkeit einer Wiederverheiratung war den Angehörigen der Katholischen Kirche nicht erlaubt, wovon ein Großteil der Bevölkerung betroffen war.[127] Ging eine solche Ehe in die Brüche, gab es die Scheidung von Tisch und Bett, die zwar die eheliche Gemeinschaft, nicht jedoch das Band der Ehe auflöste. Für Angehörige der anderen Religionsgemeinschaften gab es die Trennung der Ehe, die eine gänzliche Aufhebung der Ehebande darstellte. Der uns heute bekannte Begriff der Scheidung darf daher nicht mit der Scheidung (von Tisch und Bett) des ABGB 1811 gleichgesetzt werden, der modernen Scheidung entspräche die damalige Trennung.[128]

Die Scheidung von Tisch und Bett (§ 103 ff ABGB[129]) konnte nur nach dreimaligem Versöhnungsversuch durch einen Priester erfolgen. Durch

---

[127] Eine Katholikenehe lag bereits vor, wenn bei der Eheschließung nur ein Teil der Brautleute der katholischen Kirche angehörte. Auch die Ehe von bei der Trauung akatholischen Personen wurde untrennbar, wenn beide zum Katholizismus übertraten.

[128] Auch im ABGB wurde diese Begriffsunterscheidung nicht streng durchgehalten. Im § 134 Satz 2 ABGB findet sich die "Ehescheidung", die hier jedoch auch im Sinn einer gänzlichen Auflösung der Ehe - also Trennung - verstanden werden muß. (*Neumann-Ettenreich*, Das österreichische Eherecht 86 FN 1).

[129] Alle in diesem Kap angeführten §§ des ABGB sind jene der Urfassung von 1811.

die zwingende Vorsprache bei einem Geistlichen, der die Ehepartner an ihr gegebenes Eheversprechen zu gemahnen hatte, sollte die Scheidung nach Möglichkeit vermieden werden.[130]

Bei der einverständlichen Scheidung hatten die Ehegatten dem Gericht danach eine Einigung bezüglich Vermögen und Unterhalt vorzulegen, und dieses die Scheidung auszusprechen. Mit der Scheidung wurde die Pflicht des Zusammenlebens, der gemeinschaftlichen Haushaltung und der ehelichen Beiwohnung aufgehoben, die Ehegatten galten jedoch weiterhin als verheiratet und waren einander zur Treue verpflichtet.

Willigte ein Ehepartner nicht in die Scheidung ein, so hatte das Gericht im streitigen Verfahren festzustellen, ob ein in § 109 aufgezählter[131] Scheidungsgrund (Ehebruch, Verbrechen, boshaftes Verlassen, unordentlicher Lebenswandel, Mißhandlungen etc) vorlag, der den klagenden Teil zur Scheidung berechtigte. Bereits während des Verfahrens konnte der Richter dem gefährdeten Teil einen abgesonderten Wohnort bewilligen.[132]

1.2. Die Trennung der Ehen von christlichen, akatholischen Religionsangehörigen

Die in den §§ 115 ff ABGB geregelte Trennung der Ehen akatholischer Christen unterlag bezüglich ihrer Zulässigkeit komplizierten Regelungen. Primär wurde auf das Religionsbekenntnis zum Zeitpunkt der Ehe-

[130] Eine Bestätigung dieser Beratungsgespräche war dem Scheidungsbegehren beizufügen. Diese Pflicht wurde mit G v 31.12.1868 (RGBl 1869/3) dahingehend erleichtert, daß die Versöhnungsversuche durch das Gericht übernommen werden konnten.

[131] Für *Zeiller* waren die angeführten Gründe offensichtlich nicht taxativ aufgelistet, sollten doch "andere ihnen gleich kommende [...] nicht ausgeschlossen werden" (*Zeiller*, Commentar über das allgemeine bürgerliche Gesetzbuch für die gesammten Deutschen Erbländer der Österreichischen Monarchie I 284). Ebenso *Stubenrauch*, Commentar zum österreichischen allgemeinen bürgerlichen Gesetzbuche I 183.

[132] "Daß der inzwischen abgesonderten Gattinn und der Familie der anständige Unterhalt von dem Manne gebühre, versteht sich von selbst." So *Zeiller*, Commentar I 282.

schließung abgestellt. Bei einem späteren Wechsel eines oder beider Partner von der Katholischen Kirche zu einem anderen Religionsbekenntnis blieb es in der Regel bei der strengeren Folge der Unauflöslichkeit des Ehebandes.[133] Die Trennung konnte nur bei Vorliegen erheblicher Gründe verlangt werden. Wollten beide Teile einvernehmlich eine Auflösung wegen unüberwindlicher Abneigung erwirken, so wurde vorerst nur eine Scheidung von Tisch und Bett bewilligt. Diese Bestimmung sollte ähnlich der verpflichtenden Gespräche mit einem Geistlichen die Chance für eine Versöhnung und Aufrechterhaltung der Ehe bieten, eine leichtfertige und überstürzte Aufgabe der Ehe sollte unter allen Umständen vermieden werden.

Für eine Trennung im streitigen Verfahren galt das oben zur Scheidung Ausgeführte, insbesondere die getrennte Wohnungsnahme und vorläufige Unterhaltsgewährung an Frau und Kinder (§ 117 ABGB). Getrennten Ehegatten war es möglich, eine neue Ehe einzugehen, nicht jedoch mit einem (die Trennung mitbegründenden) Ehebruchspartner.

1.3. Scheidung und Trennung von Judenehen

Für Ehen von Juden galten wiederum eigene Bestimmungen, die Abweichungen vom übrigen Eherecht waren in den §§ 123 ff ABGB geregelt und bezogen sich auf mit dem Christentum differenzierende religiöse Bräuche und Gewohnheiten. Für die Scheidung von Tisch und Bett galten die allgemeinen Bestimmungen (§ 132). Eine Trennung (§ 133) war bei Willensübereinstimmung beider Ehegatten durch bloße Übergabe eines "Scheidungsbriefes" vom Mann an die Frau möglich, welcher nur ein Versöhnungsversuch durch einen Rabbiner voranzugehen hatte. Bei Ehebruch der Frau konnte sie der Ehemann gegen ihren Willen mit dem Scheidebrief entlassen (§ 135), vor Gericht wurde wie im streitigen Verfahren entschieden.

---

[133] Dazu *Zeiller*, Commentar I 286 f.

1.4. Unterhaltsregelungen

Der Mann war dem damaligen Familienbild entsprechend für die materielle Versorgung von Frau und Kindern verantwortlich und allein unterhaltspflichtig (§ 91 ABGB). Dieser "anständige Unterhalt" richtete sich nach Vermögen und Stand des Mannes. Er blieb auch nach der Scheidung von Tisch und Bett weiterhin unterhaltspflichtig, ausgenommen jene Fälle, in denen die Frau die Schuldtragende an der Scheidung war. "Uebrigens kann auch bei einer aus beiderseitigem Verschulden erfolgten Scheidung der Richter mit Berücksichtigung aller Verhältnisse und der für sie sprechenden Billigkeitsgründe ausnahmsweise den Ehemann zur Verabreichung des anständigen Unterhalts an die Gattin verhalten (Hofd. vom 4. Mai 1841, J. G. S. Nr. 531)."[134]

Bei Trennung der Ehe konnte selbst der schuldlose Teil keine Unterhaltsforderungen stellen.[135]

Die Bestimmungen zum Ehegattenerbrecht (§§ 757 - 759 ABGB) setzten dieses Muster fort. Erbberechtigt konnte allenfalls ein schuldlos geschiedener Ehepartner werden. Ergänzend dazu räumte § 796 ABGB dem überlebenden Ehepartner[136], dem ja kein Recht auf einen Pflichtteil zukam, einen Anspruch auf Fortsetzung der Unterhaltszahlungen aus der Verlassenschaft ein, wenn er nicht anderwertig versorgt und noch keine zweite Ehe eingegangen war. Voraussetzung für die Unterhaltsgewährung war auch hier, daß es sich nicht um einen aus Verschulden Geschiedenen handelte.[137]

Mit diesen Bestimmungen wurde die Abhängigkeit der Unterhaltszahlungen vom Verhalten während der Ehe festgeschrieben. Auf den Punkt gebracht: die ehebrechende oder sonst verwerflich handelnde Gattin

---

134 *Stubenrauch*, Commentar II 570.

135 *Krainz*, System des österreichischen allgemeinen Privatrechts II/2 136 f.

136 Diese Bestimmung war geschlechtsneutral formuliert, der Mann konnte allerdings nur im Fall der Krankheit Unterhalt fordern, wenn es ihm also unmöglich war, sich selbst zu unterhalten.

137 *Stubenrauch*, Commentar I 165, 970 ff.

sollte nach der Scheidung nicht auch noch Anspruch auf Unterhalt haben. Für jene Ehefrauen, die dem ABGB-Leitmodell der Hausfrauenehe entsprachen, bedeutete daher eine Scheidung aus ihrem Verschulden oder eine Trennung die grundsätzliche Gefährdung ihrer Existenz. Für Ehefrauen aus den sogenannten "unteren Bevölkerungsschichten", die gezwungen waren zum Familienunterhalt durch außerhäusliche Erwerbsarbeit beizutragen, bedeutete das eine doppelte Benachteiligung. Während aufrechter Ehe konnten sie sich nicht auf die ihnen vom Gesetzgeber zugesprochenen Unterhaltsansprüche zurückziehen. Nach der Scheidung wurde den Frauen ihre Erwerbstätigkeit während der Ehe, die eigentlich keinem Rechtssachverhalt entsprach, in dem Sinn angelastet, als sie unterhaltsmindernd bzw -ausschließend wirkte.[138] Hier kumulierte die ohnehin schon schwierige Realsituation[139] mit einer schlichtweg diskriminierenden Rechtsauslegung.

1.5. Kritische Anmerkungen zum Scheidungsrecht

Die Unzufriedenheit mit dem bestehenden Eherecht wurde offen ausgesprochen. Insbesondere die Ungleichbehandlungen der Angehörigen verschiedener Religionsgemeinschaften und die Rücksichtnahme auf kirchenrechtliche Vorschriften widersprach den vom Naturrechtsdenken

---

138 "In der Praxis hat sich diese Absicht des Gesetzgebers, dem Manne allein die ganzen Lasten der Ehe aufzubürden, nicht auszuwirken vermocht. [....] Die Frauen verwenden auch ihr Berufseinkommen zum großen Teile im Haushalte, was bei den knappen Einkommens- und Lohnverhältnissen auch notwendig ist, wenn der Haushalt halbwegs den standesgemäßen Ansprüchen entsprechen soll. Ja, obwohl dies dem Wortlaut des Gesetzes schnurstracks zuwider läuft, das nur die Beachtung der Standesverhältnisse und des Einkommens des Mannes gestattet, wird auch bei der Ausmessung der Alimentationen je länger je mehr Rücksicht darauf genommen, ob und wieviel die Frau in der Lage ist, zu verdienen." Vgl *Beth*, Die Stellung der Frau im Recht, in: *Braun ua* (Hg), Frauenbewegung, Frauenbildung und Frauenarbeit in Österreich 98. In Weiterführung dieses Ansatzes wurde mit der Entscheidung des OGH v 19.2.1924, SpR 16 neu = SZ VI 63 schließlich aus der Beistandspflicht eine Unterhaltspflicht der Frau gegenüber ihrem bedürftigen Ehemann konstruiert.

139 Mehr als die Hälfte der verheirateten Frauen war gegen Ende des vorigen Jahrhunderts erwerbstätig. Siehe *Lehner*, Familie - Recht - Politik 25.

geprägten Grundsätzen des ABGB. *Steinlechner* äußerte sich 1874 in einem Vortrag vor dem Konstitutionellen Verein in Innsbruck folgendermaßen: "Während aber auf anderen Gebieten der österreichischen Legislation die großartigsten Reformen sich fort und fort vollziehen, bleibt hier noch alles im Stillstand, obwol [!] es ein alter Satz ist, daß die Fortschritte eines Volkes in der Kultur sich ziemlich zuverlässig aus seinen Gesetzen über die Ehe erkennen lassen."[140]

Dennoch brachte die Teilnovellierung des ABGB zu Beginn unseres Jahrhunderts im Bereich des Ehe- und Scheidungsrechts keine Änderungen. Reformen wurden von mehreren Seiten (so von der Sozialdemokratischen sowie der Sozialliberalen Partei, von der Frauenbewegung als auch von eigens gegründeten Vereinen Geschiedener) gefordert, an eine Neugestaltung wagte man sich jedoch nicht heran. Insbesondere die bürgerliche Frauenbewegung kämpfte für die Beseitigung patriachaler Bestimmungen des Ehe- und Familienrechts.[141] Der erste Regierungsentwurf zur Novellierung des bürgerlichen Gesetzbuches verstand sich noch als Beginn einer großen Reform, später stellte das Vorhaben nur mehr eine geringfügige abschließende Revision dar.[142] So blieb das Eherecht "in seiner ganzen Rückständigkeit erhalten"[143].

---

[140] *Steinlechner*, Zur Reform des Eherechts 33.

[141] Eine Verbesserung der Rechtsstellung der Frau konnte beispielsweise im Vormundschaftsrecht erreicht werden, eine eherechtliche Gleichbehandlung wurde nicht durchgesetzt. Siehe dazu *Beth*, Stellung, in: *Braun ua* (Hg), Frauenbewegung 95 ff; *Heindl*, Aspekte der Ehescheidung in Wien um 1900, in: *Staatsarchiv* (Hg), Mitteilungen des Österreichischen Staatsarchivs 33, 218 ff; *Heindl*, Frau und bürgerliches Recht, in: *Ackerl ua* (Hg), Neck-FS 133 ff; *Lange*, Die Stellung der Frauenbewegung zu Ehe und Familie, in: *Menschik* (Hg), Grundlagentexte zur Emanzipation der Frau 68 ff; mit weiterführender Literatur *Floßmann*, Das Geschlechterverhältnis in der Rechtslehre Franz von Zeillers, in: *Ogris/Rechberger* (Hg), Hofmeister-GS 190 f. Eher unkritisch *Ent Herbert*, Die Entwicklung der Stellung der Frau im österreichischen Familienrecht, ÖJZ 1969, 591 f.

[142] *Wellspacher*, Der Entwurf der Zivilgesetznovelle im Herrenhause 3. Er spricht davon, daß "die Selbstbeschränkung des Regierungsentwurfes nicht viel mehr als ein Deckmantel für den Aufschub der Eherechtsreform" war.

[143] *Wellspacher*, Kritische Bemerkungen zur Zivilgesetznovelle 3.

Die Eingeschränktheit der Scheidung und die Unmöglichkeit einer weiteren Eheschließung wurde durch die Praxis der Dispenserteilung etwas abgemildert. Eine zweite Ehe konnte von Katholiken dann geschlossen werden, wenn durch Dispens (Hoheitsakt einer politischen Behörde) das Ehehindernis der bereits bestehenden Ehe beseitigt wurde.[144] Diese vor allem nach dem 1. Weltkrieg zunehmende Übung war heftig umstritten[145], nahm jedoch stetig zu.

2. Das Ehegesetz 1938

2.1. Das neue Eherecht der Nationalsozialisten

Erhalten blieb das konfessionelle Ehe- und Scheidungsrecht in Österreich bis zum Jahre 1938. Nach dem Anschluß an das nationalsozialistische Deutschland wurde für beide Länder gemeinsam ein neues Eherecht[146] erlassen, das am 1.8.1938 in Kraft trat.[147] Dieses EheG 1938 ist in seiner Grundstruktur noch heute österreichisches Recht. Nach dem Krieg erfolgten lediglich Änderungen und Ergänzungen, um eindeutig nationalsozialistische Bestimmungen zu beseitigen, das System der Verschuldensscheidung und die wesentlichen Scheidungsgründe blieben jedoch unverändert erhalten.

Dem Inkrafttreten vorangegangen war eine politische Kontroverse um die Schaffung eines neuen Eherechts in Deutschland. Die Nationalso-

---

[144] *Floßmann*, Österreichische Privatrechtsgeschichte 85; *Hofmeister*, Privatrechtsgesetzgebung für Österreich unter der Herrschaft des Nationalsozialismus, in: *Davy ua* (Hg), Nationalsozialismus und Recht 130.

[145] Einen guten Überblick über die Entstehung und das Für und Wider der Dispenserteilung bietet *Ehrenzweig*, System des österreichischen allgemeinen Privatrechts II/2 64 ff.

[146] G zur Vereinheitlichung des Rechts der Eheschließung und der Ehescheidung im Lande Österreich und im übrigen Reichsgebiet v 6.7.1938, DRGBl I, 807.

[147] Zum EheG gab es bis zum Ende der nationalsozialistischen Herrschaft ingesamt 6 Durchführungsverordnungen: DV v 27.7.1938 DRGBl I, 923; DV v 28.9.1938 DRGBl I, 1323; DV v 29.10.1940 DRGBl I, 1488; DV v 25.10.1941 DRGBl I, 654; DV v 18.3.1943 DRGBl I, 145; DV v 21.10.1944 DRGBl I, 256.

zialisten hatten sich seit ihrer Machtergreifung in einem eigens gegründeten Familienrechtsausschuß um eine Reform der alten im BGB enthaltenen eherechtlichen Bestimmungen bemüht, das Eherecht sollte dem nationalsozialistischen und völkischen Prinzip des Staates angeglichen werden. Geplant war zuerst nur die Neuregelung des Ehescheidungsrechts, sonstige - bereits notwendig erachtete - Reformen sollten erst später erfolgen. Schließlich setzte sich doch die Meinung durch, daß es im Zuge einer Vereinheitlichung von deutschem und österreichischem Recht gleich zu einer Gesamtneuregelung kommen sollte, weil sonst in Österreich nach relativ kurzer Zeit abermals eine Änderung des Eherechts erforderlich gewesen wäre.[148]

Ehe und Familie hatten im Sinne der nationalsozialistischen Ideologie gänzlich dem Staatswohl untergeordnet zu werden.[149] Das Institut der Ehe sollte nach Meinung der nationalsozialistischen Führung nicht dazu mißbraucht werden, um Namen, Titel oder eine Staatsbürgerschaft zu erreichen, vielmehr sollte ihm die Aufgabe zukommen, das deutsche Volk vor minderwertigen und rassefremden Elementen zu schützen. Aus dem privatrechtlichen Vertragsverhältnis wurde eine öffentliche Institution, das Interesse an der Erhaltung oder Auflösung einer Ehe wurde vorrangig von bevölkerungspolitischen Gesichtspunkten[150] abhängig gemacht.

---

[148] *Gruchmann Lothar*, Das Ehegesetz vom 6. Juli 1938, ZNR 1989, 63 ff.

[149] Zur nationalsozialistischen Bewertung von Ehe und Familie siehe insbesondere: *Hofmeister* , Privatrechtsgesetzgebung, in: *Davy ua* (Hg), Nationalsozialismus 124 ff; *Lehner*, Familie 152; *Ramm*, Das nationalsozialistische Familien- und Jugendrecht 6 ff; *Rüthers*, Die unbegrenzte Auslegung 400 ff. Beispielhaft für die Kommentierung aus damaliger Sicht *Köstler*, Das Großdeutsche Eherecht.

[150] Die Akademie für Deutsches Recht verwendete folgende Definition: "Ehe ist die von der Volksgemeinschaft anerkannte, auf gegenseitige Treue, Liebe und Achtung beruhende dauernde Lebensgemeinschaft zweier rassegleicher, erbgesunder Personen verschiedenen Geschlechts zum Zweck der Wahrung und Förderung des Gemeinwohls durch einträchtige Zusammenarbeit und zum Zweck der Erzeugung rassegleicher, erbgesunder Kinder und ihrer Erziehung zu tüchtigen Volksgenossen." Zitiert nach *Stolleis*, Gemeinwohlformeln im nationalsozialistischen Recht 99.

Das in Österreich noch bestehende, nach konfessionellen Gesichtspunkten geregelte Eherecht stellte, wie in der amtlichen Begründung zum Ehegesetz angeführt, eine "das gesunde Empfinden der Bevölkerung gröblich mißachtende Rechtslage"[151] dar.

Durch das EheG 1938 wurde somit auch in Österreich bzw der Ostmark die obligatorische Zivilehe für alle Religionsgemeinschaften eingeführt. Es war sogar verboten, die kirchliche Trauung vor der standesamtlichen durchzuführen (§ 100 EheG), um die Vorherrschaft des Staates zu unterstreichen. Im Bereich der Ehehindernisse und -verbote wurde die nationalsozialistische und rassische Ideologie voll durchgesetzt, die Bestimmungen des 1935 in Kraft getretenen BlutschutzG und des EhegesundheitsG[152] waren einzuhalten. Gegen Namens- und Staatsangehörigkeitsehen wurde verschärft vorgegangen (§ 23 EheG), um so völkisch unerwünschte Verbindungen zu verhindern.

2.2. Die neuen Scheidungsgründe

Auch im Scheidungsrecht fand die nationalsozialistische Ideologie ihren Niederschlag. Gefragt wurde danach, was der Volksgemeinschaft mehr Nutzen bringt, der Fortbestand der alten oder das Eingehen einer neuen Ehe. So lehnte man eine einverständliche Scheidung vehement ab, weil sie eine zu große Freiheit des Individuums bedeutet hätte. Grundsätzlich war es Pflicht der erbgesunden Bevölkerung, Nachkommen in die Welt zu setzen und die Ehe als optimalen Rahmen der Familiengründung zu erhalten und nicht leichtfertig aufzugeben. Andererseits war es erwünscht, daß im Hinblick auf eine möglichst große Kinderzahl beispielsweise der Mann mit einer zweiten jüngeren Frau eine neue Familie gründen konnte. Für solche Fälle sollte daher die Ehescheidung erleichtert werden.

---

[151] *Volkmar ua,* Großdeutsches Eherecht 491.

[152] DRGBl I, 1146 und DRGBl I, 1246.

Scheidbar im Sinn von gänzlich auflösbar waren alle Ehen. Voraussetzung für die Scheidung war das Vorliegen eines Scheidungsgrundes, die Scheidung erfolgte aus Verschulden oder ohne Verschulden aufgrund der Zerrüttung der Ehe. Die Scheidungsgründe aus Verschulden zählen die §§ 47 bis 49[153] auf: Ehebruch, Verweigerung der Fortpflanzung oder andere Eheverfehlungen[154]. Die schuldlose Zerrüttung der Ehe konnte sich ergeben durch Geisteskrankheit oder geistige Störung des Ehepartners, andere ekelerregende oder ansteckende Krankheiten, Unfruchtbarkeit[155] oder die Auflösung der häuslichen Gemeinschaft durch einen Zeitraum von 3 Jahren (§§ 50 bis 55). Eine Scheidung aus Zerrüttung konnte dann erfolgen, wenn der Ehepartner dem Scheidungsbegehren nicht widersprach oder der Scheidung keine sittlichen Bedenken entgegenstanden, weil sie den kranken Ehepartner besonders hart treffen würde. Auch bei einer Scheidung ohne Verschulden konnte der nicht zur Scheidung bereite Ehepartner (keine Widerklage) einen Ausspruch des Urteils dahingehend beantragen, daß der andere an der Zerrüttung allein oder überwiegend schuld sei (§ 61).

---

[153] Alle im folgenden Kap genannten §§ ohne Gesetzesbezeichnung sind solche des EheG 1938 in ihrer ursprünglichen Fassung.

[154] Die Konstruktion des Scheidungstatbestandes "andere Eheverfehlungen" war eine im Vergleich zum bisherigen Recht neue und breit anwendbare. Voraussetzung für die Scheidung war die tiefe Zerrüttung der Ehe durch Zerstörung ihrer sittlichen Grundlagen mittels einer begangenen Eheverfehlung. Auch die Summe fortlaufender kleinerer Verfehlungen konnte diesen Scheidungsgrund bilden. Von den Gerichten wurden beispielsweise folgende Tatbestände als Eheverfehlungen des § 49 anerkannt: grobe körperliche Mißhandlungen, Körperverletzung durch Ansteckung (mit Geschlechtskrankheiten), liebloses Verhalten, mangelnde Fürsorge für die Kinder, hartnäckige unbegründete Weigerung, den Wohnort des anderen zu teilen. Als Eheverfehlung (!) galt aber auch die Beleidigung des Führers, Nörgelei über die Betätigung des Ehegatten in der nationalsozialistischen Bewegung, der Verkehr mit Juden, Kauf bei Juden, Betrauung jüdischer Rechtsanwälte, kommunistische Betätigung oder Betätigung in okkulten Sekten.

[155] Die Scheidungsgründe der Unfruchtbarkeit und der Verweigerung der Fortpflanzung sind typisches Produkt der Vorstellungen der nationalsozialistischen Bevölkerungspolitik.

Eine Besonderheit stellte die durch die 5. DVEheG geschaffene Möglichkeit der Feststellung der Scheidbarkeit der Ehe nach dem Tod eines Ehegatten dar; antragsberechtigt war die Staatsanwaltschaft. Voraussetzung war hier eine so große Schuld des überlebenden Gatten, sodaß er nicht würdig erschien, die rechtliche Stellung eines Verwitweten zu haben. § 1 der DV regelte den Fall, wenn der Verstorbene bereits Klage erhoben hatte, § 7 jenen, wenn es nicht mehr dazu gekommen war. Die Antragstellung durch den Staatsanwalt hatte binnen 3 Jahren ab dem Tod des Ehegatten zu erfolgen.

2.3. Unterhaltsansprüche nach der Scheidung

Das Unterhaltsrecht der geschiedenen Ehepartner richtete sich nach dem Verschuldensausspruch des Scheidungsurteils. Ein Schuldausspruch hatte gem §§ 60 und 61 zu erfolgen. Abs 1 des § 60 bezog sich auf die Scheidungsgründe aus Verschulden (§§ 47 bis 49); kam es zur Widerklage, war Abs 2 anzuwenden. Waren beide Ehepartner schuldig, konnte laut Satz 2 einem das überwiegende Verschulden angelastet werden. Abs 3 behandelte die Fälle, in denen der Beklagte zwar auch einen Scheidungsgrund hatte, jedoch keine Widerklage erhob, sondern einen Mitverschuldensantrag stellte. § 61 sah auf Antrag die Möglichkeit eines Schuldausspruchs für den Kläger einer Scheidung aus den Gründen der §§ 50 bis 53 und 55 vor.

Eine Unterhaltsverpflichtung sollte nicht als Strafe für den schuldig Geschiedenen aufgefaßt werden, ebensowenig stellte sie eine Genugtuung oder Entschädigung für den anderen dar, sondern war die "Nachwirkung der sich aus der Ehe ergebenden gegenseitigen Pflicht zur Hilfe- und Beistandsleistung, die während der Ehe uneingeschränkt bestanden hat und im Rahmen eines billigen und gerechten Ausgleichs auch noch nach Auflösung wirksam bleiben muß."[156]

[156] *Volkmar ua* , Eherecht 253.

Die Unterhaltspflicht war grundsätzlich eine gegenseitige, vertragliche Vereinbarungen waren möglich. Nach der Bestimmung des § 66 war bei einer Scheidung aus Verschulden nur der allein oder überwiegend schuldige Teil unterhaltspflichtig, ein Mitverschulden des anderen änderte nichts an dessen Anspruch. Die Höhe sollte nach dem Bedarf bestimmt werden, das Gesetz (§ 66 Abs 1) sprach der Frau den "angemessenen"[157] Unterhalt abzüglich dessen zu, was sie aus den Erträgen eigenen Vermögens oder aus einer von ihr zu erwartenden Erwerbstätigkeit beisteuern konnte. Reichten ihre eigenen Beiträge der Summe nach für den angemessenen Unterhalt aus, so entfiel ihr Anspruch gegenüber dem Mann. Damit war allerdings erstmals normiert, daß der Frau nach der Scheidung eine Berufsausübung zugemutet werden konnte. Diese neuartige Bestimmung wurde in der amtlichen Begründung zum Ehegesetz mit der Stellung der erwerbstätigen Frau in der Wirtschaft gerechtfertigt und zeigt in typischer Weise, daß die Frau im Nationalsozialismus grundsätzlich für sich selbst aufzukommen hatte. Betrachtet man die Liste der Gründe, aus denen einer Frau ein eigener Beitrag zum Unterhalt nicht zumutbar war, wird die Relativität dieses Grundsatzes klar. Waren Kinder vorhanden, deren Erziehung der Frau oblag, wurde in den seltensten Fällen eine Erwerbstätigkeit erwartet. Die Kindererziehung ging der Erwerbsarbeit vor. Ein weiterer Aspekt war eine Tätigkeit der Frau in einer der nationalsozialistischen Wohlfahrts- oder Frauenorganisationen. War sie dadurch beansprucht, konnte ihr eine Berufsausübung nicht zugemutet werden. Weiters zu berücksichtigen waren Alter, Gesundheit, Leistungsfähigkeit, Vorbildung sowie die allgemeine Lage des Arbeitsmarktes; nahm die Arbeitslosigkeit zu, waren es die Frauen, die als erste ihre Arbeitsplätze verloren. Keine Beachtung fand die Tatsache, daß eine Erwerbstätigkeit der Frau bei den Verhältnissen, in denen die Ehegatten früher gelebt hatten, nicht üblich

---

[157] Als "angemessener" Unterhalt war jener zur Befriedigung aller berechtigten Bedürfnisse zu verstehen, der "notdürftige" Unterhalt sollte hingegen nur die unabweisbaren Bedürfnisse, also den Lebensbedarf im engeren Sinn decken. Das konnten auch die Kosten einer Berufsausbildung oder einer Heilbehandlung sein, keinesfalls jedoch solche von Hobbys, Liebhabereien, Reisen oder Sport. Zu beachten war allenfalls auch ein durch Alter, Krankheit oder Arbeitsunfähigkeit entstandener Mehrbedarf, nicht jedoch, wenn dieser durch eigenes grobes Verschulden herbeigeführt wurde (§ 73).

oder standesgemäß war. Relevant konnte dieses Argument allerdings werden, wenn es darum ging, daß zum Beispiel eine ältere Frau überhaupt erst einen Beruf zu erlernen hätte, was in vielen Fällen als nicht zumutbar angesehen wurde.[158]

Die Frau hatte sich Ansprüche auf Zuwendungen Dritter anrechnen zu lassen, auch wenn sie diese aus irgendwelchen Gründen faktisch nicht bezog, außerdem wurden bei einer schlechten Veranlagung ihres Vermögens trotzdem die Beträge zur Unterhaltsberechnung herangezogen, die bei einer guten Anlage zu erwarten waren, wenn eine Neuveranlagung möglich war.[159]

Der Mann hatte nur dann Anspruch auf Unterhalt, wenn er erwerbsunfähig bzw unverschuldet erwerbslos und vermögenslos war. Er mußte auch auf den Stamm des Vermögens greifen, ein Unterhaltsanspruch entstand nur dann, wenn er sein Vermögen verbraucht hatte, überdies galt für ihn die Annahme jeder beliebigen Arbeit als zumutbar.[160]

War der Unterhalt des/der Verpflichteten gefährdet, mußte sich der/die Berechtigte gem § 67 eine Herabsetzung nach Billigkeitserwägungen oder sogar eine gänzliche Aufhebung seiner/ihrer Ansprüche gefallen lassen, denn der Unterhaltsberechtigte sollte keinesfalls besser gestellt werden als der Verpflichtete. Dieser mußte daher auch nicht auf den Stamm seines Vermögens greifen, um seine Leistungen aufrecht zu erhalten, der Berechtigte schon. Verwandte des Berechtigten waren in diesem Fall primär zur Unterhaltsleistung verpflichtet, ein neuer Ehegatte oder minderjährige Kinder waren bei der Unterhaltsgewährung gleichrangig zu behandeln.

---

158 Faktisch war die Zahl der problematischen Fälle der Unterhaltsgewährung eine relativ geringe. So wurden zB 1940 88 % der Scheidungen mit einem Schuldausspruch beendet, wovon 45 % aus alleinigem Verschulden des Ehemannes geschieden wurden und nur 18 % aus alleinigem Verschulden der Frau (*Blasius*, Ehescheidung in Deutschland 1794 - 1945, 211).

159 Dazu ausführlich *Volkmar ua*, Eherecht 257 f.

160 *Volkmar ua*, Eherecht 260.

Waren beide Ehegatten schuld an der Scheidung, so stand dem erwerbsunfähigen Teil ein Anspruch nach Billigkeit zu, eine Unterhaltspflicht anderer Verwandten war zu beachten. Gemeinsame Kinder hatten sich unter Umständen eine Kürzung ihres eigenen Anspruchs gefallen zu lassen.

§ 69 regelte den Unterhaltsanspruch bei einer Scheidung gem §§ 50 - 53 und 55, dessen Abs 1 bei vorliegendem Schuldausspruch aufgrund eines Schuldantrags auf die vorangegangenen Bestimmungen verwies; Abs 2 enthielt eine Billigkeitsregelung für den Fall, daß es zu keinem Schuldausspruch gekommen war, eine eventuelle Verpflichtung anderer Verwandter war hier nachrangig zu behandeln.

3. Die Übernahme des EheG 1938 in die österreichische Rechtsordnung nach 1945

3.1. Die Beseitigung nationalsozialistischen Gedankenguts aus dem EheG 1938

Auch nach Wiedererstehen des österreichischen Staates im Jahr 1945 blieb ein Großteil des durch die Nationalsozialisten eingeführten Eherechts in Geltung. Das G v 26.6.1945 über die Maßnahmen auf dem Gebiete des Eherechts, des Personenstandsrechts und des Erbgesundheitsrechts[161] beschränkte sich darauf, die typisch nationalsozialistischen Bestimmungen aufzuheben oder zu entschärfen. Zur Gänze aufgehoben wurden überraschend wenige Normen des EheG (§§ 4, 5, 53, 58 und 106), weiters die §§ 14, 49, 65 - 67 1. DVEheG, die ganze 3. DVEheG sowie §§ 3 und 19 Abs 2 und 3 der 4. DVEheG.[162]

---

[161] StGBl 31.

[162] Gefallen waren in erster Linie die volksgesundheitlichen und rassischen Bestimmungen, so auch der Scheidungsgrund der Unfruchtbarkeit. *Gschnitzer*, Familienrecht 38 schreibt aber noch 1963: "Der Scheidungsgrund des § 53 entbehrte nicht der Berechtigung, sofern die starken Einschränkungen des Gesetzes beachtet werden. Allein die Frauen fühlten ihn besonders gegen sich gerichtet und mancher Mißbrauch scheint damit getrieben worden zu sein."

3.2. Neuinterpretation der Unterhaltsregelung

Zum Unterhaltsrecht allgemein ist zu sagen, daß zwar die gesetzlichen Bestimmungen unverändert blieben, die Judikatur aber im Wege der Neuinterpretation zu nun wünschenswerter erscheinenden Ergebnissen kam. 1938 war die politische Führung davon ausgegangen, daß endlich mit der Unauflöslichkeit der Ehe Schluß sein sollte, zur Bekräftigung wurden daher Scheidungen und Wiederverheiratungen "gefördert" und im Unterhaltsrecht die neuen Ehegatten den früheren gegenüber besser gestellt. Nach dem Krieg wurde diese tendenzielle Ungleichbehandlung als nicht gerechtfertigt erkannt, und die Judikatur versuchte einen entsprechenden Ausgleich zu finden. So war eine Scheidung gem § 55 prinzipiell zu verweigern, wenn der Ehegatte dem Scheidungsbegehren widersprach. Die Intention des Gesetzgebers des Jahres 1938, daß ein Widerspruch nur dann Erfolg haben solle, wenn die Aufrechterhaltung der Ehe bei Würdigung ihres Wesens sittlich gerechtfertigt sei, wurde ins Gegenteil verkehrt. Die Unbeachtlichkeit des Widerspruchs wurde zum Ausnahmefall.[163]

Neu interpretiert wurde auch die Bestimmung des § 69 Abs 2. Derjenige, der die Scheidung begehrt hatte, mußte dem anderen nunmehr Unterhalt leisten, wenn es bei einer Scheidung gem §§ 50 - 52 oder 55 zu keinem Schuldausspruch gekommen war. Die frühere Billigkeitsentscheidung wurde damit zugunsten des Beklagten zum Anspruch umgedeutet.

Ebenfalls nicht dem EheG zu entnehmen war das vom OGH judizierte Ruhen des Unterhalts bei Eingehen einer neuen Lebensgemeinschaft durch den geschiedenen Unterhaltsberechtigten.[164] Damit sollte verhindert werden, daß es zu einer Zunahme der Konkubinate kam, weil der

---

[163] *Ent Herbert*, Die Eherechtsreform 1978, NZ 1979, 121.

[164] E v 19. 5. 1954, SZ 27/134 = EvBl 1954/228. Der Spruch ging als Nr 38 in das Spruchrepertorium ein (SpR 38 neu).

geschiedene Teil, durch die Unterhaltszahlungen des anderen versorgt, auf eine neue Eheschließung nicht angewiesen war.[165]

4. Die große Familienrechtsreform[166] der 70er Jahre

4.1. Allgemeines

Die für das österreichische Ehe- und Ehescheidungsrecht bedeutendste Reform erfolgte erst 1978 durch das G v 15.6.1978 über Änderungen des Ehegattenerbrechts, des Ehegüterrechts und des Ehescheidungsrechts[167] und das G v 30.6.1978 über eine Änderung des Ehegesetzes[168]. Bereits 1975 erfolgte die Neuordnung[169] der persönlichen Rechtswirkungen der Ehe, die die gegenseitigen Rechte und Pflichten der Ehegatten neu geregelt hat. Dem Leitmodell der partnerschaftlichen Ehe entsprechend haben Mann und Frau nunmehr zu gleichen Teilen Beiträge zum gemeinsamen Unterhalt zu leisten, der Ehemann hat seine Vorrangstellung als Entscheidungsträger in Familienfragen verloren. Die sogenannte Hausfrauenehe wird jedoch weiterhin als Möglichkeit der Lebensgestaltung zwischen den Ehegatten anerkannt. Der haushaltsführende Partner (in der Regel die Frau) leistet durch diese Tätigkeit seinen

---

165 In die Lehre wurde diese Judikatur unisono übernommen, so zB *Schwind*, in: *Klang/Gschnitzer* (Hg), Kommentar zum Allgemeinen bürgerlichen Gesetzbuch I/1 875; *Schwind*, Kommentar zum österreichischen Eherecht 293 ff; *Pichler*, in: *Rummel* (Hg), Kommentar zum Allgemeinen bürgerlichen Gesetzbuch II, § 75 EheG Rz 2. Dazu kritisch *Hofmeister L.*, Ruhender Unterhalt nach Scheidung, in: *Frauenreferat* (Hg), war - ist - soll, Dokumentation, Standpunkte, Perspektiven 36 ff.

166 Es handelte sich dabei um eine Gesamtreform durch Teilreformen. Dazu *Ent Herbert*, Die Reform des österreichischen Familienrechts, SozSi Nr 12/1976, 597. Eine ausführliche Zusammenfassung der Änderungen des Ehe- und Ehescheidungsrechts sowie der dadurch bedingten Auswirkungen auf andere Normen findet sich bei *Ent Herbert*, Die Eherechtsreform 1978, NZ 1979, 117 ff.

167 BGBl 280.

168 BGBl 303.

169 G v 1.7.1975, BGBl 412.

vollständigen Unterhaltsbeitrag und hat Anspruch auf Unterhaltszahlungen durch den anderen.[170]

4.2. Neuerungen im Scheidungsrecht

Durch die Reform kamen zu den bisherigen Scheidungsgründen des EheG 1938 die §§ 55 Abs 3 und 55a EheG hinzu, die eine grundlegende Veränderung der Scheidungsmöglichkeiten bewirkten.

Der neue Abs 3 des § 55 brachte eine wesentliche Erleichterung der Scheidbarkeit bei bloßer Zerrüttung der Ehe. Das Scheidungsbegehren konnte nach 6-jähriger Aufhebung der häuslichen Gemeinschaft nicht mehr abgelehnt werden, der beklagte Ehegatte hatte keine Möglichkeit mehr, die Scheidung zu verhindern.[171] Der Abs 2 wurde umformuliert, aus dem "Widerspruch" des Beklagten wurde ein bloßes "Verlangen", dem Scheidungsbegehren nicht stattzugeben. Dieses Verlangen stellt einen Verschuldensantrag iSd § 61 Abs 3 dar. Strittig ist, ob dagegen ein Mitverschuldensantrag nach § 60 Abs 3 zulässig ist,[172] was für eine umfassende Beurteilung der Ehe wichtig wäre.

Mit § 55a wurde nun auch im EheG eine einvernehmliche Scheidungsmöglichkeit geschaffen. Voraussetzung ist auch hier - wie bei den sonstigen Scheidungsgründen - die Zerrüttung der Ehe[173] sowie eine Aufhe-

---

[170] Die aktuellste Kommentierung des Eherechts findet sich bei *Schwimann* (Hg), Praxiskommentar zum ABGB I.

[171] *Kerschner Ferdinand*, Zum Unterhalt nach Scheidung nach neuem Recht, JBl 1979, 581; *Koziol/Welser*, Grundriß des bürgerlichen Rechts II 224 f; *Pichler* in *Rummel* (Hg), Kommentar II, § 55 EheG Rz 9.

[172] *Schwind* hat das in der 1. Auflage seines Kommentars noch abgelehnt, sich in der 2. Auflage für diese Möglichkeit ausgesprochen.

[173] Den Beweis der Zerrüttung der Ehe erbringen die Ehegatten durch ihr Zugeständnis. Zur strittigen Frage, wie bindend ein solches Zugeständnis für das Gericht ist, siehe *Pichler* in *Rummel* (Hg), Kommentar II, § 55a EheG Rz 2.

bung der ehelichen Gemeinschaft[174] durch den Zeitraum eines halben Jahres. Der Richter darf die Scheidung nur dann aussprechen, wenn es gem Abs 2 zu einer schriftlichen Vereinbarung über die Scheidungsfolgen gekommen ist. Geregelt werden müssen die künftigen persönlichen und unterhaltsrechtlichen Beziehungen zu minderjährigen Kindern (wobei die pflegschaftsgerichtliche Zustimmung zu dieser Vereinbarung nicht abgewartet werden muß), die unterhaltsrechtlichen Ansprüche der Ehegatten und die vermögensrechtliche Auseinandersetzung.

4.3. Die Unterhaltsregelungen

Wichtige Änderungen ergaben sich auch im Bereich des Unterhaltsrechts. Der Ehemann ist nicht mehr der primär Unterhaltspflichtige, alle Unterhaltsregelungen sind für beide Geschlechter neutral definiert. Allein der Verschuldensausspruch im Scheidungsurteil entscheidet über die Unterhaltspflicht. Der allein oder überwiegend schuldige Ehegatte hat dem anderen angemessenen Unterhalt zu leisten, soweit diesem eine Selbstversorgung nicht möglich ist und erwartet werden kann. Im Zusammenhang mit der Neuregelung des § 55 wurde der neue § 69 Abs 2 geschaffen, der bisherige Abs 2 wurde zu Abs 3. § 69 Abs 2 enthält die Bestimmung, daß bei einer Scheidung gem § 55 mit einem Verschuldensausspruch gem § 61 Abs 3 dem schuldlosen Teil Unterhalt wie während aufrechter Ehe (§ 94 ABGB) zusteht. Einkünfte und Vermögen des Unterhaltsberechtigten sind nicht einzurechnen. Damit sollte wohl ein Ausgleich dafür geschaffen werden, daß der Beklagte, wenn er sich schon nicht scheiden lassen will, zumindest finanziell keine Einbußen gegenüber der Situation während der Ehe erleidet. Der Anspruch gem § 94 ABGB kann nur bei Änderung der maßgeblichen Verhältnisse wegfallen[175], ein neuer Ehegatte soll nach hM keinen Einfluß auf die

---

[174] § 55a spricht von "ehelicher" Gemeinschaft, während § 55 auf die "häusliche" Gemeinschaft der Ehepartner abstellt. § 55a verwendet den moderneren Begriff, der § 90 ABGB und der darin normierten Pflicht zur ehelichen Lebensgemeinschaft entspricht.

[175] *Ent* spricht hier von einer "beweglichen Lösung". *Ent Herbert*, Die Eherechtsreform 1978, NZ 1979, 149.

Unterhaltsansprüche des ersten haben. Kommt es bei einer Vereinbarung nach § 55a (unabsichtlich) zu keiner vollständigen Regelung oder ist die Vereinbarung unwirksam (zB wegen eines geltend gemachten Irrtums), so ist § 69 Abs 3 analog anwendbar, der die Unterhaltsgewährung bei Scheidungen aus anderen Gründen als Verschulden regelt.[176]

5. Schlußfolgerungen

Das österreichische Eherecht blieb bis weit ins 20. Jahrhundert von religiösen Grundsätzen und Vorschriften geprägt, was eine Auflösung der Ehe meist ganz verhinderte oder zumindest erschwerte. Erst mit Einführung des EheG 1938 wurde dieser Einfluß gebrochen und ein "modernes" staatliches Eherecht geschaffen. Dieses steht - nach Eleminierung seines nationalsozialistischen Charakters - seit fast 60 Jahren in Geltung. Auf Änderungen der gesellschaftlichen Realität wurde durch die Familienrechtsreform der 70er Jahre nur bedingt Rücksicht genommen. Das österreichische Scheidungsrecht ermöglicht eine allein von den Ehepartnern bestimmte einvernehmliche Scheidung, ist jedoch nach wie vor durch das Verschuldensprinzip und verschuldensabhängige Unterhaltsregelungen gekennzeichnet.

[176] *Hoyer Hans*, Gesetzlicher Unterhalt nach der einverständlichen Scheidung?, JBl 1986, 773.

C. Die sozialversicherungsrechtliche Stellung der geschiedenen Ehegatten

1. Die Hinterbliebenenbestimmungen der ersten Sozialversicherungsgesetze

1.1. Die Witwen- und Witwerrenten der Unfallversicherung der Arbeiter

Das *Arbeiter-UnfallversicherungsG 1887* kannte eine Hinterbliebenenversorgung von Witwen, Witwern, ehelichen und unehelichen Kindern sowie (in bestimmten Fällen) der Aszendenten des durch den Betriebsunfall Verstorbenen. § 7 Z 2 lit a normierte eine Witwenrente in der Höhe von 20 % der Rente des Verstorbenen. Im Fall einer Wiederverheiratung wurde die Witwe mit dem dreifachen Jahresbetrag der Rente abgefertigt. Ein Witwer erhielt die Hinterbliebenenrente nur dann, "wenn und insolange er erwerbsunfähig"[177] war. Die Gewährung der Witwerpension war nicht unumstritten. Die Regierungsvorlage sah eine Witwerpension für den erwerbsunfähigen und bedürftigen Mann vor.[178] Der Gewerbeausschuß des Abgeordnetenhauses hingegen strich sämtliche Ansprüche des Witwers[179], das G passierte in dieser geänderten Form das Abgeordnetenhaus, und erst durch Beschluß des Herrenhauses, den das Abgeordnetenhaus aufgrund der Dringlichkeit der Materie annahm, wurde die Witwerpension wieder eingefügt[180].

---

[177] *Menzel A.*, Die Arbeiterversicherung nach österreichischem Rechte 274 f, betonte, daß allein auf die Erwerbsunfähigkeit abzustellen sei, eigenes Vermögen des Witwers dem Anspruch daher nicht entgegenstehe.

[178] Dieser Entwurf (783 BlgAH 9. Sess 4) enthielt auch noch den Satz "Der Rentenbezug eines Witwers wird durch dessen Wiederverheiratung nicht berührt."

[179] 1091 BlgAH 9. Sess.

[180] 381 BlgAH 10. Sess. Im Gesetzestext fehlte nun allerdings die Klarstellung des Weiterbezugs der Rente bei einer Wiederverheiratung des Mannes. Der Wegfall dieses Satzes (FN oben) änderte allerdings nichts daran, daß eine Pensionsabfertigung nur für Witwen vorgesehen war, und Witwern auch nach einer neuerlichen Eheschließung weiterhin eine Hinterbliebenenrente zustand. Diese Ungleichbehandlung scheint schwierig zu begründen, wenn man bedenkt, daß die verstorbene Versicherte den erwerbsunfähigen Gatten, der vielleicht erst nach der Heirat durch einen Unfall seine Arbeitskraft verloren hatte, versorgt hatte. Warum sollte das seiner zweiten Ehefrau, die von Beginn an um seinen

Die geringe Höhe der Hinterbliebenenrenten wurde in den EB zur Regierungsvorlage als selbstverständlich angegeben, "denn einerseits ist der Unterhalt des Getödteten selbst nicht mehr zu bestreiten und andererseits wird der Unterhalt einer Arbeiterfamilie in der Regel theilweise durch die Arbeit der Frau und auch der Kinder beschafft"[181] - ein überraschendes, wahrscheinlich nicht in dieser Art beabsichtigtes Eingeständnis der damaligen tristen Verhältnisse.

Keine Rente stand einem hinterbliebenen Ehegatten zu, wenn die Ehe erst nach dem Unfall geschlossen wurde[182], ebensowenig *"einem aus seinem Verschulden nicht in ehelicher Gemeinschaft lebenden Ehegatten"* (vorletzter Absatz des § 7). Hier findet sich die erste Norm, die den Zusammenhang zwischen sozialer Absicherung und dem Verschuldensausspruch[183] bei der Scheidung herstellt. Die dahinterstehende Überlegung war die Tatsache, daß ein schuldlos geschiedener Ehepartner weiterhin Unterhaltsempfänger des Verstorbenen gewesen und somit einem sonstigen, vom Versicherten abhängigen Angehörigen gleichzuhalten war; ihm mußte demnach auch die gleiche Hinterbliebenenstellung zukommen.[184]

Bezüglich der Witwenrente war die Bestimmung wohl von Anfang an unstrittig, bis zur Letztfassung erlebte die Norm noch eine Reihe von Änderungen. Die Regierungsvorlage bestimmte den Ausschluß eines

---

Zustand wußte, nicht auch zugemutet werden können? Hier huldigte man plötzlich wieder dem Bild des Mannes als alleiniger Familienerhalter. Konsequenterweise hätte der invalide Mann demnach bereits zu Lebzeiten staatlicherseits so unterstützt werden müssen, daß eine Erwerbstätigkeit der Frau nicht notwendig geworden wäre.

181 783 BlgAH 9. Sess 31.

182 Das bewußte, mißbräuchliche "Erheiraten" einer Rente sollte ausgeschlossen werden.

183 Ein Mitverschulden des Verstorbenen machte die Bestimmung unanwendbar, nur das alleinige Verschulden des Rentenwerbers begründete eine Anspruchsverweigerung (*Menzel A.*, Arbeiterversicherung 274 FN 5).

184 Zur Erinnerung, bei der Trennung der Ehe gem §§ 115 ff ABGB aF entstanden keinerlei gegenseitige Unterhaltsansprüche, ein getrennter Partner war daher für die Versicherung auch niemals Hinterbliebener.

"aus seinem Verschulden geschiedenen Ehegatten"[185], der Beschluß des Abgeordnetenhauses ging noch von der alleinigen Anwendbarkeit auf Witwen aus[186] und enthielt die Formulierung "einer aus ihrem Verschulden geschiedenen Ehegattin"[187]. Die endgültige, geschlechtsneutral gefaßte Textierung stellte auf das Bestehen der ehelichen Gemeinschaft ab und wurde auch in dieser strengen Form angewandt. Selbst wenn im Todeszeitpunkt des Versicherten noch keine Scheidung ausgesprochen war, konnte eine (bereits) bestehende faktische Trennung zum Verlust des Rentenanspruchs führen.[188]

Die Konstruktion des § 7 erscheint von der Gesetzessystematik der damaligen Zeit her logisch.[189] Geht man von einer schuldlos geschiedenen Frau als Idealfall aus, so sollte sie, die bisher ihrer familiären Stellung als Hausfrau und Mutter entsprechend allein durch den Ehegatten unterhalten wurde, auch nach der Scheidung diese Position beibehalten. Eine Wiederverheiratung war durch das kanonische Recht ausgeschlossen[190], sie war weiterhin von ihrem (geschiedenen) Ehegatten abhängig. Beim Tod des Mannes wurde sie daher wie eine Witwe aus aufrechter Ehe behandelt. Eine schuldig Geschiedene büßte ihre Eheverfehlungen mit dem Verlust der Unterhaltsansprüche und dem (folgerichtigen) Ausschluß aus der Hinterbliebenenversorgung. Eine schuldig geschiedene Ehefrau wurde was Versorgungsansprüche betrifft wie bei der vollständigen Trennung der Ehe behandelt - für sie, der eine Wiederverheira-

185 783 BlgAH 9. Sess 5. In dieser Vorlage war die Hinterbliebenenrente noch im § 9 geregelt gewesen, im weiteren Verlauf der Beratungen erfolgte eine Paragraphenumstellung.

186 Ein unzulässiger Schluß, denn das UnfallversicherungsG normierte eine Witwerrente und auch das Ehescheidungsrecht ließ die theoretische Möglichkeit eines männlichen, schuldlos Geschiedenen zu.

187 218 BlgAH 10. Sess 5.

188 *Menzel A.*, Arbeiterversicherung 274. Den sozialen Schiedsgerichten kam das Recht auf Feststellung des Getrenntlebens zu.

189 Wohl auch ein Grund dafür, daß sich trotz des allgemein langwierigen Gesetzgebungsprozesses im Bereich der Sozialversicherung zu diesem Punkt keine Diskussionen in den beiden Häusern des Reichsrat entsponnen haben.

190 Auf die durch die Dispenserteilung entstehenden Probleme werde ich später noch eingehen.

tung und damit neuerliche Versorgung durch einen Ehemann nicht erlaubt war, die denkbar schlechteste Position.

1.2. Die Angehörigenleistungen der Krankenversicherung der Arbeiter

Das *Arbeiter-KrankenversicherungsG 1888* kannte als Leistungen für Angehörige nur den Beitrag zu den Beerdigungskosten (§ 6 letzter Satz) und die Gewährung von (mindestens der Hälfte des) Krankengeldes an die Familie, wenn der Versicherte in einem Krankenhaus gepflegt wurde (§ 8). Zu dieser Norm äußerte sich die Kommission des Herrenhauses in ihrem Bericht zu den Vorberatungen des Gesetzesentwurfs, der durchwegs kritische Positionen darlegte[191], überaus lobend.[192] Der mit der Erkrankung verbundene Lohnentfall sollte nicht zulasten eines Unterhaltsberechtigten wirken.

Die im § 8 letzter Absatz erfolgte Beschränkung des Anspruchs auf *"Angehörige, deren Unterhalt er* [Anm: der Versicherte] *bisher aus seinem Arbeitsverdienste bestritten hat"* war von ihrer Auswirkung her strenger als die im UnfallversicherungsG normierte Bestimmung.[193] Hier wurde die Versicherungsleistung mit einem aktuell bestehenden Unterhaltsanspruch verknüpft. Die Erbringung solcher Leistungen als Unterhaltsersatz für den nicht schuldig geschiedenen Partner war auch durch diese Regelung ermöglicht.

---

[191] Diskussionen und Änderungsanträge gab es insbesondere bezüglich der Kassenstruktur und der Streitbeilegungsverfahren zwischen den Kassen.

[192] "Eine sehr wesentliche Bestimmung ist jene des § 8 der Vorlage, welche [...] anordnet, daß, wenn der im Krankenhaus Verpflegte Angehörige hat, deren Unterhalt er bisher aus dem Arbeitsverdienste bestritten hat, neben der Verpflegung im Krankenhause mindestens die Hälfte des Krankengeldes zu gewähren sei." Siehe 143 BlgHH 10. Sess 5.

[193] Ein schuldig geschiedener Ehemann, dem aufgrund der Vermögensverhältnisse der Ehepartner keine Unterhaltszahlungen auferlegt worden waren, konnte für seine geschiedene Gattin keine Versicherungsleistungen begründen. Die Unfallversicherung hingegen stellte nur auf den Verschuldensausspruch des Scheidungsurteils ab.

Der Begräbniskostenzuschuß und die (halbierte) Krankengeldleistung an unterhaltsberechtigte Angehörige wurden in allen späteren Krankenversicherungsgesetzen beibehalten, die Neuregelungen führten jedoch teilweise zur Schlechterstellung auch des schuldlos geschiedenen Ehepartners.[194]

1.3. Die Witwenpension des BruderladenG

Das *BruderladenG 1889* wurde als "in socialer Beziehung unendlich wichtig"[195] bezeichnet, enthielt es doch erstmals alle Sparten der Sozialversicherung für die Gruppe der Bergarbeiter - wenn auch noch mit unausgereiften Regelungen - in einem Normenwerk. Bezüglich der Bestimmungen der Krankenversicherung verwies es auf die §§ 6 - 8 Arbeiter-KrankenversicherungsG. Für die Unfall- und Pensionsversicherung wurde in § 5 BruderladenG eine Witwenpension normiert. War die Ehe erst nach der Pensionierung[196] geschlossen worden, hatte die Witwe keinen Anspruch.

Auf geschiedene Witwen wurde im G nie Bezug genommen; es gab auch während des Gesetzgebungsverfahrens hierzu keine Diskussionsbeiträge, der § 5 wurde wie in der Regierungsvorlage vorgesehen beschlossen. Ebensowenig war eine Witwerpension vorgesehen, obwohl das BruderladenG ausdrücklich auch weibliche Versicherte kannte.[197]

---

194 Siehe die folgenden Kap.

195 So Abgeordneter *Bilinski* in der Generaldebatte der Gesetzesvorlage am 22.2.1889 (StProt AH 10. Sess 295. Sitzung 10679).

196 Das G spricht von "Provisionierung" und "Witwenprovisionen", Renten (Provisionen) wurden sowohl aufgrund unfallsbedingter als auch alters- und krankheitsbedingter Invalidität des Versicherten zugesprochen.

197 § 4 normiert Mindestpensionen von 100 Gulden für Arbeiter und von 50 (!) Gulden für Arbeiterinnen.

1.4. Die Versorgungsgenußansprüche der Beamtenwitwen

Mit dem *G betreff Bestimmungen über die Versorgungsgenüsse der Civil-Staatsbeamten (Staatslehrpersonen), dann der Diener, sowie deren Witwen und Waisen*[198] wurde erstmals in die Pensionsnormalen des ausgehenden 18. Jh eingegriffen. Ruhegenüsse standen nunmehr ab dem 10. Dienstjahr - in Ausnahmefällen auch früher - in der Höhe von 40 % der Bezüge zu. Bei einer jährlichen prozentuellen Steigerung bedeutete das nach dem 40. Dienstjahr einen Ausstieg mit vollem Gehalt als Ruhebezug.

Aus der Sicht der Hinterbliebenen, besonders der geschiedenen Witwen, brachte das G eine grundlegende Feststellung. Die in § 7 leg cit normierte Witwenrente[199] wurde durch § 17 Z 2 folgendermaßen determiniert: *"Die geschiedene Frau eines Staatsbediensteten verliert ihre aus diesem Gesetz sich ergebenden Ansprüche nur dann, wenn die Scheidung erwiesenermaßen aus ihrem Verschulden erfolgt ist."*

In der Regierungsvorlage[200] handelte es sich beim § 17 noch um die schwammige Bestimmung, daß mit diesem G nicht in Widerspruch stehende Normen des Beamtenbezugsrechts weiterhin in Kraft bleiben sollten. In dieser Form erfolgte auch die Generaldebatte des Gesetzesentwurfs. Erst der Änderungsantrag des Abgeordneten *Kopp*[201], der sofort eine Mehrheit im Abgeordnetenhaus fand, erweiterte diese Anordnung des § 17 um die beiden Ausnahmen der Z 1 und 2.

Die Z 1 bezog sich auf durch Selbstmord des Staatsbediensteten ausgelöste Versorgungsfälle, in denen bisher die Angehörigen sämtliche Ansprüche verloren hatten. Der Selbstmord wurde als freiwilliger Dienstaustritt betrachtet, sodaß die Auszahlung der Bezüge mit sofortiger Wir-

---

198 G v 14.5.1896, RGBl 74.

199 Die Höhe betrug 1/3 des zur Pensionsberechnung anrechenbaren Gehalts des Verstorbenen.

200 1393 BlgAH 11. Sess.

201 477. Sitzung am 17.4.1896, StProtAH 11. Sess 24188 ff.

kung eingestellt wurde.[202] Z 1 hob die bestehenden Regelungen dazu auf und erklärte den Selbstmord in Bezug auf Hinterbliebenenansprüche für irrelevant.

Die Z 2 begründete Kopp damit, daß geschiedene Witwen bisher grundsätzlich als schuldig betrachtet und von Hinterbliebenenansprüchen ausgeschlossen worden waren. "Sie kann einen Gegenbeweis liefern, sie kann sich reinigen, sowie eine angeklagte Hexe sich [...] reinigen konnte, aber zunächst wird vermuthet: es kann nur die Frau schuld sein."[203] Er plädierte für eine Umkehr dieser Vermutung, der Frau sollte grundsätzlich ein Versorgungsanspruch zukommen, ausgenommen jene Fälle, in denen ihr von Seiten des Staates[204] das Scheidungsverschulden bewiesen werden konnte. Den Frauen sei es nicht zumutbar, nach Eintritt des Todesfalls, oft lange Zeit nach der Scheidung, das Verschulden des Mannes zu beweisen, im Fall einer einvernehmlichen Scheidung sei das gänzlich unmöglich. Demnach erhielt die geschiedene Witwe auch nach einer einvernehmlichen Scheidung und unabhängig davon, ob ihr der Mann zu Lebzeiten Unterhalt gewährte, einen Versorgungsgenußanspruch.

1.5. Die Witwenpension der Angestelltenversicherung

Das *PensionsversicherungsG der Angestellten 1906* sah eine Witwenpension in der Höhe der halben Pension bzw des halben Pensionsanspruchs des Versicherten vor, wenn gem § 13 "1. seit dem Tage der Eheschließung mindestens ein Jahr verflossen ist; 2. die Ehe von dem Versicherten vor Vollendung des 50. Lebensjahres geschlossen worden ist; 3. der Verstorbene im Zeitpunkt der Eheschließung nicht bereits eine in diesem Gesetze vorgesehene Invalidenrente bezog; *4. die Witwe*

[202] Der Selbstmord eines bereits in Ruhestand befindlichen Beamten hatte keine Auswirkungen auf die Angehörigenbezüge.

[203] StProtAH 11. Sess 24189.

[204] Die Einsparung einer Auszahlung "ist ein staatliches Interesse und der Staat hat von amtswegen durch seine Organe das [Anm: das Scheidungsverschulden] zu untersuchen" (StProtAH 11. Sess 24190).

zur Zeit des Ablebens des Ehegatten nicht von demselben durch ihr Verschulden gerichtlich geschieden oder die Ehe nicht[205] *gerichtlich getrennt war;* 5. die Witwe nicht durch ein strafgerichtliches Urteil überwiesen ist; den Tod des Gatten durch eine vorsätzliche Handlung verschuldet oder mitverschuldet zu haben".

Der Anspruch auf Witwenrente erlosch bei Wiederverheiratung der Frau[206], sie erhielt in diesem Fall eine Abfertigung in der dreifachen Höhe einer Jahresrente. Eine Witwerrente war gesetzlich nicht normiert.

1.6. Zusammenfassung

Die ersten Unfall- und Pensionsversicherungsbestimmungen der Arbeiter und Angestellten sowie die Versorgungsgenußregelung der Zivilbeamten machten die Auszahlung einer Witwenrente an eine geschiedene Ehegattin von dem im Scheidungsurteil ausgesprochenen Verschulden abhängig. Nur die schuldlos Geschiedene konnte Ansprüche der Versicherung gegenüber geltend machen. Eine nach den gleichen Grundsätzen normierte Geschiedenen-Witwerpension kannte nur die Arbeiterversicherung.[207] Die Hinterbliebenenversorgung der Bruderladen schloß geschiedene Witwen gänzlich aus, ebensowenig gab es eine Witwerpension.

Die Krankenversicherung der Arbeiter stellte bei der Einbeziehung von Angehörigen in den Kreis der Leistungsbezieher nicht auf das Scheidungsverschulden, sondern auf Unterhaltszahlungen ab, sodaß auch hier schuldlos Geschiedene zum Zug kommen konnten.

---

205 Dieses "nicht" wurde erst bei der zweiten Lesung des Gesetzesentwurfs im Herrenhaus (359 BlgHH 17. Sess 19) eingefügt, sein Fehlen dürfte auf einen Redaktionsfehler im vom Abgeordnetenhaus vorgelegten Beschluß zurückzuführen gewesen sein.

206 Für eine geschiedene Witwe konnte diese Rechtsfolge nur bei Eingehung einer Dispensehe eintreten.

207 Nochmals angeführt sei, daß das ArbUVG nicht auf die Scheidung sondern bereits auf die Aufhebung der ehelichen Gemeinschaft abstellte.

2. Die Stellung Geschiedener in den Sozialgesetzen der Zwischenkriegszeit

2.1. Die Angehörigen- und Hinterbliebenenansprüche der Staatsbediensteten

Das *KrankenversicherungsG der Staatsbediensteten 1920* normierte die umfassende Mitversicherung der Angehörigen von Staatsbediensteten[208]. § 3 Abs 2 definierte die Angehörigeneigenschaft folgendermaßen: Angehörige war die Ehegattin des Versicherten, *"wenn sie nicht erwiesenermaßen aus ihrem Verschulden von ihm geschieden"* war. Gab es keine Ehefrau, wurde die seit mindestens 8 Monaten mit dem männlichen Versicherten im gemeinsamen Haushalt lebende und diesen unentgeltlich führende Person mitversichert.[209] Die Mitversicherung der Wirtschaftführerin wurde nach nur 5 Jahren aus finanziellen Gründen und wegen aufgetretener Mißbräuche wieder aufgehoben.[210]

Das KrankenversicherungsG der Staatsbediensteten kannte keine Angehörigeneigenschaft des Ehemannes, die durch seine Frau als Staatsbedienstete begründet worden wäre. Die betreffenden Fällen wären entsprechend rar gewesen, weil weibliche Beamtinnen auch nach dem 1. Weltkrieg großteils einem Eheverbot unterlagen.[211]

---

[208] Versichert waren sowohl aktiv in Dienst stehende Personen als auch Ruhegenußbezieher.

[209] Diese typischerweise auf eine außereheliche Lebensgemeinschaft oder den Fall einer haushaltsführenden Verwandten abgestellte Norm spricht zwar von "Person", gemeint war wohl nur eine Person weiblichen Geschlechts. Die Nachkriegszeit kann als Blüte der Anerkennung außerehelicher Lebensgemeinschaften und ihrer rechtlichen Aufwertung gesehen werden. Siehe dazu *Mell*, Lebensgemeinschaft und Familienrecht, in: *Frotz/Ogris* (Hg), Demelius-FS 159 ff.

[210] G v 28.7.1925, BGBl 283.

[211] Die während des 1. Weltkriegs erfolgten Lockerungen des Eheverbots für weibliche Staatsbedienste waren aus kriegswirtschaftlicher Notwendigkeit erfolgt, wurden aber nach Rückkehr der Kriegsteilnehmer wieder zurückgenommen. Zur Geschichte dieser frauenspezifischen Diskriminierung im Staatsdienst siehe *Dorrer*, Die Situation der Frau im Bundesdienst 7 ff.

Angehörige im Sinn dieses G waren auch (minderjährige) eheliche und legitimierte Kinder sowie Stief- und Wahlkinder, weiters alle übrigen Verwandten, die dem Versicherten gegenüber einen gesetzlichen Anspruch auf Unterhalt hatten. Die Angehörigeneigenschaft entfiel, sobald die betreffenden Personen der Versicherungspflicht einer anderen Versicherung unterlagen.

Die Versicherungsleistungen umfaßten Krankenhilfe[212] für alle Angehörigen (§ 4 Abs 2), Wöchnerinnenhilfe[213] nur für Ehefrau und Lebensgefährtin, nicht jedoch für übrige weibliche Verwandte (§ 4 Abs 3) und Sterbegeld für den Versicherten beim Tod eines Angehörigen sowie für die Hinterbliebenen beim Tod des Versicherten (§ 4 Abs 4).

Im PensionsG 1921[214] wurde zwischen Neu- und Altpensionen unterschieden. Um die Bezüge der bereits in Ruhestand befindlichen Bundesangestellten dem neuen Standard anzugleichen, war eine Erhöhung der Altpensionen notwendig geworden. Die Pensionen der Beamten bildeten die Ruhegenüsse, Ansprüche der Hinterbliebenen wurden als Versorgungsgenüsse bezeichnet. § 6 bestimmte eine Witwenrente von 50 % der Bemessungsgrundlage, die sich aus 90 % des zuletzt an den Beamten ausgezahlten Gehalts, einem Ortszuschlag und einer zur Hälfte angerechneten Vorrückung zusammensetzte.[215]

Zu den Ansprüchen Geschiedener äußerte sich das G - wiederum nur indirekt - erst in den Schlußbestimmungen. § 63 bestimmte den Ausschluß einer Witwe von den Versorgungsansprüchen, wenn ihre Ehe unter Nachsicht des Ehehindernisses des bestehenden Ehebandes ge-

---

212 Sie beinhaltete gem § 5 unter anderem ärztliche und zahnärztliche Behandlung, operative Eingriffe, Heilmittel und Heilbehelfe.

213 Wöchnerinnenunterstützung wurde 1 Monat vor und 2 bis längstens 6 Monate nach der Geburt gewährt und umfaßte 75 % der anrechenbaren Bezüge des Versicherten.

214 BGBl 735. Vom G erfaßt waren die sogenannten Bundes- und Zivilstaatsangestellten, Angehörige des Bundesheeres und der Heeresverwaltung und Berufsmilitärpersonen. Jede dieser Gruppen wurde in einem eigenen Abschnitt behandelt.

215 Im Gesetzesentwurf hatte man einfacherweise 50 % des letzten Beamtengehalts vorgesehen (535 BlgNR 1921).

schlossen worden war und die Witwe aus der früheren Ehe einen Versorgungsgenußanspruch besaß.[216] [217] Wann aber die geschiedene Witwe einen derartigen Anspruch geltend machen konnte, war im PensionsG nicht normiert. Aus der Gesetzessystematik der damaligen Zeit konnte sich diese Anordnung wohl nur auf die schuldlos geschiedene, unterhaltsberechtigte Ehefrau beziehen. Einen Hinweis in diese Richtung bietet auch § 36 leg cit, der Teuerungszulagen für verheiratete Beamte festlegte. Gemäß Abs 2 erhielten auch geschiedene Bundesangestellte eine derartige Zulage, wenn sie Unterhalt für die ehemalige Gattin zu zahlen hatten. Sie wurden als verheiratet angesehen. Demnach wäre die schuldlos geschiedene Frau quasi als Ehefrau zu werten gewesen, eine Annahme, die auch bei der Hinterbliebenenversorgung berechtigt erschiene.

2.2. Die Ansprüche geschiedener Ehepartner nach dem AngestelltenversicherungsG

2.2.1. Die Witwen- und Witwerrenten in Unfall- und Pensionsversicherung

Das *AngestelltenversicherungsG 1926* faßte die Bestimmungen der Kranken-, Unfall- und Pensionsversicherung der Privatangestellten zusammen, was einen wesentlichen Fortschritt in der Systematik der Sozialversicherungsnormen brachte. Die Einzelbestimmungen hingegen folgten bekannten Mustern. So regelte der § 21 Abs 2 lit a AVG die Witwenpension für den Bereich der Unfallversicherung als Anspruch auf ein Drittel der Rente des Verstorbenen, ausgenommen jene Fälle,

[216] Der Finanz- und Budgetausschuß hatte diese Bestimmung ohne weitere Stellungnahme als Ergebnis seiner Beratungen in den Gesetzesentwurf eingefügt (Bericht v 14.12.1921, 656 BlgNR 1921).

[217] *Lenhoff* kritisierte auch hier den Widerspruch zwischen Verwaltungs- und Zivilrecht bezüglich der Anerkennung und Gültigkeit von Dispensehen. Seiner Meinung nach sprach die ausdrückliche Aufnahme der Dispensgattin in einen neu geschaffenen Normenkatalog für die Gültigkeit einer derartigen Ehe. Wozu hätte es sonst eines expliziten Ausschlußes der 2. Witwe bedurft? *Lenhoff*, Auflösung der Ehe und Wiederverehelichung 30 f.

"wenn bei Ableben des Verletzten die Ehe gerichtlich getrennt oder aus dem alleinigen Verschulden der Ehegattin gerichtlich geschieden war oder eine anspruchsberechtigte Witwe aus einer früheren Ehe vorhanden ist".

Dieser letzte Satzteil nahm auf die steigende Zahl der Dispensehen[218] Bezug. Die Lebensrealität hatte eine Reaktion des Gesetzgebers erfordert, welcher den Grundsatz festlegte, daß Witwenpension nur an eine Person ausbezahlt werden und nicht zwischen einer geschiedenen und einer zum Todeszeitpunkt mit dem Versicherten in aufrechter Ehe lebenden Frau geteilt werden sollte.[219]

Mit gleichem Wortlaut wie in § 21 wurde in § 33 Abs 2 Z 4 eine getrennte oder schuldig geschiedene Ehefrau von der Witwenpension im Rahmen der Pensionsversicherung ausgeschlossen. Auch hier war eine anspruchberechtigte geschiedene Witwe der zweiten Ehefrau (aus der Dispensehe) vorzuziehen.

§ 33 Abs 5 bestimmte sowohl für die Unfall- als auch Pensionsversicherung ein Witwerpensionsrecht, wenn der Unterhalt des Mannes überwiegend von der Versicherten bestritten worden war, und er zum Todeszeitpunkt erwerbsunfähig und bedürftig war. Fiel eine dieser Voraussetzungen wieder weg, verlor der Ehemann auch den Anspruch auf Witwerpension. Die Bedingung der überwiegenden Unterhaltsleistung durch die Ehefrau begrenzte aufgrund der geltenden Unterhaltsbestimmungen den Kreis der Witwerpensionsbezieher auf in gültiger Ehe lebende Männer, eine Geschiedenenwitwerrente war somit ausgeschlossen.

---

[218] Siehe unten 1.2.1.2.

[219] Diese Ansicht war auch bereits für die novellierten Bestimmungen des Arbeiter-UnfallversicherungsG vertreten worden, die von der Formulierung der "nicht in ehelicher Gemeinschaft lebenden Gatten" zum klaren Wortlaut einer "getrennten oder geschiedenen Ehe" (nunmehr § 7 Abs 6) übergegangen waren; vgl *Kerber* (Hg), Kranken- und Unfallversicherung 779.

2.2.2. Die Folgen der Eingehung einer Dispensehe auf die Hinterbliebenenstellung

"Zweifellos hat der Versicherungsträger nur eine [Hervorhebung durch die Verfasserin] Witwenrente auszuzahlen, zweifellos ist ferner, daß der Versicherungsträger nicht berufen ist, die Gültigkeit der beiden Ehen selbst zu überprüfen, zweifellos ist aber auch, daß die Witwe aus der Dispensehe nur dann rentenbezugsberechtigt werden kann, wenn eine anspruchsberechtigte Witwe aus früherer Ehe nicht vorhanden ist."[220] Eine geschiedene Witwe aus 1. Ehe konnte den ihr grundsätzlich zustehenden Anspruch auf Hinterbliebenenversorgung - wie oben im § 21 Abs 2 lit a aufgezählt - nur durch eine schuldhafte Scheidung oder eine strafgerichtliche Verurteilung (Ausspruch über ihre Schuld am Tod des Versicherten) oder durch Eingehung einer 2. (Dispens-)Ehe verwirken.[221] Die Eingehung einer 2. Ehe wertete die Sozialgesetzgebung als endgültiges Wegfallen sämtlicher Ansprüche als Hinterbliebene des 1. Ehemannes, dies ausdrücklich auch dann, wenn die Dispensehe für ungültig erklärt wurde.[222] Die Dispensehe (und somit die Versorgung durch den neuen Ehemann) wurde als sicher genug interpretiert, um frühere Ansprüche wegfallen zu lassen. Daß die Dispensehe nicht durchgängig versorgungsrechtliche Sicherheit für die Ehefrau bot, wurde allerdings ausgeblendet. Heiratete eine geschiedene Frau ein zweites Mal, verlor sie die Hinterbliebenenansprüche nach ihrem 1. Mann, durch die

---

220 So die Kommentierung bei *Kerber* (Hg), Das Angestelltenversicherungsgesetz in der Fassung der II. Novelle 420 f zum § 33, wobei er auch für den § 21 auf diese Erläuterungen verwiesen hat. Ein zwingendes Argument für diese Auslegung läßt sich meiner Meinung nach nicht finden, insbesondere wenn man die weiteren Ausführungen berücksichtigt.

221 Ein Alimentationsverzicht bei einer einverständlichen Scheidung stellte keinen Verzicht gegenüber dem Versicherungsträger auf eine Hinterbliebenenpension dar (Schiedsgericht für Pensionsversicherung Wien am 17.12.1926, C 70/26/8).

222 *Kerber* (Hg), Angestelltenversicherungsgesetz 421. Das Risiko der Ungültigerklärung einer solchen war nach einer Entscheidung des OGH v 19.3.1921, Nr. 12.783, daß Dispensehen grundsätzlich nichtige Ehen seien, sehr groß, obwohl insbesondere die Judikatur der unteren Instanzen nicht geschlossen der Rechtsmeinung des OGH folgte. Allgemein zum Verhältnis von Zivil- und Verwaltungsrecht im Zusammenhang mit Dispenserteilungen auch *Lenhoff*, Auflösung 30 ff.

2. Ehe war sie nur versorgt, sofern diese nicht für ungültig erklärt wurde.

Ging der geschiedene Mann eine neue Ehe mit einer bisher unverheirateten oder geschiedenen Frau ein, konnte er dieser nur dann eine Hinterbliebenenrente hinterlassen, wenn seine 1. Frau ebenfalls eine neue Ehe schloß. Die Tatsache, daß seine spätere Gattin durch ihre Ehe keinen Pensionsanspruch erwarb und somit nicht auf eine vollständige Versorgung durch ihn rechnen konnte, legt nahe, daß diese Dispensehe tendenziell als unwirksame Ehe angesehen wurde, die keinen der 1. Ehefrau gleichrangigen Anspruch der 2. Gattin auf Hinterbliebenenpension begründen konnte.

Die neue Ehe einer geschiedenen Frau sollte diese - zumindest nach den Überlegungen der Sozialgesetzgeber - unterhalts- und pensionsrechtlich absichern, die neue Ehe eines geschiedenen Mannes mit einer 2. Frau konnte dieser allerdings keine derartige Stellung verschaffen. Sie konkurrierte mit seiner geschiedenen Ehefrau. Diese verschiedenartige Auslegung der Versorgungswirkung einer Dispensehe wirkte jeweils zulasten der Frauen. Die geschiedene, wiederverheiratete, in einer vom Ausspruch der Nichtigkeit bedrohten Ehe lebende 1. Frau verlor ihren Pensionsanspruch[223], obwohl ihr die neue Ehe nur theoretisch, nicht allerdings faktisch eine Versorgungssicherheit bieten konnte. Der 2. Ehefrau des Versicherten wurde diese theoretische Absicherung einer Dispensehe grundsätzlich gar nicht zugestanden, sie profitierte nur bei entsprechendem Fehlverhalten ihrer Vorgängerin, nämlich soweit sich die geschiedene 1. Frau etwas zuschulden kommen hatte lassen bzw schon schuldig geschieden worden war.

Die versicherungsrechtlichen Auswirkungen der Eingehung einer 2. Ehe waren demnach differenziert, was auf unterschiedliche Wertungen der Dispensehe schließen läßt. Diese Ungleichbehandlung wirkte ausschließlich zulasten der beiden Witwen, die sich bezüglich ihrer Ansprüche konkurrenzierten.

---

223 Eine Hinterbliebenenrente nach ihrem 2. Mann war bei Nichtigerklärung ebenfalls ausgeschlossen.

2.2.3. Der Wochenhilfeanspruch der geschiedenen Ehefrau

Einen weiteren Anspruch für die geschiedene Ehegattin oder Witwe sah § 13 AVG in Form der Wochenhilfe nach der Geburt eines Kindes vor. Die nicht schuldig geschiedene Frau oder Witwe erhielt Wochenhilfe, wenn die Geburt binnen 9 Monaten nach der Scheidung bzw nach dem Tod des Versicherten erfolgte.

2.3. Die Ansprüche geschiedener Ehepartner nach dem ArbeiterversicherungsG

2.3.1. Die Witwen- und Witwerrenten nach der Unfall- und Invaliditätsversicherung

Aufgrund des Unfallversicherungszweiges des *ArbeiterversicherungsG* (ArbVG) aus 1927 wurde den Hinterbliebenen beim Tod des Versicherten infolge eines Betriebsunfalls oder einer Berufskrankheit ein Bestattungskostenbeitrag und Rente gewährt. Die Witwen- und Witwerrente normierte § 74 ArbVG nach folgenden Bedingungen: Witwenrente gebührte im Ausmaß eines Drittels der Rente bzw des Rentenanspruchs des Verstorbenen bis zum Tod oder der Wiederverheiratung. Keinen Anspruch hatte die Frau gem § 74 Abs 2 ArbVG, wenn *"beim Ableben des Versicherten die Ehe gerichtlich getrennt war oder die Gatten aus alleinigem Verschulden der Rentenwerberin nicht in ehelicher Gemeinschaft lebten oder wenn eine anspruchsberechtigte Witwe aus einer früheren Ehe vorhanden"* war. Diese Norm war mit der oben unter 2.2.1. behandelten Bestimmung des AVG nahezu wortgleich und inhaltlich ident. Auch die Problematik der Dispensehen und der dadurch geschaffenen Konkurrenz von 2 Witwen blieb gleich.

Einem Witwer stand gem § 74 Abs 4 ArbVG die Rente nur im Fall der Erwerbsunfähigkeit und Bedürftigkeit zu, wenn die verstorbene Versicherte ihn ganz oder überwiegend unterhalten hatte, und solange die beiden ersten Bedingungen erfüllt blieben. Pensionsberechtigt war hier wiederum nur der in aufrechter Ehe lebende Mann, nicht ein geschiedener Witwer.

Keine Rente erhielt die Witwe oder der Witwer, wenn die Ehe erst nach dem Unfall geschlossen worden war, ausgenommen jene Fälle, daß aus der Ehe ein Kind hervorgegangen war oder die Frau im Todeszeitpunkt des Mannes schwanger war.[224]

Hinterbliebenenrenten nach der Unfallversicherung bekamen weiters eheliche und uneheliche Kinder, Wahl-, Pflege- und Stiefkinder bis zu ihrem 18. Lebensjahr, außerdem bei Nichtvorhandensein anderer Hinterbliebener Eltern, Großeltern und Geschwister, die der Versicherte mitunterhalten hatte.

Anders gestalteten sich die Tatbestände der Hinterbliebenenversorgung nach der Invaliditäts- und Altersrente. § 105 ArbVG normierte eine zeitlich auf 12 Monate begrenzte Witwenrente, die jedenfalls gewährt wurde. Weitergehende Ansprüche hatte eine Witwe nur, solange sie invalid war, sobald sie das 65. Lebensjahr erreicht hatte oder sie mehr als 2 Kinder unter 18 Jahren bzw ein geistig oder körperlich behindertes Kind unterhalten mußte.[225] Für einen Witwer galten gem § 107 ArbVG wieder die Bedingungen der Erwerbsunfähigkeit und Bedürftigkeit sowie der überwiegenden Unterhaltsgewährung durch die verstorbene Versicherte.

Weitere Ausschlußgründe einer Witwenrente enthielt § 122 ArbVG. So entfiel die Rente, wenn der Versicherte bei der Eheschließung bereits 55 Jahre alt oder invalid war, ausgenommen wieder jene Fälle, in denen ein

---

224 Der Tatbestand stellt typischerweise auf die Fälle der Heirat aus dem alleinigen Grund der Rentenerreichung ab, die möglichst unterbunden werden sollten. Waren aus der Ehe Kinder hervorgegangen, wurde die Befürchtung des Mißbrauchs der Versicherung als widerlegt angesehen.

225 War keine Witwe vorhanden, wurde die zeitlich begrenzte Rente (§ 106 ArbVG) an die "Wirtschaftsführerin" ausbezahlt. Diese war gem § 42 Abs 4 jene Person, die mit dem Versicherten seit mindestens 8 Monaten in Haushaltsgemeinschaft lebte und ihm unentgeltlich und ohne andere eigene Erwerbstätigkeit den Haushalt führte.

Kind zu betreuen war oder erwartet wurde, weiters wenn der Tod durch einen nach der Heirat erlittenen Unfall herbeigeführt wurde. Zweiter wichtiger Ausschließungstatbestand (§ 122 Z 2) war die Sachlage, *"wenn beim Ableben des Versicherten die Ehe getrennt war oder die Gatten aus alleinigem Verschulden des Rentenwerbers nicht in ehelicher Gemeinschaft lebten oder wenn eine anspruchsberechtigte Witwe aus einer früheren Ehe vorhanden"* war.

Es fällt auf, daß § 122 ArbVG vom "Rentenwerber", § 74 ArbVG hingegen von der "Rentenwerberin" spricht, obwohl inhaltlich in beiden Fällen nur die schuldig geschiedene Frau gemeint war.

2.3.2. Der Ausschluß Geschiedener von den Leistungen der Krankenversicherung

Von der Krankenversicherung als Angehörige mitumfaßt[226] waren nur *"die Ehegattin, wenn die Gatten in ehelicher Gemeinschaft leben"* (§ 42 Abs 3 Z 1 ArbVG) und in Ermangelung dieser die bereits erwähnte "Wirtschaftsführerin" (§ 42 Abs 4 ArbVG). Angehörigeneigenschaft hatten unter näher definierten Voraussetzungen auch die Kinder und Eltern des Versicherten. Ein Ehemann konnte demnach nicht mit seiner erwerbstätigen Frau mitversichert werden.

Der Leistungskatalog umfaßte Krankenhilfe, Mutterhilfe und Begräbnisgeld. Waren Angehörige auf die Unterhaltsgewährung durch den Versicherten angewiesen, und erhielt dieser kein Krankengeld (etwa im Fall der Anstaltspflege), so wurde ihnen eine Unterstützung in der Höhe des halben Krankengeldes zuteil. Der Ehegattin stand im Fall einer Geburt als Angehöriger ebenfalls die Hälfte des Krankengeldes in Form von Schwangeren- bzw Wöchnerinnenunterstützung zu, der weiblichen Versicherten der ganze Betrag.

---

[226] Eine Mitversicherung war ausgeschlossen, sobald derjenige einer eigenen Versicherung unterlag.

Geschiedene Ehegatten waren in keiner Weise erfaßt, auch unterhaltsberechtigte, schuldlos Geschiede konnten keine Ansprüche an die Krankenversicherung geltend machen.

2.4. Die Versicherungsansprüche Geschiedener im LandarbeiterversicherungsG

Das *LandarbeiterversicherungsG* aus 1928 regelte wortgleich wie das 1 Jahr zuvor erlassene ArbVG die Witwen- und Witwerrenten im Bereich der Unfall- und Invaliden(Alters)rente. Die entsprechenden Bestimmungen finden sich in den §§ 73, 96 ff und 113 LandarbVG.[227] Bezüglich der Krankenversicherung ergab sich der wesentliche Unterschied, daß die Leistungen an Angehörige nach dem LandarbVG "satzungsmäßige Mehrleistungen" (§ 55 leg cit) und somit nicht zwingend waren.[228] Der Angehörigenbegriff und die Leistungsvoraussetzungen waren wiederum gleichlautend denen des ArbVG. Anspruchsberechtigt war nur die in ehelicher Gemeinschaft lebende Ehegattin bzw die Wirtschaftsführerin des Versicherten (§ 55 Abs 2 Z 1 und Abs 3 LandarbVG). Geschiedene konnten keine Ansprüche gegenüber der Krankenversicherung des früheren Partners geltend machen.

2.5. Die Versicherungsleistungen des Gewerblichen SozialversicherungsG an geschiedene Ehepartner

Die Systematik der Versicherungsleistungen wurde auch im *G betreffend die gewerbliche Sozialversicherung 1935* (GSVG) beibehalten. Es enthielt die Bestimmungen der Arbeiter-, Bergarbeiter und Angestelltenversicherung sowie der Arbeitslosen- und Altenfürsorge. Aus den für alle Bereiche anwendbaren Normen des 1. Hauptstücks sind bezüglich der Versicherungsleistungen für Angehörige folgende Bestimmungen,

[227] Dieses übernahm auch die Konstruktion der zeitlich begrenzten Altersrente für Witwen.

[228] Über die Gewährung von Ansprüchen entschieden die einzelnen Versicherungsträger.

die auch für Geschiedene anwendbar werden konnten, beispielhaft anzuführen:[229]

§ 54 Abs 1 GSVG enthielt einen Ausschluß des Versicherten von Leistungen der Invaliden(Pensions)versicherung, wenn er sich eines Verbrechens schuldig gemacht hatte. Abs 2 hingegen sicherte den Angehörigen des Versicherten bereits zu seinen Lebzeiten die im Todesfall zustehenden Leistungen, wenn sie als bedürftig anzusehen waren.

Wurde der versicherte Empfänger einer Rente zu einer mehr als einmonatigen Haftstrafe verurteilt, ruhten gem § 59 Abs 2 GSVG seine Ansprüche aus der Unfall- oder Invaliden(Pensions)versicherung für den Zeitraum der Verbüßung der Strafe. Gleiches galt bei einer nicht ordnungsgemäß gemeldeten Wohnsitznahme im Ausland für die Dauer des Aufenthalts.[230] Angehörige, deren Unterhalt bisher durch den Versicherten gedeckt worden war, hatten nun gem Abs 3 Anspruch auf die Hälfte der ruhenden Renten.

2.5.1. Die Witwen- und Witwerpensionen nach der Unfall- und Invalidenversicherung der Arbeiter

Die Unfallversicherung kannte gem § 185 Hinterbliebenenrenten an Witwen/Witwer, Waisen und subsidiär an sonstige Hinterbliebene sowie einen Anspruch auf einen Bestattungskostenzuschuß.

Die Witwenrente infolge des Todes des verunglückten Versicherten wurde bis ans Lebensende bzw den Zeitpunkt ihrer Wiederverheiratung gewährt, die Witwerrente war - in Fortführung der bisherigen Rechtslage - an die Voraussetzungen der Bedürftigkeit und Erwerbsunfähigkeit des Hinterbliebenen sowie an die überwiegende Unterhaltsgewährung durch die verstorbene Gattin gebunden (§ 186 Abs 1 und 4). Keinen

---

[229] Die Bestimmungen waren auch auf geschiedene Hinterbliebene anwendbar, sofern ihnen ein grundsätzlicher Anspruch gewährt wurde.

[230] Durch zwischenstaatliche Übereinkommen konnten sich andere Regelungen ergeben.

Anspruch auf Witwenpension[231] gab es, *"wenn beim Ableben des Versicherten die Ehe gerichtlich getrennt war oder die Ehegatten aus alleinigem Verschulden der Rentenwerberin nicht in ehelicher Gemeinschaft lebten oder wenn eine anspruchsberechtigte Witwe aus einer früheren Ehe vorhanden ist"* (§ 186 Abs 2)[232]. Abs 5 normierte den Anspruchsausschluß im Fall der Eheschließung erst nach dem Unfall, wiederum mit Ausnahme der Fälle, in denen ein Kind geboren worden war oder erwartet wurde.

Auch die Invalidenversicherung[233] normierte Hinterbliebenenrenten nach bereits bekannten Mustern. § 204 legte eine unbedingte Witwenrente für den Zeitraum von 12 Monaten nach dem Tod des Versicherten fest. Ein weiterer Anspruch bestand nur, solange die Witwe invalid war, sobald sie das 65. Lebensjahr erreicht hatte, oder solange Kinder zu versorgen waren. Dieser Abschnitt des GSVG enthält keine Bestimmungen über den Ausschluß von geschiedenen Witwen oder Witwern, von der analogen Anwendung des Grundsatzes des alleinigen Anspruchs einer schuldlos geschiedenen Ehegattin muß aufgrund der Gesetzessystematik und der Kontinuität der für geschiedene Hinterbliebene relevanten Normen ausgegangen werden.

Die anschließend an die Arbeiterversicherung geregelten Bergarbeiterprovisionen[234] sollen der Vollständigkeit halber hier noch erwähnt werden. Die Bergarbeiterversicherung kannte Invaliden-, Witwen- und Waisenprovisionen, eine von einer weiblichen Versicherten abgeleitete Witwerpension stand aufgrund des Berufsbildes der Bergarbeiter wahrscheinlich nie zur Diskussion. § 219 bestimmte: "Ein Anspruch auf Witwenprovision besteht nicht: 1. wenn der Versicherte im Zeitpunkte der Eheschließung bereits im Bezuge der Invalidenprovision stand, es sei

---

[231] Gleiches muß wohl auch für die Witwerpension gegolten haben.

[232] Auch hier erfolgte der Anspruchswegfall bereits bei faktischem Getrenntleben, eines formellen Scheidungsurteil bedurfte es nicht (*Kerber* (Hg), Die gewerbliche Sozialversicherung).

[233] Zur Erinnerung, Invalidenrente wurde im Fall einer um 2/3 herabgesetzten Erwerbsfähigkeit und als Altersrente ab Vollendung des 65. Lebensjahres ausbezahlt.

[234] Der Begriff "Provision" wird synonym für "Rente" verwendet.

denn, daß a) in dieser Ehe ein Kind geboren oder durch die Ehe legitimiert wurde oder b) die Witwe sich im Zeitpunkte des Todes des Provisionisten erwiesenermmaßen im Zustande der Schwangerschaft befunden hat; 2. *wenn beim Ableben des Provisionisten die Ehe getrennt war oder die Gatten aus alleinigem Verschulden der Provisionswerberin nicht in ehelicher Gemeinschaft lebten oder wenn eine anspruchsberechtigte Witwe aus einer früheren Ehe vorhanden ist."*

2.5.2. Die Angehörigenmitversicherung der Arbeiterkrankenversicherung

§ 158 normierte die Möglichkeit einer durch Satzung der Versicherungsträger eingeräumten Familienversicherung. Anspruchsberechtigte Angehörige waren - sofern sie nicht bereits versichert waren und vorwiegend vom Versicherten Unterhalt bezogen - *"die Ehegattin, wenn die Gatten in ehelicher Gemeinschaft leben"* (§ 158 Abs 2 Z 1), die Kinder (Z 2), *"der erwerbsunfähige Gatte einer Versicherten"* (Z 3) und "bei männlichen Versicherten, wenn eine mit dem Versicherten im gemeinsamen Haushalte lebende arbeitsfähige Gattin nicht vorhanden ist, bei weiblichen Versicherten, solange sie in Beschäftigung stehen oder den Hilflosenzuschuß aus der Invalidenversicherung beziehen, die Mutter oder Schwester, die seit mindestens acht Monaten ununterbrochen in der Hausgemeinschaft des (der) Versicherten lebt und mindestens seit dieser Zeit unentgeltlich die Hauswirtschaft führt" (Z 4). Dies stellte die (neu eingeführte) Beschränkung der Mitversicherung einer Wirtschaftsführerin auf Familienangehörige dar. Neu war weiters die Einbeziehung des Ehemannes in die Mitversicherung, die wie in anderen Fällen der Versicherungsleistungen an Ehemänner oder Witwer an die Erwerbsunfähigkeit gebunden.

War der Versicherte vom Bezug eines Krankengeldes ausgeschlossen, stand gem § 151 Abs 5 den Angehörigen, deren Unterhalt er überwiegend bestritten hatte, die Hälfte der Summe zu. Diese Bestimmung enthielt keinen Angehörigenbegriff, ein schuldlos geschiedener Ehepartner hätte als Unterhaltsempfänger wohl mitumfaßt sein müssen. Erst im § 158 Abs 2 folgte der Ausschluß der nicht in ehelicher Gemeinschaft lebenden Ehegattin, fraglich bleibt, ob er für den Fall des § 151 Abs 5 anwendbar war oder nicht. Die nächste Bestimmung mit Angehörigenbezug war jene des § 157 (Begräbnisgeld), in der explizit nur auf jene Angehörige, die der § 158 Abs 2 aufzählte, abgestellt wurde. Hieraus ein Argument für die Anwendbarkeit des § 151 Abs 5 auf schuldlos Geschiedene abzuleiten ist schwierig, weil in früheren Versicherungsgesetzen (bespielsweise ArbVG) im Zweig der Krankenversicherung immer nur Ehegattinnen, die in aufrechter Ehegemeinschaft mit dem Versicherten lebten, mitumfaßt waren.

Auch die erstmalige Einbeziehung des Ehemannes in die Krankenmitversicherung konnte nicht als grundlegender Systemwechsel angesehen werden. Seine Versicherung erfolgte unter denselben einschränkenden Bedingungen wie jene der Ehegattin, eine Mitversicherung in der Krankenversicherung war nur bei aufrechter Ehe möglich.

2.5.3. Die Witwen- und Witwerrenten in der Unfall- und Pensionsversicherung der Angestellten

Für den Bereich der Angestelltenversicherung war der Angehörigenbegriff für die Sparten der Kranken-, Unfall- und Pensionsversicherung einheitlich in § 228 Abs 2 geregelt. Mittelbar Versicherte - Angehörige und bei Tod des Versicherten Hinterbliebene - waren, sofern sie nicht selbst einer Versicherungspflicht unterlagen, die Ehegattin, *"wenn nicht die Ehe gerichtlich getrennt oder aus dem alleinigen Verschulden der Ehegattin gerichtlich geschieden oder eine als Angehörige geltende Gattin aus früherer Ehe vorhanden ist"*, die Kinder, die Stiefkinder und gegebenenfalls die haushaltsführende Mutter oder Schwester des/der Versicherten[235].

---

[235] Die Bestimmung war mit der des § 158 Abs Z 4 (Angehörigenbegriff der Krankenversicherung der Arbeiter) nicht wortgleich aber inhaltlich ident.

Die Unfallversicherung gewährte gem § 244 ff Hinterbliebenenrenten an Witwen, Waisen und subsidiär an sonstige Hinterbliebene wie Eltern, Großeltern und Geschwister. § 245 Abs 2 wiederholte noch einmal den Ausschluß des Witwenrentenbezugs, *"wenn bei Ableben des Verletzten die Ehe gerichtlich getrennt oder aus dem alleinigen Verschulden der Ehegattin gerichtlich geschieden war oder eine anspruchsberechtigte Witwe aus einer früheren Ehe vorhanden ist"*[236], weiters wenn die Ehe erst nach dem Unfall eingegangen wurde, ausgenommen die Fälle, in denen ein Kind zu versorgen war.[237]

Einer Witwe war wiederum der erwerbsunfähige und bedürftige Witwer, der überwiegend von seiner verstorbenen Gattin unterhalten worden war, gleichgestellt (§ 244 Abs 4).

Die Witwenrente aus der Pensionsversicherung der Angestellten[238] war von einer Reihe von Ausschließungsgründen des § 258 Abs 2 abhängig. Auch hier wurde unter Z 4 der Anspruch der Frau verneint, deren Ehe mit dem Versicherten getrennt oder schuldig geschieden war bzw der Ansprüche einer Witwe aus früherer Ehe entgegenstanden. Wie bei der Unfallversicherung wäre auch hier der ausdrückliche Ausschluß nicht mehr notwendig gewesen, weil der allgemeine Angehörigenbegriff zur Umschreibung der anspruchsberechtigten Witwe genügt hätte.

---

236 Dieser Ausschließungsgrund stellt eine unnötige Wiederholung dar, denn bereits die allgemeine Angehörigendefinition nimmt schuldig geschiedene und getrennte Ehepartner von der Möglichkeit abgeleiteter Ansprüche aus.

237 Es handelte sich dabei um die gleiche Tatbestandskonstruktion wie bei der Arbeiterunfallversicherung des § 186.

238 Bei mindestens 180 Beitragsmonaten betrug das Pensionsalter der männlichen Angestellten 60, das der weiblichen 55 Jahre. Die Berufsunfähigkeit als Voraussetzung für den Bezug einer Invaliditätsrente bestimmte sich nach § 253.

2.5.4. Die Leistungen der Angestelltenkrankenversicherung an geschiedene Ehepartner

In der Krankenversicherung stand bedürftigen Angehörigen gem § 235 Abs 2 die Auszahlung des halben Krankengeldes zu, wenn der Versicherte selbst aus den Gründen des Abs 1 vom Bezug ausgeschlossen war. § 238 normierte die Gewährung von Begräbnisgeld, beim Tod des Versicherten an die Angehörigen und beim Tod eines Familienmitglieds an den Versicherten.

Die Wochenhilfe des § 237 erhielten nicht nur die unmittelbar Versicherte und die Ehegattin des Versicherten, sondern ausdrücklich auch die schuldlos geschiedene Frau und die Witwe, wenn das Kind binnen 9 Monaten nach der Scheidung bzw dem Tod des Versicherten geboren wurde.

2.6. Zusammenfassung

Die umfassende Sozialgesetzgebung der Zwischenkriegszeit brachte bezüglich der Absicherung geschiedener Ehepartner kaum Neuerungen. Die Unfall- und Pensionsversicherungen von Angestellten und Arbeitern[239] folgten bei der Witwenrente dem Schema des Ausschlusses der schuldig geschiedenen Ehepartnerin. Neu hinzugekommen war die Berücksichtigung einer Wiederverheiratung; dem ersten geschiedenen Ehegatten wurde hier eine Vorrangstellung eingeräumt. Eine Hinterbliebenenrente an den geschiedenen Witwer war durch die für Witwerrenten geltende, einschränkende Bedingung der überwiegenden Unterhaltsgewährung durch die Ehefrau nicht möglich. Auch die Zusammenfassung der Regelungskomplexe durch das GSVG änderte nichts an den inhaltlichen Voraussetzungen für die Geschiedenen-Witwen/Witwerpension.

---

[239] Die Zugangsvoraussetzungen für eine Invaliden(Alters)pension der Arbeiter und Landarbeiter waren allgemein strenger gehalten.

Differenzierter war die Situation im Bereich der Krankenversicherung. Der Arbeiterkrankenversicherung waren Leistungsansprüche Geschiedener gänzlich unbekannt.[240] Das AngestelltenversicherungsG hatte quasi als Sonderleistung die Wochenhilfe für schuldlos geschiedene Frauen eingeführt. Durch das GSVG wurde der Leistungskatalog ausgebaut, eine allgemeine Mitversicherung Geschiedener war jedoch nicht vorgesehen. Einzig die Beamtenkrankenversorgung gewährte auch der schuldlos geschiedenen Frau die Stellung einer Mitversicherten.

3. Die Angehörigenleistungen der Sozialversicherungen in der Zeit des Nationalsozialismus

3.1. Die Hinterbliebenenrenten der Unfall- und Altersversicherungen

Die V über die Einführung der Sozialversicherung im Lande Österreich vom 22.12.1938 setzte mit Wirkung vom 1.1.1939 - für alle ab diesem Zeitpunkt eintretenden Versicherungsfälle - für Österreich die Reichsversicherungsordnung (RVO) und das AngestelltenversicherungsG (AVG) in Kraft. Die §§ 13 Abs, 23 Abs 2, 31 Abs 2 und 36 Abs 3 der V legten die Anwendbarkeit der neu eingeführten Bestimmung auch für alle ab dem 1.1.1939 anfallenden Hinterbliebenenrenten fest.[241] Die bestehenden Renten der Versicherten wurden nach alter Rechtslage weitergeführt. Der Tod eines Versicherten bewirkte allerdings eine Rechtsänderung. Die Hinterbliebenenansprüche nach den bisher bestehenden, österreichischen Renten wurden nach deutschem Recht berechnet.

Die Bestimmungen zur Unfallversicherung finden sich in den §§ 537 ff RVO. Die Witwenrente wurde im § 588 RVO mit 1/5 des Jahresarbeitsverdienstes des Verstorbenen festgelegt und bis zu ihrem Tod oder

---

240 Der Angehörigenbegriff setzte eine eheliche Gemeinschaft voraus.

241 Eine Übersicht zur Übernahme der reichsdeutschen Bestimmungen bieten *Funke*, Verordnung über die Einführung der Sozialversicherung im Lande Österreich; *Jakob*, Sozialversicherungsrecht und *Oehler*, Soziale Versicherung.

bis zur Wiederverheiratung[242] gewährt. Einer zu 50 % erwerbsunfähigen Witwe stand die doppelte Rente zu, ebenso einem Witwer, dessen verstorbene Frau ihn wegen Erwerbsunfähigkeit ganz oder überwiegend unterhalten hat (§ 589 RVO) - ebenfalls entweder bis zu seinem Tod oder seiner Wiederverheiratung. Eine Abfindung der Rente war für ihn nicht vorgesehen.[243] Keinerlei Witwen- oder Witwerrentenanspruch gab es gem § 590 RVO, wenn die Ehe erst nach dem Unfall geschlossen worden war und der Verletzte binnen eines Jahres nach Eheschließung starb.

Weiters wurden Hinterbliebenenrenten den Kindern des/der Versicherten sowie bei Bedürftigkeit Verwandten in aufsteigender Linie zuerkannt.[244] Gem § 594 RVO brachten die Versicherungsträger Hinterbliebenenrenten auch bei einer einjährigen Verschollenheit des Versicherten zur Auszahlung. Ruhte die Unfallrente eines Versicherten[245], der Angehörige mit einem (zukünftigen) Anspruch auf Hinterbliebenenrente hatte, so wurde ihnen die Rente bis zur Höhe ihres Anspruchs direkt überwiesen (§ 615 RVO).

Zur Stellung eines geschiedenen Ehepartners machte die RVO keinerlei Angaben, Ansprüche Geschiedener waren nicht vorgesehen. *Kerwitz* verwies darauf, daß die geschiedene Frau nicht als Familienangehörige ihres geschiedenen Ehemannes anzusehen sei. Der Begriff der Angehörigen war nach allgemeinem Sprachgebrauch auszulegen, die Bezeichnung "Ehegatten" setze schon rein wörtlich das Bestehen einer Ehe voraus.[246] Im Gegensatz dazu waren getrennt lebende Gatten sehr wohl als Familienangehörige anzusehen, weil es der Sozialversicherung nicht

---

[242] Im Fall der Heirat wurde die Rente mit 3/5 eines Jahreseinkommens des Verstorbenen abgefunden. Eine Scheidung der neu eingegangenen Ehe konnte kein Wiederaufleben der Witwenrente bewirken (*Kerwitz*, Die rechtliche Stellung der Familienangehörigen in der Sozialversicherung 77).

[243] *Lauterbach ua*, Grundriß der Reichsunfallversicherung 80.

[244] Alle Renten gemeinsam durften 4/5 des Jahresarbeitsverdienstes des Versicherten nicht übersteigen und wurden anderenfalls nach den Regeln des § 595 gekürzt.

[245] Zu den Voraussetzungen des Ruhens *Lauterbach ua*, Grundriß 74.

[246] *Kerwitz*, Stellung 6 f.

zustehe, die Gründe des Getrenntlebens zu überprüfen. Die Trennung aus beruflichen und wirtschaftlichen Gründen konnte keinen Wegfall von Sozialversicherungsleistungen rechtfertigen, ob eine Trennung die Vorstufe zur Scheidung war, blieb irrelevant.[247]

Die ebenfalls in der RVO geregelte Landwirtschaftliche Unfallversicherung und die See-Unfallversicherung enthielten keine Sonderbestimmungen bezüglich der Hinterbliebenenansprüche.

Die Invaliditäts(Alters)versicherung[248] der RVO normierte in § 1256 die Voraussetzungen einer Witwenrente[249]. Diese wurde demnach nur im Fall der Invalidität bzw dem Erreichen des 65. Lebensjahres oder bei noch zu versorgenden Kindern gewährt. Der nationalsozialistische Gesetzgeber baute diese Bestimmung dahingehend aus, daß Witwenrente bereits ab 55 ausbezahlt wurde - unter der Bedingung, daß die Frau 4 Kinder geboren hatte.

Witwerrente erhielt gem § 1257 nur der erwerbsunfähige, bedürftige Ehemann, dessen verstorbene Frau den Familienunterhalt überwiegend bestritten hatte. Als weitere Anspruchsberechtigte kamen in der Invalidenversicherung nur Kinder des Versicherten in Frage.

Die Renten des AVG waren ebenfalls solche aus Gründen der Invalidität und des Alters[250]. Vorgesehen waren Witwen-, Witwer- und Waisenrenten, die Anspruchsvoraussetzungen waren jene der RVO, auf die im § 28 AVG direkt verwiesen wurde.

---

[247] *Kerwitz*, Stellung 43.

[248] Altersrente wurde ab dem 65. Lebensjahr zugesprochen, die Erwerbsunfähigkeit mußte 2/3 betragen.

[249] Die komplizierte Rentenberechnung bestimmten die §§ 1268 ff.

[250] Der Begriff "Rente" wurde beim Versicherten durch "Ruhegeld" ersetzt, die Altersgrenze war wie in der RVO das 65. Lebensjahr, Invalidität wurde bereits bei Verlust von 50 % der Erwerbs- bzw "Arbeits"fähigkeit zuerkannt.

Auch im Bereich der Altersrenten existierten keine Ansprüche geschiedener Ehepartner, obwohl zumindest seit Einführung des EheG 1938 aus Sicht der österreichischen Rechtslage hier ein dringender Regelungsbedarf bestanden hätte.[251] Erst durch das Zweite G über die Verbesserung der Leistungen in der Rentenversicherung v 19.6.1942[252] wurde die Lücke geschlossen. § 3 leg cit bestimmte im Abs 1: "*Der Ehefrau, deren Ehe geschieden oder für nichtig erklärt oder aufgehoben ist, kann in der Rentenversicherung der Arbeiter und der Angestellten sowie in der knappschaftlichen Pensionsversicherung die Witwenrente gewährt werden, sofern ihr der Versicherte nach den Vorschriften des Ehegesetzes vom 6. Juli 1938 (Reichsgesetzbl. I S. 807) zur Zeit des Todes Unterhalt zu leisten hatte.*" Die Rentenauszahlung bedurfte der Genehmigung des Reichsarbeitsministers oder einer anderer ermächtigten Stelle. War der Versicherte vor dem Inkrafttreten des G gestorben, kam kein Rentenanspruch zustande (Abs 3). Die der geschiedenen Frau zuerkannte Rente durfte weder ihren bisherigen Unterhaltsanspruch noch die Rente einer mit dem Verstorbenen im Todeszeitpunkt verheirateten Witwe übersteigen (Abs 2).

Inhaltlich lehnt sich die Bestimmung des § 3 leg cit eng an bisher vorgestellte Rentenanspruchsklauseln an. Begrifflich kam es zu einer Umkehr der Formulierungen: Ausschlußgrund einer Hinterbliebenenrente war nicht mehr die schuldige Scheidung, sondern ein Unterhaltsanspruch gegenüber dem geschiedenen Ehepartner bildete die positive Voraussetzung für den Rentenbezug. Aufgrund der Bestimmungen des Scheidungsrechts kann man aber auch hier wieder von der Ver-

---

[251] Die Einführung der absoluten Scheidung im Sinn des EheG 1938 unter gleichzeitiger Aufrechterhaltung von verschuldensabhängigen Unterhaltsregelungen bewirkte für schuldlos Geschiedene zwar keinen vollständigen Verlust ihrer Absicherung, die scheidungsrechtlichen Ansprüche fanden allerdings nach dem Tod des Versicherten keine Fortsetzung in der sozialversicherungsrechtlichen Hinterbliebenenversorgung. Die bestehende Regelung stellte eine Mischung des Scheidungsfolgenrechts der Scheidung (von Tisch und Bett) - verschuldensabhängie Aufrechterhaltung der Unterhaltsansprüche - mit den Folgen einer Trennung (nach ABGB idF 1811) - Wegfall der abgeleiteten Sozialversicherungsanspüche - dar.

[252] DRGBl 407. Das G trat mit Wirkung vom 1.5.1942 in Kraft.

knüpfung des Versicherungsanpruchs mit dem Schuldausspruch des Scheidungsurteils ausgehen, die sich wie ein roter Faden durch die Sozialversicherungsentwicklung zieht.

Die durch das G v 19.6.1942 bedingten Änderungen der Versicherungsgesetze wurden per V v 22.6.1942[253] festgelegt. So wurden die §§ 1256 und 1272 RVO um jeweils einen Abs 4 erweitert, die den oben zitierten § 3 Abs 1 und 2 entsprachen. Die §§ 28 Abs 3 und 39 Abs 1 AVG verwiesen ausdrücklich auf die neuen Regelungen der RVO.

3.2. Die Angehörigenleistungen der Krankenversicherung

§ 186 garantierte unterhaltsbedürftigen Angehörigen ein dem österreichischen Krankengeld vergleichbares Hausgeld, wenn sich der Versicherte in Krankenhauspflege befand. Die Familienhilfe des § 205 normierte den Anspruch auf Krankenpflege für unterhaltsberechtigte Ehegatten und Kinder, § 205a Wochenhilfe für Ehefrauen und Töchter und § 205b ein Sterbegeld. Aus der Gesetzessystematik heraus ergibt sich trotz Formulierungen wie "unterhaltsberechtigte Ehegatten" kein Anspruch eines geschiedenen Ehepartners.

Die Krankenversicherung kannte die Möglichkeit einer freiwilligen Weiterversicherung beim Ausscheiden aus einem versicherungspflichtigen Beschäftigungsverhältnis (§§ 313 ff). Voraussetzung war neben einer bestimmten Versicherungsdauer[254] die Anzeige der gewünschten Weiterversicherung binnen 3 Wochen oder die volle Zahlung der Versicherungsbeiträge während dieses Zeitraums. Starb der Versicherte, konnte der überlebende Ehegatte, wenn er nicht selbst bereits krankenversichert war, zu den gleichen Bedingungen wie der Verstorbene in

---

253 DRGBl 411.

254 Die Krankenversicherung mußte binnen des letzten Jahres für 26 Wochen oder die letzten 6 Wochen ununterbrochen bestanden haben.

die Versicherung einsteigen.[255] Die Einstufung in eine niedere Lohnklasse erfolgte auf Antrag des Weiterversicherten, die Versetzung in eine höhere Stufe konnte die Kasse auch ohne Zustimmung vornehmen (§ 313a).

Durch G v 15.1.1941[256] wurde die Möglichkeit der Weiterversicherung nach dem verstorbenen Ehepartner auch auf geschiedene Ehegatten ausgedehnt. § 313 wurde der Satz "Dies gilt sinngemäß für den geschiedenen Ehegatten eines Mitglieds." angefügt. Besondere Voraussetzungen waren nicht zu erfüllen; demnach stellt diese Norm die erste, von einem Scheidungsverschulden oder von Unterhaltsberechtigungen unabhängige Regelung sozialversicherungsrechtlicher Ansprüche Geschiedener dar. Die Errungenschaft dieser Bestimmung war eine relative, der geschiedene Ehepartner mußte die gesamten Versicherungsbeiträge selbst erbringen.

3.3. Zusammenfassung

Die durch die Nationalsozialisten in Österreich eingeführten Bestimmungen der RVO kannten weder im Bereich der Unfall- noch Invaliditäts(Alters)versicherung Hinterbliebenenrentenansprüche Geschiedener. Erst 1942 kam es zu einer "Harmonisierung" der sozialversicherungsrechtlichen Bestimmungen mit denen des neuen EheG.[257] Die Invalidenversicherung gewährte beim Vorliegen von Unterhaltsansprüchen gegenüber dem Verstorbenen auch der geschiedenen Ehegattin Hinterbliebenenrenten.

In der Krankenversicherung konnten Geschiedene keinerlei Ansprüche geltend machen, ab 1941 stand ihnen die Möglichkeit offen, sich nach der Scheidung selbst weiterzuversichern.

---

255 *Kerwitz*, Stellung 63. Dabei war es irrelevant, ob der Verstorbene versicherungspflichtig oder bereits selbst freiwillig weiterversichert gewesen war.

256 DRGBl 34.

257 Die neuen Regelungen stellten quasi die Weiterführung bestehender österreichischer Grundsätze - unter Anwendung des neuen Scheidungsrechts - dar.

4. Die Entwicklung der sozialversicherungsrechtlichen Absicherung Geschiedener nach 1945 bis zur Familienrechtsreform 1978

Mit dem Sozialversicherungs-ÜberleitungsG[258] wurde die Rechtsgrundlage für die einstweilige Weiteranwendung der reichsdeutschen Versicherungsregelungen geschaffen. Die 10 Jahre bis zum Inkrafttreten des ASVG waren gekennzeichnet von einer Vielzahl an Änderungen und Ergänzungen bestehender Normen. Das ASVG selbst stellte keine Sozialreform im Sinne einer Umformung von Grundstrukturen dar, sondern setzte der chaotischen Rechtslage durch Schaffung eines einheitlichen Regelungskomplexes ein Ende.[259]

4.1. Das Allgemeine Sozialversicherungsgesetz (ASVG) 1955

Das ASVG umfaßte 10 Teile, von denen die Allgemeinen Bestimmungen, die Teile betreffend die Leistungen der Krankenversicherung, der Unfallversicherung und Pensionsversicherung sowie die Sonderbestimmungen relevante Normen für Ansprüche geschiedener Ehepartner enthielten. Die Pensionsversicherung gliederte sich ihrerseits wieder in 3 Abschnitte, die die Alters- und Invaliditätsrenten für Arbeiter (§§ 253 ff), Angestellte (§§ 270 ff) und Knappschaftsangehörige (§§ 275 ff) regelten. Die für den Bereich der Geschiedenenrenten bestimmenden Voraussetzungen waren für alle Gruppen ident, wurden jedoch im Abschnitt der Arbeiterversicherung ausgeführt. Die Pensionsversicherung der Angestellten und die Knappschaftliche Pensionsversicherung verwiesen in den §§ 270 und 282 diesbezüglich bloß auf den vorangegangenen Abschnitt.[260]

---

258 BGBl 1947/142.

259 So *Melas Reinhold ua*, Das Allgemeine Sozialversicherungsgesetz (ASVG), SozSi 1955, 301. Einen Überblick über die Normengebung nach Kriegsende bieten *Pahrhuber*, Die österreichische Sozialversicherung und *Pfohl*, Die wesentlichen sozialversicherungsrechtlichen Ansprüche der Arbeiter und Angestellten.

260 Zur teilweise unterschiedlichen Auslegung familienrechtlicher Grundbegriffe im ABGB und dem neu geschaffenen ASVG und der Definiton von "Familie", "Angehörige",

Im Allgemeinen Teil wurden die Formen der freiwilligen Versicherung bestimmt. § 16 normierte die Weiterversicherung in der Krankenversicherung, die gem Abs 2 lit b *"nach Auflösung der Ehe durch Aufhebung oder Scheidung vom früheren Ehegatten"* fortgesetzt werden konnte. Diese vom Scheidungsverschulden unabhängige Einstiegsmöglichkeit in die Krankenversicherung entsprach den durch die RVO eingeführten Regelungen. Neu hinzugekommen war die Miteinbeziehung von "einer überlebenden, nach § 123 Abs 5 oder Abs 6 als Angehörige geltenden Person".[261]

Eine Sonderbestimmung zur Krankenversicherung der Bundesangestellten enthielt § 485 Abs 2, wonach der schuldlos geschiedenen Ehegattin eines derart Versicherten auch nach der Scheidung Angehörigeneigenschaft (Anstaltsangehörigkeit) zukam, solange sie keiner anderen Krankenversicherung unterlag und ihren Wohnsitz im Inland hatte. Das bedeutete eine beitragsfreie Aufrechterhaltung der Krankenversicherung für die geschiedene Frau.[262]

Die Verwirkung von Leistungsansprüchen gegenüber einer Versicherung war bei vorsätzlicher oder durch ein Verbrechen bedingter Herbeiführung des Versicherungsfalls vorgesehen. § 88 Abs 2 schützte die unbeteiligten Angehörigen durch direkte Auszahlung von Unfall- und Pensionsversicherung bzw des um die Hälfte reduzierten Krankengeldes.[263] Dem gleichen System folgten die Bestimmungen zum Ruhen von Versi-

---

"Ehegatte" usw in der jeweiligen Kodifikation siehe *Rimpel Robert*, Neue Sozialversicherungsordnung und alte Privatrechtseinrichtungen, SozSi 1956, 73 ff.

261 Dazu später bei der Krankenversicherung unter 4.1.2. Gemeint war die Wirtschaftsführerin - sprich Lebensgefährtin - eines männlichen Versicherten.

262 Der Regierungsentwurf des ASVG (599 BlgNR 7. GP 114) hatte diese Bestimmung ähnlich wie § 16 noch als freiwilligen, kostenpflichtigen Beitrittsfall vorgesehen. Auf Antrag des Ausschusses für soziale Verwaltung (613 BlgNR 7. GP 34) wurde daraus jedoch die automatische Belassung des Versicherungsschutzes für die schuldlos Geschiedene, was der Weiterführung der durch das KrankenversicherungsG der Staatsbediensteten 1920 geschaffenen Rechtslage entsprach.

263 Diese Regelung unterschied sich von der bestehenden Rechtslage durch ihren zwingenden Charakter. Bisher war es meist den Satzungen der einzelnen Versicherungsträger überlassen geblieben, in welchen Fällen es zu einer Leistungsaussetzung kam. So EB 599 BlgNR 7. GP 40.

cherungsleistungen während einer Haft oder eines Auslandsaufenthaltes. Gem § 89 Abs 4 standen in diesen Fällen anspruchsberechtigten Angehörigen die Leistungen der Krankenversicherung in vollem Ausmaß, Renten in halber Höhe zu.

4.1.1. Die Geschiedenen-Witwenrenten der Unfall- und Pensionsversicherung

4.1.1.1. Das ASVG idF 1955

Die *Witwenrente der Unfallversicherung*[264] betrug im Normalfall 20 % der Bemessungsgrundlage, war die Witwe zur Hälfte erwerbsunfähig oder hatte sie das 60. Lebensjahr vollendet, steigerte sich der Betrag auf 40 % (§ 215 Abs 1 und 2). Die Voraussetzungen des § 215 Abs 3, 4 und 5 für die Witwenrente einer geschiedenen Frau möchte ich - auch aufgrund ihrer Länge und Kompliziertheit - wörtlich wiedergeben:

> *(3) Witwenrente gebührt auch der Frau, deren Ehe mit dem Versicherten für nichtig erklärt, aufgehoben oder geschieden worden ist, wenn ihr der Versicherte zur Zeit seines Todes Unterhalt (einen Unterhaltsbeitrag) auf Grund eines gerichtlichen Urteils, eines gerichtlichen Vergleiches oder einer vor Auflösung (Nichtigerklärung) der Ehe eingegangenen, vertraglichen Verpflichtung zu leisten hatte, und zwar sofern und solange die Frau nicht eine neue Ehe geschlossen hat. Diese Witwenrente wird mit dem Betrag gewährt, der dem gegen den Versicherten zur Zeit des Todes bestehenden Anspruch auf Unterhalt (Unterhaltsbeitrag) entspricht; sie darf 20 v. H. der Bemessungsgrundlage des Versicherten jährlich nicht übersteigen. Eine vertraglich oder durch gerichtlichen Vergleich übernommene Erhöhung des Unterhalts (Unterhaltsbeitrages) bleibt außer Betracht, wenn seit dem Abschluß des Vertrages (Vergleiches) bis zum Tod nicht mindestens ein Jahr vergangen ist.*

264 Der Anspruch des Versicherten auf die Versehrtenrente der Unfallversicherung bestand ab einer Minderung der Erwerbsfähigkeit um 20 %.

(4) Im Falle der Wiederverheiratung wird die Witwenrente mit einem Betrag abgefertigt, der in den Fällen der Abs. 1 und 2 dem fünffachen Jahresbetrag einer nach Abs. 1 zu bemessenden Witwenrente, in den Fällen des Abs. 3 dem fünffachen Jahresbetrag der nach Abs. 3 gebührenden Witwenrente entspricht[265].

(5) Wird die neue Ehe durch Tod des Ehegatten oder durch Scheidung oder Aufhebung aufgelöst oder für nichtig erklärt, so lebt der Anspruch auf die Witwenrente aus der früheren Ehe wieder auf[266], *wenn*

a) die Scheidung oder Aufhebung nicht aus dem alleinigen oder überwiegenden Verschulden der Ehegattin erfolgte[267] *oder*

b) bei Nichtigerklärung der Ehe die Ehegattin als schuldlos anzusehen ist und die Ehegattin aus der neuen Ehe keinen Anspruch auf eine mit der Witwenrente aus der früheren Ehe gleichwertigen Versorgung hat (Witwenrente aus einer gesetzlichen Versicherung, Versorgungsgenuß seitens des Dienstgebers oder einer von diesem unterhaltenen Versorgungseinrichtung, Unterhalt seitens des Ehegatten oder dergleichen). Das Wiederaufleben des Anspruchs tritt mit dem der Auflösung (Nichtigerklärung) der letzten Ehe folgenden Monatsersten, frühestens jedoch mit dem Monatsersten ein, der dem Ablauf von fünf Jahren nach dem seinerzeitigen Wegfall der

---

[265] Dieser letzte Satzteil wurde auf Betreiben des Ausschusses für soziale Verwaltung zur Klärung angefügt (613 BlgNR 7. GP 21).

[266] Hierbei handelte es sich um eine gänzlich neue Regelung. In den Vorberatungen des Gesetzesentwurfs war insbesondere von der Katholischen Kirche die volle Weiterzahlung der Rente bei einer Wiederverheiratung gefordert worden; ein Wunsch, der nicht erfüllt wurde. Siehe die Ausführungen des Abgeordneten *Vollmann* in der 79. Sitzung am 9.9.1955 (Spezialdebatte zum ASVG, StProtNR 7. GP 3661; auf die Hintergründe dieser Forderungen wurde leider nicht eingegangen).

[267] Auf diese eigentümliche Abhängigkeit des Wiederauflebens der Rente nach dem 1. Ehegatten von dem bei der 2. Ehescheidung ausgesprochenen Scheidungsverschulden wird noch näher einzugehen sein.

Rente folgt.[268]

Primär war die Gewährung einer Witwenrente an die geschiedene Frau demnach vom Bestehen eines streng formgebundenen Unterhaltsanspruchs gegen den Ehegatten abhängig. Die Höhe der Rente wurde ebenfalls durch die Höhe des Unterhalts bestimmt, durfte allerdings ein gesetzlich fixiertes Höchstausmaß nicht übersteigen. Bei Wiederheirat wurde die Rente mit dem 5-fachen Jahresbetrag abgefertigt, sie konnte nach Aufhebung der 2. Ehe wiederaufleben. Hierbei waren neu erworbene Ansprüche anzurechnen, die Frau durfte überdies das Scheitern der neuen Ehe nicht schuldhaft verursacht haben.

In den EB[269] hieß es zur Einführung der Geschiedenenrente in der Unfallversicherung[270], daß diese "einerseits allerdings mit gewissen Sicherungen gegen eine mißbräuchliche Ausnützung" eingeräumt wurde, "andererseits [...] die Gewährung der Geschiedenenrente nicht mehr dem Ermessen des Versicherungsträgers anheimgestellt, sondern der Geschiedenen ein Rechtsanspruch[271] auf die Rente eingeräumt" werde.

Die Witwerrente nach § 216 knüpfte an die bereits bekannten Voraussetzungen der Erwerbsunfähigkeit und Bedürftigkeit des Mannes sowie der bisherigen, überwiegenden Unterhaltsgewährung durch die verstorbene Versicherte an.[272] Eine Rente für den geschiedenen Mann war nicht vorgesehen.

§ 217 normierte den Ausschluß einer Hinterbliebenenrente, wenn die Ehe erst nach Eintritt des Versicherungsfalls geschlossen worden war,

---

[268] Der ursprüngliche Abs 5 der Regierungsvorlage (599 BlgNR 7. GP) wurde im Ausschußbericht (613 BlgNR 7. GP) als zu kompliziert gerügt, die geänderte Fassung kann allerdings auch nicht als leicht lesbar bezeichnet werden.

[269] 599 BlgNR 7. GP 67.

[270] Die RVO hatte nur die Alters- und Invaliditätsrente auf schuldlos Geschiedene erweitert.

[271] Die Geschiedenenrente der RVO bedurfte der Zustimmung des Reichsarbeitsministers.

[272] Die Rente betrug 40 % der Bemessungsgrundlage.

mit Ausnahme der Fälle, in denen während der Ehe ein Kind geboren worden war bzw erwartet wurde.[273]

Die *Witwenrente der Pensionsversicherung* wurde gem § 258 Abs 1 bis 3 nur bei Erfüllung zahlreicher Bedingungen bzw bei Nichtvorliegen der aufgezählten Aussschließungsgründe[274] gewährt. Nach Abs 4 erhielt die Witwenrente auch die *"Frau, deren Ehe mit dem Versicherten für nichtig erklärt, aufgehoben oder geschieden worden ist, wenn ihr der Versicherte zur Zeit seines Todes Unterhalt (einen Unterhaltsbeitrag) auf Grund eines gerichtlichen Urteils, eines gerichtlichen Vergleiches oder einer vor Auflösung (Nichtigerklärung) der Ehe eingegangenen vertraglichen Verpflichtung zu leisten hatte, und zwar sofern und solange die Frau nicht eine neue Ehe geschlossen hat."*[275]

Die Bedingungen der Geschiedenen-Witwenrente der Pensionsversicherung waren mit denen der Unfallversicherung gleichlautend, Abfertigung und Wiederaufleben der Hinterbliebenenrenten regelte für die Pensionsversicherung § 265 Abs 1 und 2, der nahezu wortgleich den § 215 Abs 4 und 5 wiedergab.

Die Witwerrente des § 259 folgte dem Wortlaut des § 216, der geschiedene Mann war demnach auch in der Pensionsversicherung von einer Hinterbliebenenversorgung ausgeschlossen.

---

273 Dabei handelte es sich um eine wiederbelebte Bestimmung des GSVG, die der RVO in dieser Form unbekannt war.

274 So gebührte keine Rente, wenn die Ehe erst nach Eintritt des Versicherungsfalls oder im hohen Alter geschlossen worden war, ausgenommen jene Fälle, in denen bestimmte Altersgrenzen oder eine bestimmte Ehedauer gegeben war oder Kinder aus der Ehe hervorgegangen waren.

275 Auch zu dieser Bestimmung fand sich in den EB der Hinweis "Um eine spekulative Ausnützung dieser Einrichtung [der Witwenrente] auszuschließen, sind gewisse Sicherungen eingebaut." (EB 599 BlgNR 7. GP 86 f).

4.1.1.2. Strukturelle Änderungen durch die 25. ASVG-Novelle

Durch G v 1.12.1970[276] wurden die Abs 4 und 5 des § 215 aufgehoben und die Voraussetzungen der Abfertigung und des Wiederauflebens der Witwenrente aus der Unfallversicherung in einem eigenen § 215a geregelt. Inhaltlich entsprach der neue § der alten Norm, ausgenommen die neue Bestimmung des Abs 4, der die Anrechnung von Unterhaltsleistungen und Einkünften auf die wiederaufgelebte Witwenpension normierte.[277]

Auch die Bestimmungen der Pensionsversicherung wurden durch die oben genannte Novelle modifiziert. Für die Hinterbliebenenrente der Geschiedenen ergaben sich keine gravierenden Neuerungen, die §§ 258 (allgemeine Voraussetzungen), 264 (Höhe der Rente) und 265 (Abfertigung und Wiederaufleben der Rente) wurden lediglich ergänzt und umgebildet.

4.1.1.3. Die Auswirkungen der Familienrechtsreform

Die Reformen des österreichichen Familienrechts Mitte der 70er Jahre wurden im Eherecht von den Grundsätzen der Partnerschaft und Gleichberechtigung der Ehegatten getragen.[278] Hier ging es vor allem um die Abkehr vom traditionellen Rollenbild des Mannes als Haupt der Familie und der Ehefrau als Hausfrau[279] - ausgedrückt durch die neu geschaffenen Unterhaltsbestimmungen. Die durch die Eherechtsreform bedingten Änderungen der Sozialversicherungsnormen - die neuen Unterhaltsregeln mußten auch in der rentenrechtlichen Absicherung, die quasi deren Fortsetzung bildete, ihren Niederschlag finden - wurden gemeinsam mit den letzten Reformen des Bürgerlichen Gesetzbuches, des EheG und

[276] BGBl 385.
[277] Ebenso ein später hinzugefügter Abs 5 (BGBl 1973/31).
[278] Zu den Änderungen des Scheidungsrechts siehe bereits Kap II.B.4.
[279] Der Gesetzgeber folgte hier mit großer Verzögerung wirtschaftlichen Gegebenheiten, denn die verstärkte Erwerbstätigkeit der Frauen war eine zumindest seit der Jahrhundertwende bekannte Tatsache.

anderer G im *G v 15.6.1978 über Änderungen des Ehegattenerbrechts, des Ehegüterrechts und des Ehescheidungsrechts*[280] erlassen.[281] Der Art XIV leg cit normierte die "Änderungen des Allgemeinen Sozialversicherungsgesetzes". Dabei handelte sich offensichtlich nur um die unerläßlichsten Anpassungen, denn wie *Radel* treffend angemerkt hatte, war das gesamte ASVG vom Grundsatz der Hausfrauenehe geprägt. Der Grundsatz der Gleichberechtigung sollte daher auf das Innenverhältnis der Ehegatten beschränkt werden. "Denn es könnte sonst leicht der Fall eintreten, daß z. B. bestimmte Paragraphen des ASVG als gleichheitswidrig aufgehoben werden müßten, was mit Sicherheit ein Chaos der gesamten Sozialversicherung zur Folge hätte. Es wird sich daher die rechtliche Grundlegung der Witwerrente, die derzeit nur ansatzweise existiert, nicht so bald aus der Reform des Familienrechts ableiten lassen. Sollte sich in ferner Zukunft ein wirkliches Bedürfnis zeigen, die Witwerrente voll neben die Witwenrente zu stellen, so werden Änderungen größten Ausmaßes auf dem Arbeitsmarkt vorher stattfinden müssen."[282] Unter dem Stichwort "Gleichheitswidrigkeit in der Sozialversicherung" ging die Diskussion damals in eine aus heutiger Beurteilung eher widersinnige Richtung: gefordert wurde die Gleichstellung des Mannes mit der Frau im Hinblick auf die Hinterbliebenenversicherung. Die Euphorie über die formelle Gleichstellung verhinderte ein genaueres Reflektieren der inhaltlichen Auswirkungen auf die Lebensrealität der Frauen.[283]

---

280 BGBl 280. Ursprünglich waren 2 getrennte Regierungsvorlagen in Beratung genommen worden (136 u 289 BlgNR 14. GP), die von den Ausschüssen zu einem G verbunden wurden.

281 Die Novellierung des Sozialversicherungsrechts hätte bereits mit der 32. ASVG-Novelle (181 BlgNR 14. GP) vorgenommen werden können, der Ausschuß für soziale Verwaltung entschied sich jedoch für ein Zuwarten auf die Ergebnisse der Beratungen zu den Regierungsvorlagen zur Familienrechtsreform. Dazu *Meisel*, Die Scheidungsreform und ihre Auswirkung im Sozialversicherungsrecht, in: *Martinek u a*, Weißenberg-FS 374 f.

282 *Radel Peter*, Worum geht es bei der Familienrechtsreform? Familie/Österreichische Zeitschrift für Familienpolitik 111 (31. Sonderheft) 1975, 13. Die Änderungen der Witwerpension ließen nicht lange auf sich warten (BGBl 1981/282), das Ausmaß beschränkte sich auf eine formelle Gleichstellung.

283 So traten auch diverse Frauenorganisationen für die Ausdehnung der Hinterbliebenenrente auf Witwer ein. Siehe dazu beispielsweise den Antrag Nr 111 des

Zurück zu den Änderungen des Art XIV: Im Bereich der *Unfallversicherung* bestimmte ein neu hinzugefügter Abs 4 des § 215 die Nichtanwendbarkeit der bestehenden Rentenberechnung[284], wenn

a) das auf Scheidung lautende Urteil den Ausspruch im Sinne des § 61 Abs. 3 Ehegesetz enthält,
b) die Ehe mindestens fünfzehn Jahre gedauert hat,
c) die Frau im Zeitpunkt des Eintritts der Rechtskraft des Scheidungsurteil das 40. Lebensjahr vollendet hat und
d) der Arbeitsunfall (die Berufkrankheit), durch den (die) der Tod des Versicherten verursacht wurde, im Zeitpunkt der Rechtskraft des Scheidungsurteils bereits eingetreten war.

Die unter c) genannte Voraussetzung entfiel wiederum, wenn die Frau bei Rechtskraft des Scheidungsurteil erwerbsunfähig war, oder ein Kind aus der Ehe im Todeszeitpunkt des Mannes bei der Mutter gelebt hatte. Die *Geschiedenen-Witwenrente* erreichte bei Erfüllung aller dieser Kriterien die gleiche Höhe wie die Rente einer echten Witwe. Die durch das Scheidungsurteil bedingte unterhaltsrechtliche Gleichstellung der Geschiedenen mit einer Ehefrau (mit einem Unterhaltsanspruch nach § 94 ABGB) wurde im Sozialversicherungsrecht gleichsam fortgesetzt.[285]

Diese umfassende Versorgung der geschiedenen Witwe war neben dem Ausspruch des Scheidungsurteils von den einschränkenden Bedingungen der lit b, c und d abhängig. Lit d sollte verhindern, daß eine geschie-

---

Frauenausschusses am 8. Frauenkongreß des ÖGB (5.-7.9.1979) auf Einführung einer allgemeinen Witwerpension "im Sinn des partnerschaftlichen Denkens, das in der Form der Familienrechtsreform seinen Niederschlag gefunden hat".

284 Gemeint war die im § 215 Abs 3 festgelegte Beschränkung des Rentenanspruchs auf die Höhe der im Todeszeitpunkt zustehenden Unterhaltszahlungen.

285 Dazu auch *Feil/Holeschofsky*, Unterhalt und Vermögensrechte nach der Scheidung 28 ff.

dene Ehefrau, deren Mann erst nach Rechtskraft der Scheidung verunglückte, in den Genuß einer Vollrente kam.

Dem § 216 (Witwerrente) wurde ein Abs 2 angereiht, der eine *Geschiedenen-Witwerrente*[286] für jene Fälle vorsah, wenn

a) das auf Scheidung lautende Urteil den Ausspruch im Sinne des § 61 Abs. 3 Ehegesetz enthält,
b) die Ehe mindestens fünfzehn Jahre gedauert hat,
c) der Mann im Zeitpunkt der Einbringung der Klage der Frau auf Ehescheidung das 40. Lebensjahr vollendet hat oder seit diesem Zeitpunkt erwerbsunfähig ist und
d) der Mann im Zeitpunkt des Todes der Versicherten erwerbsunfähig und bedürftig ist und die Frau zu diesem Zeitpunkt seinen Lebensunterhalt überwiegend bestritten hat.

Die Rente gebührte dem geschiedenen Witwer nur solange er erwerbsunfähig und bedürftig war. Ein Scheidungsurteil nach § 61 Abs 3 bildete somit die einzige Möglichkeit, auch einem geschiedenen Mann Hinterbliebenenrente zu gewähren.

Für die *Pensionsversicherung* ergaben sich die gleichen Modifikationen wie in der Unfallversicherung. Die Rentenbemessung im Fall eines Unterhaltsausspruchs nach § 61 Abs 3 EheG wurde in § 263 Abs 5 im Sinn des oben zitierten § 215 Abs 4 lit a, b und c inklusive der zu c gemachten Ausnahmen geregelt. Die Erweiterung der Witwerpension erfolgte gleichlautend wie oben im § 216 durch Ergänzung des § 259.

Der volle Unterhaltsanspruch der geschiedenen Ehegatten begründete nicht automatisch die höchstmögliche Hinterbliebenenrente.[287] Die "Vollversorgung" Geschiedener durch die Sozialversicherung sollte nur

[286] Die parallel zur Witwenrente eingeführten Normen, die dort eine bloße Ergänzung darstellten, bewirkten im Bereich der Witwerrente eine grundlegende Neuerung, die nicht mit dem bisherigen System harmonisierte.

[287] Das entsprechende Scheidungsurteil allein reichte nicht als Anspruchsvoraussetzung aus.

dort Platz greifen, wo sie sozialpolitisch geboten erschien. Als Indikatoren dafür wurden Alter, Ehedauer, Erwerbsfähigkeit und Betreuungspflichten angesehen.[288] Die Einführung dieser weiteren Voraussetzungen wurde auch damit gerechtfertigt, daß die entstehenden Mehrleistungen[289] nicht durch den geschiedenen Ehepartner sondern durch die Riskengemeinschaft der Versicherten getragen werden mußten.[290]

4.1.2. Die Angehörigenleistungen der Krankenversicherung

Der Angehörigenbegriff des § 123 war ein umfassender. Als leistungsberechtigte Angehörige galten die Ehefrau, der erwerbsunfähige und unterhaltsberechtigte Ehegatte aber auch die verwandte Wirtschaftsführerin[291]. Weiters konnte durch Satzungsbestimmungen eine nicht verwandte weibliche Person unter den normierten Voraussetzungen als Wirtschaftsführerin anerkannt werden (§ 123 Abs 6 lit b).[292]

Den mitversicherten Angehörigen stand der volle Leistungskatalog des § 117 zu. War die Krankheit oder Arbeitsunfähigkeit durch ein schuldhaftes Verhalten wie Raufhandel oder Trunkenheit vom Versicherten herbeigeführt worden, blieben ihm seine Ansprüche gegen die Versiche-

---

[288] 916 BlgNR 14. GP 38.

[289] Eine Mehrleistungspflicht der Versicherung entstand eigentlich erst dann, wenn der geschiedene Ehepartner ein zweites Mal heiratete und auch aus dieser Ehe einen anspruchsberechtigten Ehegatten hinterließ. Die 1. Hinterbliebenenrente wäre auch bei Weiterbestehen der Ehe in voller Höhe angefallen.

[290] *Meisel*, Scheidungsreform, in: *Martinek ua*, Weißenberg-FS 377.

[291] Dies konnte nur die Mutter, Tochter oder Schwester des/der Versicherten sein, wenn sie seit mindestens 10 Monaten im selben Haushalt lebte und diesen unentgeltlich führte. Männliche Versicherte konnten eine Angehörige in diesem Sinn nur geltend machen, wenn keine arbeitsfähige Ehegattin vorhanden war, weibliche Versicherte nur, sobald sie berufstätig waren oder Hilflosenzuschußempfängerin waren oder sie selbst einen anderen Haushalt führten. Die Bedingungen des § 123 Abs 5 waren strenger als die der vergleichbaren Regelung des § 228 Abs 2 GSVG.

[292] Der Terminus technicus "Lebensgefährtin" wurde auch hier wieder vermieden und durfte ebensowenig in die Satzung aufgenommen werden. Dazu *Mell*, Lebensgemeinschaft, in: *Frotz/Ogris*, Demelius-FS 164.

rung versagt. § 142 Abs 2 gewährte in diesen Fällen den bedürftigen Angehörigen die Hälfte des Krankengeldes.

Geschiedene Ehepartner konnten gegenüber der Krankenversicherung keinerlei Ansprüche geltend machen. Nach der Scheidung blieb die oben unter 4.1. beschriebene Möglichkeit der Weiterversicherung in der Krankenversicherung.

Die Einbeziehung des gegen seinen Willen geschiedenen Ehepartners in die Krankenversicherung war ein Hauptanliegen des Justizausschusses bei den Beratungen zum G über Änderungen des Ehegattenerbrechts, des Ehegüterrechts und des Ehescheidungsrechts. Schuldlos gegen ihren Willen Geschiedene sollten nach Möglichkeit die Vorteile der Ehegatteneigenschaft in allen Bereichen der Sozialversicherung weiter in Anspruch nehmen können.[293] Als geeignetes Instrument wurde die Selbstversicherung in der Krankenversicherung[294] angesehen. Der geschiedene Ehegatte konnte sich selbst versichern, was jedoch mit einer Beitragpflicht verbunden war. § 69 Abs 2 EheG sah daher vor, daß der Unterhaltsanspruch des mit Ausspruch nach § 61 Abs 3 EheG Geschiedenen jedenfalls die Beiträge der Krankenversicherung mitzuumfassen hatte. Beitragsgrundlage war die jeweils geltende Höchstgrundlage, die auf Antrag des Versicherten gesenkt werden konnte.

Dem unterhaltspflichtigen, geschiedenen Ehegatten wurde nun der Vorteil eingeräumt, auch von sich aus die Einstufung des Versicherten in einer niedrigeren Lohnklasse beantragen zu können (§ 76 Abs 2 ASVG). Er war ja nach dem Scheidungsurteil indirekt zur Zahlung der Krankenkassenbeiträge verpflichtet und sollte deshalb auch Lohneinbußen seinerseits als beitragsmindernd geltend machen können.

---

[293] 916 BlgNR 14. GP 36 f. Im Gegensatz dazu hatte sich die Regierungsvorlage zur 32. ASVG-Novelle (181 BlgNR 14. GP) noch ausschließlich mit Änderungen der Pensions- und Unfallversicherung beschäftigt (*Widlar Peter*, Die Scheidungsreform und ihre sozialversicherungsrechtlichen Auswirkungen, SozSi 1978, 357).

[294] Die früher auf ehemalige Versicherte beschränkte Weitersicherung des § 16 ASVG war zur jedermann zugänglichen Selbstversicherung ausgebaut worden.

4.2. Die sozialversicherungsrechtlichen Regelungen der selbständigen Berufe

4.2.1. Geschiedenen-Hinterbliebenenrente in Unfall- und Pensionsversicherung

Das *Gewerbliche Selbständigen-PensionsversicherungsG (GSPVG)*[295] garantierte Pensionsansprüche aus den Versicherungsfällen des Alters, der Erwerbsunfähigkeit und des Todes. Die Witwenrente der geschiedenen Frau regelte § 77 Abs 4 GSPVG gleichlautend wie § 258 Abs 4 ASVG, also abhängig vom Unterhaltsanspruch der Frau gegenüber dem geschiedenen Mann. Die Witwenrente betrug 50 % der dem Verstorbenen zustehenden Pension, durfte bei Geschiedenen jedoch maximal die Höhe des Unterhaltsanspruchs erreichen (§ 85 Abs 2 GSPVG). Im Fall der Wiederverheiratung wurde die Rente nach den gleichen Voraussetzungen wie im ASVG abgefertigt (§ 86 GSPVG).

Für Witwerrenten (§ 78 GSPVG) galten wiederum die Bedingungen der Erwerbsunfähigkeit und Bedürftigkeit, geschiedene Männer waren nicht erfaßt.

Durch Art XV des G v 15.6.1978 über Änderungen des Ehegattenerbrechts, des Ehegüterrechts und des Ehescheidungsrechts wurden die entsprechenden Bestimmungen des GSPVG der neuen Familienrechtslage angepaßt. Die Witwerpension des § 78 erhielt eine dem § 216 Abs 2 ASVG entsprechende Ergänzung. Die Regelung der Pensionsberechnung im § 85 wurde gleichlautend wie § 264 ASVG erweitert.

Auch das die Pensions- und Krankenversicherung der selbständig Erwerbstätigen zusammenfassende *Gewerbliches SozialversicherungsG (GSVG)*[296] bewahrte die Kontinuität der dem ASVG parallelen Normierung. Die für die Geschiedenen-Pensionen relevanten Bestimmungen enthielten die §§ 136 Abs 4 (Geschiedenen-Witwenpension), 137 Abs 2

---

295 BGBl 1957/292.
296 G v 11.10.1978, BGBl 560.

(Geschiedenen-Witwerpension), 145 (Höhe der Pensionen) und 146 (Abfertigung und Wiederaufleben der Hinterbliebenenpensionen).

Die Entwicklung der entsprechenden Versicherungsnormen für Landwirte nahm den gleichen Verlauf wie bei den Selbständigen. Eingeführt durch das *Bauern-PensionsversicherungsG (B-PVG)*[297] in den §§ 73 Abs 4, 74, 80 und 82 folgten 1978 die Ergänzungen durch Art XVI des G über Änderungen des Ehegattenerbrechts, des Ehegüterrechts und des Ehescheidungsrechts. Auch die Übernahme in die §§ 127 Abs 4 (Geschiedenen-Witwenpension), 128 (Geschiedenen-Witwerpension), 136 (Höhe der Pensionen) und 137 (Abfertigung und Wiederaufleben der Hinterbliebenenpensionen) des *Bauern-SozialversicherungsG*[298] ging ohne Strukturänderungen vor sich.

4.2.2. Die Angehörigenleistungen der Krankenversicherung

Weder im *Gewerblichen Selbständigen-KrankenversicherungsG*[299] noch im *Bauern-KrankenversicherungsG*[300] waren Leistungen an geschiedene Ehegatten vorgesehen. Selbst Ehegatten aus aufrechter Ehe konnten im GSKVG nur im Rahmen einer zusätzlich abzuschließenden Familienversicherung (§ 10) Ansprüche geltend machen. § 46 B-KVG hingegen normierte ähnlich dem ASVG die Mitversicherung der Ehegattin sowie des Ehegatten, der seinen Lebensunterhalt überwiegend aus dem Ertrag des land- oder forstwirtschaftlichen Betriebes seiner Ehegattin bestritt.

Nach der Scheidung stand einem bisher mitversicherten Ehepartner die Möglichkeit offen, sich selbst freiwillig weiterzuversichern (§ 7 GSKVG und § 5 B-KVG).[301] Die Sozialversicherungsanstalt der Ge-

[297] G v 12.12.1969, BGBl 1970/23.
[298] G v 11.10.1978, BGBl 559.
[299] BGBl 1966/167.
[300] BGBl 1965/219.
[301] Dies galt, solange die Person nicht einer anderen Krankenversicherungspflicht unterlag und ihren Wohnsitz im Inland hatte. Das GSKVG und das B-KVG kannten keine Konstruktion einer allgemeinen Selbstversicherung. Theoretisch wäre die Einbeziehung der

werblichen Wirtschaft ging dabei ausdrücklich zur Praxis über, auch den bisher nicht in einer Familienversicherung erfaßten geschiedenen Ehegatten die *Weiter*versicherung [!] zu ermöglichen. Durch die Scheidungsreform wurde auch hier dem unterhaltspflichtigen, schuldig gesprochenen Scheidungskläger (Ausspruch nach § 61 Abs 3 EheG) das Recht eingeräumt, die Einstufung des Versicherten in einer niedrigeren, seinen wirtschaftlichen Verhältnissen entsprechenden Beitragsgrundlage zu beantragen.[302]

Das *Gewerbliche Sozialversicherungsgesetz (GSVG)* übernahm diese Regelung in § 8 Abs 3 iVm § 30 Abs 2, das *Bauern-Sozialversicherungsgesetz (BSVG)* in § 8 Abs 3 iVm § 27 Abs 2.

4.3. Die Leistungen an geschiedene Ehepartner im Bereich der Beamtenversorgung

Das *G über die Pensionsansprüche der Bundesbeamten, ihrer Hinterbliebenen und Angehörigen (PensionsG 1965)*[303] kannte einen eigenen Unterabschnitt betreffend die Versorgungsbezüge der früheren Ehefrau. Sie hatte Anspruch auf Versorgung, wenn der verstorbene Beamte *"zur Zeit seines Todes auf Grund eines gerichtlichen Urteils, eines gerichtlichen Vergleichs oder einer vor der Auflösung oder Nichtigerklärung der Ehe schriftlich eingegangenen Verpflichtung für den Lebensunterhalt seiner früheren Ehefrau aufzukommen oder dazu beizutragen hatte"* (§ 19 Abs 1 PG).[304] Im wesentlichen galten die gleichen allgemeinen

Geschiedenen in die Selbstversicherung des ASVG möglich gewesen, doch sollte "grundsätzlich jedem die Möglichkeit geboten [werden], in der angestammten Risikogemeinschaft zu verbleiben". Siehe 916 BlgNR 14. GP 36.

[302] Eingefügt wurden § 18 Abs 9 GSKVG und § 17 Abs 11 B-KVG.

[303] G v 18.11.1965, BGBl 340.

[304] In den EB zur Regierungsvorlage (878 BlgNR 10. GP 26) begründete man die Einführung der Bestimmungen des § 19 mit der gewünschten Beseitigung der durch den Ausschluß der geschiedenen Witwe von Versorgungsgenüssen entstandenen Härten. In der 95. Sitzung am 18.11.1965 (StProtNR 10.GP 5093) äußerte sich der Abgeordnete *Ulbrich* zur Geschiedenen-Witwenpension überaus lobend: "Was die frühere Ehefrau betrifft, so ist diese Regelung ein besonderes Kapitel sozialer Notwendigkeit gewesen, denn diese frü-

Anspruchsvoraussetzungen wie für den Versorgungsbezug einer echten Witwe[305], die Bezüge wurden allerdings nicht automatisch, sondern nur auf Antrag gewährt. Der Versorgungsbezug durfte die Höhe der bisherigen Unterhaltsleistungen nicht übersteigen, erhöhende Vereinbarungen im letzten Jahr vor dem Tod des Beamten blieben unbeachtlich (§ 19 Abs 4 und 6 PG).[306] Der Bezug der geschiedenen Frau fiel bei ihrer Wiederverheiratung unwiederbringlich weg.[307] Konkurrierten eine oder mehrere frühere Ehefrauen mit einer Witwe aus (im Todeszeitpunkt des Beamten) aufrechter Ehe, so mußten sich geschiedene Witwen gegebenenfalls Kürzungen ihrer Bezüge gefallen lassen.[308] Selbst wenn der Bezug der Witwe wegfiel, kam es zu keiner Besserstellung der früheren Frau (§ 19 Abs 5 und 8 PG).

Durch die Familienrechtsreform[309] wurden die die Bezugshöhen betreffenden Grundsätze des § 19 Abs 4 PG nach Vorbild der Bestimmung des § 264 Abs 5 ASVG modifiziert: Die nach Heimtrennung gegen ihren Willen geschiedene Frau erhielt eine Witwenrente in voller

here Ehefrau kommt meist in einem Zeitpunkt in Not und in die Notwendigkeit einer Versorgung, in dem sie selbst nicht mehr imstande ist, im Berufsleben unterzukommen. [...] Es war ein wirklich sozial hochstehender Akt, daß man diese Normen aus dem ASVG. in das Pensionsrecht der Beamten übertrug, um hier zu einem Erfolg zu kommen."

305 § 14 Abs 2 PG normierte eine Reihe von Positiv- und Negativbedingungen - wie zB eine gewisse Ehedauer, das Vorhandensein von Kindern usw - für den Anspruch auf einen Witwenversorgungsgenuß. War die Ehe erst im Ruhestand des Beamten geschlossen worden, erfolgte eine strengere Beurteilung (Abs 3).

306 Die Begrenzungen wurden durch das Prinzip, daß abgeleitete Ansprüche nicht höher sein sollten als die dem Beamten im Todeszeitpunkt zukommenden, erklärt (878 BlgNR 10. GP 26).

307 Die - für das Beamtenrecht neue - für die Witwenbezüge geltenden, den ASVG-Regelungen entsprechenden Bestimmungen zu Abfindung und Wiederaufleben der Bezüge waren auf frühere Ehefrauen nicht anzuwenden (§ 19 Abs 1 iVm § 21).

308 Sämtliche Versorgungsgenüsse zusammen durften die Höhe des Ruhegenusses nicht übersteigen, der Versorgungsgenuß der Witwe betrug 50 % des Ruhebezugs des Verstorbenen.

309 Art XXI des G v 15.6.1978.

Höhe.[310] Eine analoge, gleiche Privilegierung der nach § 61 Abs 3 EheG geschiedenen Ehemänner in der Hinterbliebenenversorgung konnte im Beamtenrecht aufgrund des generellen Fehlens einer Witwerversorgung nicht erfolgen.

Für die Krankenversicherung des *Beamten-Kranken- und UnfallversicherungsG (B-KUVG 1967)*[311] galten gem § 56 Abs 7 B-KUVG die schuldlos geschiedene Ehegattin[312] bzw der schuldlos geschiedene erwerbsunfähige und unterhaltsberechtigte Ehegatte als Angehörige. Überdies wurden Leistungen aus dem Versicherungsfall der Mutterschaft jeder geschiedenen Frau gewährt, die vor Ablauf von 302 Tagen nach Auflösung der Ehe das Kind zur Welt brachte.

In der Unfallversicherung wurde wiederum zwischen der Witwenrente (§ 112 B-KUVG) und der Rente der früheren Frau (§ 113 B-KUVG) unterschieden. Rente gebührte der unterhaltsberechtigten geschiedenen Frau auf Antrag bis zur Wiederverheiratung in Höhe der Unterhaltszahlung.[313]

Die Novellierung durch das G über Änderungen des Ehegattenerbrechts, des Ehegüterrechts und des Ehescheidungsrechts beschränkte sich daher beim B-KUVG auf die Zusätze bezüglich der Rentenhöhen beim entsprechenden Unterhaltsausspruch gem § 61 Abs 3 EheG.[314] Die Weiterversicherung jedes schuldlos geschiedenen Ehegatten war bereits vor

---

310 Auch hier wurde neben dem entsprechenden Scheidungsurteil die Erfüllung zusätzlicher Kriterien vorausgesetzt. "Eine solche hochwertige Versorgung sowie die Tatsache ihrer Finanzierung aus öffentlichen Mitteln läßt es allerdings geboten scheinen, von einer solchen Anspruchsberechtigung die Fälle auszuschließen, in denen die eheliche Bindung der Frau nicht eine angemessene Zeit bestanden hat und ihr im Hinblick auf ihr Lebensalter zugemutet werden kann, sich selbst eine ausreichende Altersversorgung zu verschaffen." Vgl 916 BlgNR 14. GP 40.

311 G v 31.5.1967, BGBl 200.

312 Entsprechendes normierte bereits die Sonderbestimmung des § 485 Abs 2 ASVG, die bei Inkrafttreten des B-KUVG außer Geltung gesetzt wurde.

313 Die Bestimmung folgte dem Muster des PG, gleiches galt für die allgemeinen Voraussetzungen der Witwenrente.

314 Auch hier kam es zu keiner Einbeziehung des geschiedenen Mannes.

der Reform zwingend gewesen und hatte somit den im Vergleich zum ASVG umfassenderen Krankenversicherungsschutz Geschiedener normiert, was eine Anpassung unnötig machte.

4.4. Zusammenfassung der relevanten Bestimmungen

Die Entwicklung des sozialversicherungsrechtlichen Schutzes der geschiedenen Ehegatten erlebte seit dem Inkrafttreten des *ASVG* und den im Bereich der Selbständigen (Gewerbe und Landwirtschaft) erlassenen *Parallelbestimmungen* bis zu den durch die Familienrechtsreform bedingten Ergänzungen keine wesentliche Neugestaltung. Grundprinzip war die Einbeziehung einer geschiedenen Witwe in die Hinterbliebenenversorgung der Unfall- und Pensionsversicherung, wenn sie nach der Scheidung einen Unterhaltsanspruch gegenüber dem Versicherten geltend machen konnte.[315] Die Höhe der Pension war mit jener des Unterhaltsanspruchs limitiert.

Die Änderungen des Scheidungsrechts führten jedoch zur Einführung einer "qualifizierten" Witwenrente (in Höhe der Pensionen echter Witwen) für die gegen ihren Willen aufgrund einer durch den Versicherten schuldhaft herbeigeführten Zerrüttung Geschiedene.[316] Unter diesen Voraussetzungen wurde - unter umgekehrten Vorzeichen - erstmals auch eine Geschiedenen-Witwerrente[317] zugesprochen, wiederum nur unter der allgemeinen Vorbedingung der Erwerbsunfähigkeit und Bedürftigkeit des Mannes.

Die Regeln der Abfertigung der Witwenrente im Falle einer Wiederverheiratung sowie das mögliche Wiederaufleben der Rente waren ebenfalls für alle genannten Bereiche gleichlautend. Abgestellt wurde hierbei auf die Schuldlosigkeit der Witwe an der Auflösung oder Scheidung der 2. Ehe und das Nichtvorliegen anderer Versorgungsansprüche.[318]

315 §§ 215 Abs 3 u 258 Abs 4 ASVG, § 77 Abs 4 GSPVG, § 73 Abs 4 B-PVG.
316 §§ 215 Abs 4 u 263 Abs 5 ASVG, § 145 GSVG, § 136 BSVG.
317 §§ 216 u 259 ASVG, § 137 GSVG, § 128 BSVG.
318 §§ 215a u 265 ASVG, § 146 GSVG, § 137 BSVG.

Die Krankenversicherung bot für geschiedene Ehepartner nur die Instrumente der Weiter- bzw Selbstversicherung.[319]

Eine relative Sonderstellung kam der *Beamtenversorgung* zu. Die Krankenversicherung normierte von Beginn an die automatische Mitversicherung schuldlos Geschiedener - und zwar nicht nur die der Ehefrau sondern auch des erwerbsunfähigen und bedürftigen Gatten. Die für Versorgungsgenüsse früherer Frauen gestalteten Regelungen hingegen orientierten sich am System des ASVG, auch die Reformen des Jahres 1978 wurden miteinbezogen. Die Bestimmungen der Unfallversicherung folgten dem gleichen Modell.[320]

4.5. Reaktionen auf die Rechtsentwicklung

4.5.1. Der Unterhaltsanspruch als Voraussetzung für die Geschiedenenwitwenrente

Erste Bedingung für die Gewährung einer Witwenrente aus der Unfall- oder Pensionsversicherung war das Bestehen eines Unterhaltsanspruchs der Frau gegenüber dem Versicherten aufgrund eines gerichtlichen Urteils, eines gerichtlichen Vergleichs oder einer vor Auflösung der Ehe eingegangenen vertraglichen Verpflichtung. Ob der Unterhalt im Todeszeitpunkt auch tatsächlich geleistet wurde, blieb für die Versicherung irrelevant.

Bei der Frage, ob eine Unterhaltsberechtigung der Frau tatsächlich vorliegt, wurden von der Judikatur allerdings strenge Kriterien angewandt.[321] In einer Entscheidungsbesprechung[322] wies *Rummel* auf die soziale Härte dieser Judikaturlinie hin. Das Gericht lehnte den Antrag einer Geschiedenen auf Auszahlung einer Witwenpension ab, weil keine ausreichende vertragliche Verpflichtung des verstorbenen Versicherten

[319] § 16 ASVG, § 8 GSVG, § 8 BSVG.

[320] §§ 56 Abs 7 u 113 B-KUVG, § 19 PG.

[321] Mehrere Beispiele in JBl 1960, 346 ff.

[322] OLG Wien 8.4.1976, 20 R 63/76, ZAS 1978, 113 ff.

vorgelegen war. Dieser hatte vor der Scheidung erklärt, er werde sich auch weiterhin um die Gattin kümmern, und er wandte ihr auch tatsächlich nach der Trennung in unregelmäßigen Abständen Beträge in verschiedener Höhe zu. Das Gericht verneinte das Vorliegen einer vertraglichen Verpflichtung[323], die Zusage von Zahlungen sei keine hinreichend bestimmte oder bestimmbare Vertragserklärung. Zumindest die Bestimmbarkeit der zu erbringenden Leistungen müsse vorliegen, weil sich die Pensionshöhe an der Unterhaltszahlung zu orientieren habe. Selbst eine nach der Scheidung erfolgte Fixierung eines Betrages würde nicht zur Erfüllung der Tatbestandsmerkmale ausreichen.

Gesichert war, daß die Vereinbarung zwischen den Ehegatten formfrei erfolgen konnte[324], eine mündliche Abmachung zwischen den Ehegatten wäre demnach anzuerkennen. Zum Problem der Unbestimmtheit der vertraglichen Unterhaltsverpflichtung und einer möglichen Lösung de lege lata verweist *Rummel* auf die Möglichkeit der nachträglichen Änderung der Unterhaltsvereinbarung.[325] Genausogut sollte es möglich sein, ein vorerst unbestimmtes Unterhaltsversprechen nach der Scheidung betragsmäßig zu fixieren. Die Voraussetzungen der Verpflichtung und der Bestimmtheit müssen nicht gleichzeitig gegeben sein, eine durch die Bestimmungen der Versicherungsnormen durchaus gedeckte Interpretation.[326] Die Unterhaltsverpflichtung muß vor oder bei der Scheidung feststehen, etwa durch ein Anerkenntnis des Ehepartners oder einen Schuldspruch im Scheidungsurteil. Der Bestimmtheit der Unterhalts-

---

323 Im gegebenen Fall handelte es sich um eine angestrebte Pension nach § 77 Abs 4 GSPVG.

324 Veranlaßt durch eine unterschiedliche Entscheidungslinie der Schiedsgerichte der Sozialversicherungen hatte das BM für soziale Verwaltung die Einholung eines Gutachtens beim OLG Wien angeregt (§ 404 ASVG aF). Dieses entschied für die völlige Formfreiheit der Unterhaltsvereinbarung zwischen den Ehegatten (Gutachten v 9.2.1960, abgedruckt JBl 1960, 346).

325 Erfolgte sie nicht binnen 1 Jahres vor dem Tod des Versicherten, war eine vereinbarte Erhöhung der Unterhaltsleistungen (und somit der künftigen Hinterbliebenenrente) zulässig (§ 85 Abs 4 GSPVG bzw § 264 Abs 4 ASVG).

326 AA ist offensichtlich *Mentasti*, der zwar von ungerechtfertigten Härten in ähnlich gelagerten Fällen ausgeht, "deren Behebung im Wege der Rechtsprechung nicht zu bewerkstelligen ist" (*Mentasti*, Die gegenwärtige und künftige Stellung der Frau in der Pensionsversicherung, in: *Tomandl* (Hg), Die Frau in der Sozialversicherung - ihre gegenwärtige und zukünftige Rechtsstellung 123 f).

summe hingegen bedarf es erst im Todeszeitpunkt des Versicherten, um die Pensionshöhe festlegen zu können. Dazu reicht eine nach der Scheidung erfolgte Präzisierung aus.[327]

4.5.2. Die "qualifizierte" Witwenpension bei Scheidungen gem § 55 EheG

Die Familienrechtsreform brachte die Bevorzugung der gegen ihren Willen nach § 55 EheG geschiedenen Frau in der Hinterbliebenenversorgung. Sie war unterhaltsmäßig einer Ehefrau gleichgestellt und sollte daher bei versorgungsrechtlichen Ansprüchen nicht beeinträchtigt werden. Ihre Witwenpension entsprach der einer echten Witwe, eine Begrenzung durch die Unterhaltsansprüche fiel weg.

Bereits 1976, also noch vor Beschluß des Gesetzes, führte *Fürböck* an, "daß eine solche Verbesserung des Versorgungsanspruches nur für die Scheidungsfälle nach § 55 EheG, wie immer er einmal aussehen wird, zu argen Differenzierungen gegenüber der versorgungsrechtlichen Situation jener Ehefrau führen würde, die ihrerseits klagt und die Scheidung aus dem alleinigen oder überwiegenden Verschulden des Ehegatten aus einem der Gründe der §§ 47 bis 49 EheG erwirkt."[328]

Als Umsetzung der novellierten Bestimmungen des Scheidungsrechts war die Besserstellung der nach § 55 EheG geschiedenen Frauen konsequent, praktisch brachte sie allerdings eine Privilegierung jener Ehegattinnen, die es aus pensionsrechtlichen Gründen auf sich nahmen, in einer unglücklichen Ehe auszuharren und auf die Scheidungsklage des (schuldigen) Mannes zu warten.[329]

---

[327] Ob die grundsätzliche Anerkennung der Unterhaltspflicht und deren Konkretisierung im besprochenen Fall erfolgt ist, konnte aufgrund mangelnder Feststellung nicht eruiert werden.

[328] *Fürböck Karl*, Der Pensionsanspruch der früheren Ehefrau und seine Verbesserung, NZ 1976, 20.

[329] So auch *Krejci Heinz*, Neues Scheidungsrecht und soziale Sicherung, JBl 1979, 171 f.

4.5.3. Die versorgungsrechtliche Behandlung echter und geschiedener Witwer

Eine von der versicherten, berufstätigen Frau abgeleitete Witwerrente war von Beginn der Sozialversicherung an nur unter den erschwerenden Bedingungen der Erwerbsunfähigkeit und Bedürftigkeit erreichbar gewesen, während die Hinterbliebenenrente der Frau jedenfalls und zusätzlich zu einer eigenen Altersversorgung gewährt wurde. Das durch das bürgerliche Recht geschaffene Bild der Hausfrauenehe hatte sich so tief in den Prämissen der Sozialversicherung verwurzelt, daß auch hier die Alleinerhalterrolle des Mannes zum Grundmodell wurde.[330] Die Idee des geschiedenen, versorgungsbedürftigen Mannes konnte sich in der österreichischen Rechtsordnung nicht durchsetzen, Geschiedenen-Hinterbliebenenrenten waren allein Frauen vorbehalten.[331] "Warum für Geschiedene, die ihren früheren Frauen gegenüber unterhaltsberechtigt sind, keinerlei Vorsorge getroffen wurde, ist unerfindlich und nicht einmal mit der allgemeinen Differenzierung des Sozialversicherungsrechts zwischen Witwen- und Witwerpensionen zu erklären."[332] Eine Geschiedenen-Witwerpension unter den allgemeinen Voraussetzungen einschließlich der für Witwer geforderten Zusätze wäre immerhin systemimmanent gewesen.

Erst die durch die Reform des § 55 EheG bedingte Ergänzung der Witwenrentenbestimmungen führte zu einer plötzlichen - im Prinzip eher zufälligen[333] - Einbeziehung geschiedener Männer in die Hinterblie-

---

330 Auch in der Krankenversicherung wurde die Mitversicherung der Ehefrau zum Normal-, die Mitversicherung des erwerbsunfähigen Ehemannes zum Ausnahmefall erklärt.

331 Dies war Ausfluß des konfessionellen Ehescheidungsrechts des ABGB 1811 einerseits und der absoluten Unterhaltspflicht des Mannes andererseits. Die damalige Scheidung glich ja eher einer Ehe auf Distanz, deren unterhaltsrechtliche Wirkungen nach dem Tod des Mannes von der Hinterbliebenenversorgung der Sozialversicherung fortgesetzt wurden. Der Einfluß des Scheidungsrechts des EheG 1938 war zu gering, um die Strukturen des Versicherungsrechts in dieser Hinsicht aufzubrechen.

332 *Krejci Heinz*, Neues Scheidungsrecht und soziale Sicherung, JBl 1979, 178.

333 Eine Diskussion dieser neu geschaffenen Witwerpensionsmöglichkeiten läßt sich – abgesehen von der prinzipiellen Forderung nach gänzlicher Gleichstellung von Witwen und Witwern in der Hinterbliebenenversorgung - nicht belegen.

benenversorgung. Der nunmehr erfaßte Kreis war ein eng umgrenzter.[334] Durch diese Neuordnung kam es jedoch keineswegs zu einer Gleichstellung der nach § 55 EheG Geschiedenen. Geschiedene Witwer mußten einerseits Bedürftigkeit und Erwerbsunfähigkeit nachweisen, andererseits stellten die Bestimmungen zur Witwerpension auf die tatsächliche Unterhaltsgewährung durch die Frau im Todeszeitpunkt ab, während bei den geschiedenen Witwen der Unterhaltsanspruch maßgebend war. Welche von beiden Gruppen bevorzugt war, kann angesichts der in beiden Fällen wohl oder übel aufgetretenen Härtesituationen[335] nicht beurteilt werden.

4.5.4. Hinterbliebenenrente kontra Eigenversicherung

Die eben beschriebene Rechtsänderung der Geschiedenen-Witwerrenten sowie das Bekenntnis zum partnerschaftlichen Prinzip des Eherechts war Anlaß genug, auch in der Sozialversicherung Gleichstellung von Mann und Frau zu fordern. Zahlreiche Diskussionen wurden unter dem Themenschwerpunkt "Diskriminierung der Männer durch die Sozialversicherung"[336] geführt. Der durch die zunehmende Berufstätigkeit bedingte Anstieg von gleichzeitigen Bezügen eigener und abgeleiteter Renten durch Frauen wurde in der Literatur oft als "Überversicherung der Frau"[337] bezeichnet.[338] *Mentasti* führte die "Kumulierung" von

---

[334] Pensionsberechtigt waren jene erwerbsunfähigen und bedürftigen Männer, deren Ehe aufgrund einer durch die Ehefrau schuldhaft herbeigeführten Zerrüttung und auf Klage dieser nach § 55 EheG geschieden wurde.

[335] Siehe oben.

[336] *Edlbacher*, Der Einfluß der Familienrechtsreform auf das Sozialversicherungsrecht, in: *Tomandl* (Hg), Die Frau in der Sozialversicherung - ihre gegenwärtige und zukünftige Rechtsstellung 24.

[337] So *Edlbacher*, Einfluß, in: *Tomandl* (Hg), Frau 31. Immerhin erkennt auch er an, daß es Frauen aufgrund ihrer "sozialen Biographie" nicht immer möglich ist, ebensoviele Versicherungszeiten wie Männer zu erwerben und daher eine bloße Gleichschaltung der Regelungen für Männer und Frauen nicht zielführend wäre.

[338] Auf die tatsächlich erreichte Höhe der Pensionen wurde nicht abgestellt, sondern allein auf die Tatsache, daß 2 Pensionen gleichzeitig bezogen wurden. Ein weiteres Argument für die mangelnde Rechtfertigung der Annahme der Überversicherung ergibt sich

Pensionsversicherungsleistungen einerseits auf die kausale Orientierung des Sicherheitssystems[339] und andererseits auf die Rechtsidee, daß der Mann für den Unterhalt der Familie zu sorgen hatte und die Frau daher nur vorübergehend berufstätig war, zurück. "Schreiten aber die Bestrebungen, die darauf abzielen, die Gleichbehandlung der Frau im Erwerbsleben zu sichern fort und finden sich daneben auch noch Wege, ihre Leistungen als Mutter und Hausfrau in der Pensionsversicherung für angemessene Zeiten zu berücksichtigen, dann wird es nötig werden, neue Modelle für die Hinterbliebenenversorgung zu suchen und zu finden."[340] Noch mit größerem Zweifel: "Sollte sich in ferner Zukunft ein wirkliches Bedürfnis zeigen, die Witwerrente voll neben die Witwenrente zu stellen, so werden Änderungen größten Ausmaßes auf dem Arbeitsmarkt vorher stattfinden müssen."[341]

Einen Schritt weiter ging man durch die grundsätzliche Infragestellung der Sinnhaftigkeit der bestehenden Hinterbliebenenversorgung. Die Meinungen dazu waren vielfältig: in den einleitenden Worten zu einem Enquetebericht über die Auswirkungen der Familienrechtsreform auf das Sozialversicherungsrecht spricht man von 2 möglichen Extremen, der "Übertragung des heutigen Witwenrechts auf die Witwer, was nicht finanzierbar ist" und der "Abschaffung des Witwenrechts, was niemand wollen könne".[342]

---

daraus, daß erwerbstätige Frauen die gleichen Beiträge wie Männer einzahlen, die Anwartschaft auf von ihnen abgeleitete Hinterbliebenenrenten versicherungsmathematisch wesentlich kleiner ist. Vereinfacht gesagt, finanzierten erwerbstätige Frauen im Regelfall durch ihre Beiträge nur eigene Ansprüche, Männer hingegen hinterließen eine größere Zahl von Anspruchsberechtigten.

339 Leistungen werden bei Erfüllung bestimmter Tatbestände - gegebenenfalls nebeneinander, aber mit ruhenden Teilbeträgen- ausbezahlt, die Orientierung am tatsächlichen Bedürfnis des Betroffenen fehlt.

340 *Mentasti*, Frau, in: *Tomandl* (Hg), Frau 128.

341 *Radel Peter*, Worum geht es bei der Familienrechtsreform? Familie/Österreichische Zeitschrift für Familienpolitik 111 (31. Sonderheft) 1975, 13.

342 Enquete über die Auswirkungen der Familienrechtsreform auf das Sozialversicherungs-, Versorgungs- und Pensionsrecht, DRdA 1977, 1.

Es war wiederum *Fürböck*, der sich offen zum eigenen Pensionsanspruch der nichterwerbstätigen Frau bekannte, ein heute - anscheinend wieder, um nicht zu sagen noch immer - äußerst umstrittenes Thema im ewigen Kampf um eine Pensionsreform. *"Wenn wir uns zum Gleichbehandlungsgrundsatz der Geschlechter bekennen, und das tun wir mit der Familienrechtsreform, wenn wir also der Frau das Recht auf Ausübung eines eigenen Berufes einräumen und wenn wir die Leistung der Frau bei der Haushaltsführung und bei der Erziehung und Pflege der Kinder gleich bewerten wie die außerhäusliche Berufstätigkeit, dann müssen wir der Entwicklung folgend daraus auch Konsequenz auf dem versorgungsrechtlichen Sektor ziehen. Es schiene mir anachronistisch, im Familienrecht die partnerschaftliche Begegnung der beiden Eheleute rechtlich zu verankern, es in der Frage der Versorgung jedoch bei der Abhängigkeit der Frau, demnach bei bloß abgeleiteten Versorgungsansprüchen zu belassen. Ich vermag mich daher auch nicht jener Auffassung anzuschließen, die die Gleichbehandlung der Geschlechter im versorgungsrechtlichen Bereich darin sieht, daß dem Ehemann unter den gleichen Voraussetzungen wie heute der Witwe ein Anspruch auf 60 %ige Witwerpension eingeräumt wird, weil dies doch bloß auf eine Vermehrung der abgeleiteten Ansprüche hinausliefe. Die zukunftsweisende Lösung der Altersversorgung und der Versorgung der Frau für den Fall der Minderung der Arbeitsfähigkeit bzw des Verlustes der Erwerbsfähigkeit scheint mir daher im eigenen Pensionsanspruch, der unabhängig von versicherungsrechtlichen Ansprüchen dritter Personen besteht, zu liegen."*[343] Der Inhalt dieser vor mehr als 20 Jahren von einem Mann getätigten Ausführungen wird heute noch von vielen als unrealisierbare, unfinanzierbare und ungerechtfertigte Forderung der Frauenbewegung abgetan.

---

[343] *Fürböck Karl*, Der Pensionsanspruch der früheren Ehefrau und seine Verbesserung, NZ 1976, 20. Diese Überlegungen noch einmal zusammenfassend *Fürböck Karl*, Familienrecht und Sozialversicherung, DRdA 1977, 9 f. Ganz zurecht weist er darauf hin, daß eine Eigenversicherung für Frauen nur dann zu zufriedenstellenden Pensionsleistungen führen kann, wenn der Grundsatz "Gleicher Lohn für gleiche Arbeit" verwirklicht wird.

Auch *Ent*[344] wies darauf hin, daß die bloße schematische Gleichstellung von Frau und Mann in der Sozialversicherung nicht einmal durch die neuen Bestimmungen des Familienrechts gerechtfertigt werden könnte: die rechtliche Gleichstellung sei eine grundsätzliche, die Ausgestaltung im Einzelfall unterliege jedoch einem großen Spielraum. Die sozialversicherungsrechtliche Versorgung solle ihrer Unterhaltsersatzfunktion treu bleiben und nur im Fall des Verlustes des familienrechtlichen Unterhalts Leistungen an die Berechtigten erbringen. *Ent* sprach im Zusammenhang mit Angehörigenansprüchen von einer Abkehr vom "Versicherungsprinzip"[345] hin zum "Prinzip der sozialen Sicherheit" in Kombination mit dem "Prinzip des Ersatzes familienrechtlicher durch sozialversicherungsrechtliche Ansprüche".

5. Heutige Rechtslage[346]

5.1. Geschiedenen-Witwen/Witwerrenten in Unfall- und Pensionsversicherung

5.1.1. Die Gleichstellung von Witwen- und Witwerpensionen

Vorauszuschicken ist die oben in 4.1.1.3. bereits angedeutete, durch die 36. Novelle zum ASVG[347] erfolgte Gleichstellung des hinterbliebenen Ehemannes mit der Witwe. Die bisher zwingenden Voraussetzungen der überwiegenden Unterhaltsleistung durch die verstorbene Frau sowie der Erwerbsunfähigkeit und Bedürftigkeit des Mannes bei Bezug einer Wit-

---

344 *Ent Herbert*, Der Einfluß der Familienrechtsreform auf die Entwicklung des Sozialversicherungsrechts, DRdA 1977, 3 f.

345 Dieses könnte nur beim Eigenversicherten gelten, weil hier Beiträge und Leistungen in direktem Zusammenhang stünden.

346 Als Überblicksdarstellungen empfehlen sich *Deixler*, Scheidung, Ehe und Lebensgemeinschaft 120 ff; *Radner*, Sozialversicherungsrechtlicher Schutz bei Ehescheidung; *Schiffbänker*, Die Frau in der Sozialversicherung, in: *Aichhorn* (Hg), Frauen & Recht 215 ff.

347 BGBl 1981/282.

werrente fielen weg[348], die Bestimmungen der Witwenversorgung sind nunmehr spiegelgleich auch auf Männer anzuwenden. Ausgelöst wurde diese Gesetzesänderung durch ein Erk des VfGH v 26.6.1980[349], das die Gleichheitwidrigkeit der bisherigen Hinterbliebenenregelung feststellte.[350] Begründet wurde die Änderung mit dem durch die Familienrechtsreform eingetretenen Wandel der Unterhaltsbestimmungen, der das Ende des Prinzips der alleinigen Unterhaltspflicht durch den Ehemann festlegte. Der VfGH argumentierte damit, daß nunmehr beide Ehepartner zum Unterhalt beizutragen hätten, daß der Anteil der erwerbstätigen Frauen bereits sehr groß sei und weiter steigen werde und man daher davon ausgehen könne, daß diese berufstätigen Frauen durch die unbedingte Gewährung der Witwenpension neben ihrer Eigenpension gegenüber Männern bevorzugt seien. Zur Art und Weise einer neuen gleichheitskonformen Regelung machte der VfGH keine Angaben. Die Frage, in welcher Form und wie rasch es zu einer Angleichung des Sozialversicherungsrechts an die Grundsätze des Familienrechts kommen sollte, blieb umstritten.[351]

Erörtert wurden im wesentlichen 3 Modelle: einerseits die Verschärfung der Zugangsvoraussetzungen zu einer Witwenpension im Sinn der bis-

---

[348] Die Regelungen der §§ 216 u 259 ASVG zur Witwerpension wurden aufgehoben.

[349] Erk v 26.6.1980 G 6/79, G 25/79, G 54/79; SozSi 1980, 349 ff; JBl 1981, 144 ff.

[350] Kritisch dazu *Teschner/Widlar* (Hg), Allgemeine Sozialversicherung, 1325 (Anm 1 zu § 258), der von einer "nicht sehr überzeugenden Begründung" des VfGH spricht, und *Hornyik*, Männer, in: *Mesner/Steger-Mauerhofer* (Hg), Tod 72 ff. Umfassend dazu auch *Rebhahn Robert*, Gleichheitssatz und Witwerpension, DRdA 1981, 111 ff. Zum schrittweisen Inkrafttreten der beschlossenen Regelung siehe *Meisel Wilhelm*, Die neue Witwerpension in der Sozialversicherung, ÖJZ 1981, 617 ff; weiters *Tomandl Theodor*, Die Neuordnung der Witwen- und Witwerpension - Bemerkungen zur Quadratur des Kreises, VersRdSch 1981, 36.

[351] *Adamovich* ging aufgrund des Gleichheitsgebots von einem Anpassungsbedarf aus und sprach sich für das in der 32. Novelle zum ASVG geplante Modell der Witwerpension für nicht berufstätige, haushaltsführende Ehemänner aus (*Adamovich Ludwig*, Gebietet der Gleichheitsgrundsatz die Anpassung anderer Rechtsgebiete an die Familienreform? DRdA 1977, 5 ff). Zu der von *Fürböck* vorgeschlagenen Abschaffung der Hinterbliebenenpension und der eigenständigen Absicherung für jeden siehe bereits oben 4.5.4., zur Partnerpension gleich unten.

her für Witwer bestehenden Regelung, andererseits die Übernahme des Witwenpensionsmodells für Witwer. Als dritter Ansatz wurde die Partnerpension[352] diskutiert, die von der Prämisse ausgeht, daß der überlebende Ehegatte - egal ob Frau oder Mann - einen bestimmten Prozentsatz[353] des bisherigen gemeinsamen Einkommens zur Aufrechterhaltung seines Lebensstandards benötigt. Die Zusammensetzung der Pension sollte je nachdem, ob beide oder nur ein Partner berufstätig gewesen war, variieren und sowohl aus Hinterbliebenenansprüchen als auch aus Eigenpensionen bestehen können - jedenfalls aber 60 % des beiden bisher zur Verfügung stehenden Betrags betragen.[354] Nur eine Eigenpension, die höher als diese Mindestpensionssumme ist, soll zur vollen Auszahlung kommen. Durch eine Hinterbliebenenpension hingegen wäre keine Aufstockung der eigenen Pension über den errechneten Höchstbetrag der Partnerpension (also 60 % des bisherigen, gemeinsamen Einkommens) hinaus möglich. Auf diese Weise sollte das aus sozialpolitischer Sicht eindeutige - mit der neuen Rechtslage schließlich doch eingetretene - Manko vermieden werden, daß die zumeist besser verdienenden Männer ihre hohe Eigenvorsorge noch durch Ansprüche aus der Witwerpension auffetten. "Die Einführung einer Witwerpension nach dem Vorbild der Witwenpension würde im Endstadium den heutigen - unbefriedigenden - Zustand für unbeschränkte Zeit festigen, daß Mittel der Sozialversicherung dazu verwendet werden, um in vielen Fällen den Lebensstandard eines hinterbliebenen Ehepartners zu erhöhen. In der Regel wird dies in beachtlicher Weise der Fall sein, wenn der hinterbliebene Ehepartner entweder einen gleich hohen Eigenpensionsanspruch wie der verstorbene Ehepartner oder einen höheren als dieser hat."[355]

---

[352] *Peterka Josef*, Witwerpension besser als Partnerpension? SozSi 1981, 23 ff.

[353] Die Modellberechnungen gingen von 60 % des bisherigen Einkommens aus, aber auch Ansätze von 70 - 75 % wurden vorgeschlagen.

[354] Ist der Hinterbliebene berufstätig und erreicht durch sein Einkommen den angenommenen Mindestbetrag nicht, wäre hier sofort eine ausgleichende Partnerpension zu gewähren.

[355] *Peterka Josef*, Witwerpension besser als Partnerpension? SozSi 1981, 25.

Hieden-Sommer[356] weist nach, daß die Aussagen, auch nach der Einführung der Witwerpension erfolge im Pensionssystem eine Umverteilung der Gelder zugunsten von Fauen, bei näherer Betrachtung nicht haltbar sind. Geht man bei den Berechnungen nur vom Verhältnis der von Frauen eingezahlten Beiträge zu den an Fauen ausbezahlten Pensionen aus, so ergeben sich aufgrund der höheren Lebenserwartung und der größeren Anzahl an Witwenpensionen[357], für die keine Beiträge geleistet werden, scheinbare Vorteile für Frauen. Ausgeblendet bleiben die Tatsachen, daß Frauen aufgrund schlechter Entlohnung, Teilzeitbeschäftigung und dem Fehlen geschlossener Versicherungsverläufe oft keine bzw keine existenzsichernden Pensionen erlangen, der Großteil der Ausgleichszulagenbezieher daher weiblich ist. Zur Gänze ausgeblendet bleibt auch der von Frauen unentgeltlich geleistete Bereich der Familienarbeit.[358]

5.1.2. Entsprechende Normen in ASVG, GSVG und BSVG

Als Beispiel für die nunmehr für geschiedene Witwen und Witwer gleichlautenden Anspruchsvoraussetzungen zur Erreichung einer Hinterbliebenenpension soll der § 215 Abs 3 ASVG (Unfallversicherung) dienen:

> *(3) Die Rente des Abs. 1 gebührt auch*
> *1. der Frau,*
> *2. dem Mann,*
> *deren (dessen) Ehe mit dem (der) Versicherten für nichtig erklärt, aufgehoben oder geschieden worden ist, wenn ihr (ihm) der (die)*

---

356 *Hieden-Sommer* , Frauenpolitik 101 f u 117 ff; *Hieden-Sommer Helga*, Ein einheitliches Pensionssystem als Ziel. Für eine grundlegende Reform der Altersversorgung, Zukunft 6/88, 9 ff.

357 Bei Frauen, die neben einer eigenen auch eine Witwenpension beziehen, spricht man von Doppelpension, wobei sich das Doppelte im Normalfall nur in den Anspruchsgrundlagen nicht jedoch in den ausbezahlten Pensionssummen manifestiert.

358 *Hieden-Sommer Helga*, Ein einheitliches Pensionssystem als Ziel. Für eine grundlegende Reform der Altersversorgung, Zukunft 6/88, 10.

> *Versicherte zur Zeit seines (ihres) Todes Unterhalt (einen Unterhaltsbeitrag) zu leisten hatte bzw. Unterhalt geleistet hat, und zwar*
> *a) auf Grund eines gerichtlichen Urteils,*
> *b) eines gerichtlichen Vergleiches,*
> *c) auf Grund einer vor Auflösung (Nichtigerklärung) der Ehe eingegangenen vertraglichen Verpflichtung,*
> *d) regelmäßig zur Deckung des Unterhaltsbedarfs ab einem Zeitpunkt nach der Rechtskraft der Scheidung bis zu seinem (ihrem) Tod, mindestens während der Dauer des letzten Jahres vor seinem (ihrem) Tod, wenn die Ehe mindestens zehn Jahre gedauert hat, sofern und solange die Frau nicht eine neue Ehe geschlossen hat. [...]*

Die Bestimmung der lit d wurde mit Wirkung des 1.7.1993[359] in Kraft gesetzt und kann als Reaktion auf die oben in Kap 4.5.1. beschriebenen Härtefälle gelten.[360] Im Fall der lit d bestimmt sich die Höhe der Hinterbliebenenrente nach dem monatlichen Durchschnitt der Zahlungen, die in den letzten 3 Jahren geleistet wurden (§ 215 Abs 3 vorletzter Satz).[361]

Abfertigung und Wiederaufleben der Hinterbliebenenrente (§ 215 a ASVG) sowie die Bemessung im Fall eines Scheidungsausspruchs gem § 61 Abs 3 EheG (§ 215 Abs 4) erfuhren keine systematische Änderung.

---

[359] BGBl 1993/335, 51. ASVG-Novelle.

[360] Gem § 551 Abs 4 ASVG konnten Pensionen aufgrund der lit d ab dem 1.7.1993 gewährt werden, wenn die Antragstellung bis 30.6.1994 erfolgte; bei späterer Antragstellung ab dem nächstfolgenden Monatsersten. Der OGH entschied, daß auch Versicherungsfälle vor dem 1.7.1993 von der neuen Regelung erfaßt sind und Pensionsanträge selbst bei Vorliegen einer negativen Entscheidung nochmals eingebracht werden können (OGH 17.10.1995, 10 Ob S 170/95, SSV-NF 9/88 = infas 1996, 35).

[361] 3 Jahre sind hier der maximale Berechnungszeitraum, auch wenn die Unterhaltszahlungen bereits länger erfolgen. Bei kürzerer Zahlungsdauer gilt der entsprechende Durchschnitt. Erhöhungen der Unterhaltszahlungen im letzten Jahr vor Eintritt des Todesfalls bleiben außer Betracht.

Entsprechend wurde auch die Bestimmung des § 258 Abs 4 zur Pensionsversicherung[362] um eine lit d erweitert und auch hier die tatsächliche Unterhaltsgewährung als pensionsbegründend anerkannt, wenn sie mindestens während des letzten Jahres vor dem Tod des Versicherten erfolgt war, und die Ehe 10 Jahre gedauert hatte.[363] Die Pensionshöhen bestimmen sich nach § 264 Abs 8, 9 u 10: Abs 8 setzt die Höchstgrenze für Pensionen nach § 258 Abs 4 lit a bis c bei der vereinbarten Höhe der Unterhaltsleistung an[364], Abs 9 bestimmt den 3-Jahres-Durchschnitt der tatsächlichen Unterhaltsleistungen als maßgebend und Abs 10 enthält die Sonderregelungen bei einer Scheidung gem § 55 iVm § 61 Abs 3 EheG.[365] Abfertigung und Wiederaufleben der Witwen/Witwerpension normiert nach bekanntem Muster § 265 ASVG.

Für das GSVG gelten die gemachten Ausführungen in gleicher Weise. Die wichtigsten Änderungen ergaben sich auch hier durch die Gleichstellung der Regelungen für Witwen und Witwer[366] und die Einbezie-

---

[362] Die Pensionsversicherung kennt heute die Unterscheidung zwischen einer befristeten Pensionsgewährung von 30 Monaten und einer Pension bis ans Lebensende des Hinterbliebenen. Die in § 258 Abs 2 u 3 normierten Positiv- und Negativbedingungen müssen auch auf den geschiedenen Pensionswerber zutreffen. Die Voraussetzungen in ihrer Kombination aufzuzählen ist müsig, pensionsbefristend wirken zB das geringe Alter des Hinterbliebenen, späte Heirat, kurze Ehedauer usw, relativierend wirkt auch das Verhältnis zwischen der Ehedauer und dem Altersunterschied der Ehegatten. Die Beurteilung ändert sich im Fall zu versorgender Kinder, bei Invalidität und hohem Alter. Zusammenfassend kann gesagt werden, daß bei Erstellung der Kriterien - wie auch schon früher - Sorge getragen wurde, Eheschließungen zum bloßen Zweck einer Pensionserlangung zu vermeiden bzw in solchen Fällen die Pensionsgewährung zumindest zu befristen.

[363] Diese Bedingungen führen gezwungenermaßen wieder dazu, daß es zu Grenz- und Härtefällen kommt, wenn derartige Fristen noch nicht oder gerade nicht mehr erreicht werden. Die Fälle, in denen trotz langjähriger Unterhaltszahlungen keine Hinterbliebenenansprüche zuerkannt wurden, konnten zumindest beseitigt werden.

[364] Absolute Grenze bleibt die Pensionshöhe einer Witwe oder eines Witwers aus aufrechter Ehe.

[365] § 267 ASVG, wonach mehrere Hinterbliebenenpensionen, zB für eine geschiedene und eine mit dem Versicherten zum Todeszeitpunkt verheiratete Frau, zusammen nicht höher als 110 % der Pension des Versicherten sein durften, wurde mit BGBl 1995/132 aufgehoben.

[366] Aufhebung des § 137 GSVG durch BGBl 1981/283.

hung tatsächlicher Unterhaltsleistungen in den Tatbestand des § 136 Abs 4 lit d[367]. Die Regelungen der Höhe, Abfertigung und des Wiederauflebens der Pension finden sich nach wie vor in §§ 145 und 146.

Die Änderungen des BSVG erfolgten parallel, § 127 Abs 4 wurde um eine lit d erweitert[368], § 128 (Witwerpension) aufgehoben[369], die §§ 136 und 137 modifiziert aber in der Grundstruktur bezüglich der Geschiedenenpension belassen.

5.1.3. Die Normen des PensionsG

Auch das PensionsG 1965 wurde nach den gleichen Grundsätzen wie die Sozialversicherungsgesetze der Unselbständigen, Gewerbetreibenden und Landwirte adaptiert. Erster Schritt war die Gleichstellung des geschiedenen Mannes mit der früheren Ehefrau durch G v 26.9.1985[370]. Ein neu eingefügter § 19 Abs 1a PG[371] regelte die Begründung von Versorgungsgenüssen an Geschiedene durch faktische Unterhaltsleistungen. Die Ehe mußte mindestens 10 Jahre bestanden haben, Unterhalt zumindest während des letzten Jahres vor dem Tod bezahlt worden sein. Anders als im ASVG und seinen Parallelgesetzen reichte auch eine kürzere Zeit der Unterhaltszahlung, wenn seit der Scheidung noch kein Jahr vergangen war und die Leistungen zwischen Scheidung und Todesfall durchgehend erbracht worden waren. Die Höhe eines Versorgungsgenusses nach Abs 1a richtete sich - wie im ASVG - nach dem Durchschnittswert der (maximal) letzten 3 Jahre.[372] Insgesamt dürfen Versorgungsgenüsse mehrerer früherer Ehegatten 60% des Ruhegenusses, auf den der Verstorbene Anspruch gehabt hätte, nicht übersteigen.

---

367 BGBl 1993/336; die Formulierung des Abs 4 ist gleichlautend mit dem ersten Teil des § 258 Abs 4 ASVG.

368 BGBl 1993/337.

369 BGBl 1981/284.

370 BGBl 426. Bis zu diesem Zeitpunkt war der geschiedene Mann einer Beamtin vom Bezug von Versorgungsgenüssen ausgeschlossen gewesen.

371 BGBl 1994/16.

372 § 19 Abs 4 Z 2 PG; die Ausnahmebestimmungen für Scheidungen nach § 55 EheG finden sich nunmehr in Abs 4a.

5.2. Die Krankenversicherungsregeln

Bezüglich der Krankenversicherung geschiedener Ehepartner kann ich auf die oben in Kap 4 beschriebenen Möglichkeiten der freiwilligen Versicherung (§ 16 ASVG) und der Weiterversicherung (§ 8 Abs 3 GSVG, § 8 Abs 3 BSVG) sowie die nach der Scheidung weiterbestehende Angehörigeneigenschaft der Unterhaltsberechtigten[373] nach § 56 Abs 7 B-KUVG verweisen.[374]

5.3. Judikaturbeispiele des OGH zur Geschiedenen-Hinterbliebenenrente[375]

Anhand einiger exemplarischer Judikate zu Hinterbliebenenpensionsansprüchen Geschiedener sollen die Schwierigkeiten der Verknüpfung von Unterhalts- und Pensionsanprüchen allgemein, insbesondere aber die durch streng formalistische Auslegung der sozialversicherungsrechtlichen Bestimmungen (vor allem zum Problem der Unterhaltsvereinbarung zwischen Ehegatten) hervorgerufenen Härtefälle aufgezeigt werden. Andererseits erwies sich die Judikatur nicht als so starr, nicht doch in auf den ersten Blick zweifelhaften Fällen das Bestehen eines gültigen Unterhaltstitels anzunehmen. In dieser Differenzierung liegt das Prolem, das durch die Gesetzesänderung aus 1993[376] teilweise, aber bei weitem nicht hinreichend entschärft wurde.

---

373 Mit BGBl 1973/35 war der erwerbsunfähige Ehegatte in den Krankenversicherungsschutz der Beamten miteinbezogen worden, mit BGBl 1990/297 erfolgte die unbedingte Gleichstellung des geschiedenen Mannes mit der geschiedenen Ehefrau.

374 Zusammenfassend für alle Sparten und mit Hinweisen für die Praxis *Radner*, Schutz 35 ff. In Frage käme allenfalls auch eine Absicherung Geschiedener über einen neuen Partner aufgrund der in § 123 Abs 8 ASVG eingeräumten, satzungsabhängigen Möglichkeit der Mitversicherung von Lebensgefährten.

375 Die bis 1993 geltende Beibehaltung der strengen Kriterien der §§ 215 Abs 3 und 258 Abs 4 ASVG (sowie der entsprechenden Bestimmungen in GSVG und BSVG) war Anlaß für weitere Kritik geblieben. Behandelt wurden meist pensionsrechtliche Entscheidungen, für die Unfallversicherung galten die Ausführungen aufgrund der gleichen Tatbestandsmerkmale gleichsam.

376 Die durch die 51. ASVG-Novelle erfolgte Einführung von § 258 Abs 4 lit d und damit verbundene Anerkennung tatsächlicher Unterhaltsleistungen als pensionsbegründend.

5.3.1. Keine Berücksichtigung des nachträglich zugesprochenen Unterhalts zur Begründung einer Geschiedenen-Hinterbliebenenrente

Besonders uneinsichtig zeigten sich die Gerichte bei jenen Sachverhalten, in denen die Unterhaltspflicht des Versicherten erst nach dessen Tod durch Urteil bestätigt wurde. In einer Entscheidung v 29.9.1992[377] sprach sich der OGH gegen die Gewährung der Hinterbliebenenrente aus. Die Unterhaltsklage war im Rahmen der Wiederaufnahme aufgrund neu hervorgekommener Tatsachen erst gegen den Erben des Versicherten erhoben worden. Im Zuge des Verlassenschaftsverfahrens hatte sich nämlich herausgestellt, daß die Vermögenslage des Verstorbenen sehr wohl zu einer Unterhaltsverpflichtung ausgereicht hätte. Die geschiedene Frau klagte auf Nachzahlung des Unterhalts, der ihr auch zugesprochen wurde, für die ebenfalls eingeklagte Pensionsgewährung fehlte es allerdings an den formellen Voraussetzungen.

In einem zweiten bemerkenswerten Fall[378] war bereits zu Lebzeiten des Versicherten eine Unterhaltsklage eingebracht worden, jedoch erfolglos geblieben. Die Scheidung war gem § 55 Abs 3 iVm § 61 Abs 3 EheG ausgesprochen worden, dem an der Zerrüttung schuldigen Versicherten allerdings keine Unterhaltspflicht auferlegt worden, weil seine geschiedene Frau aus ihrer Eigenpension mehr als 40 % des gemeinsamen Einkommens bezog. Das von der Ehefrau initiierte Unterhaltsverfahren gegen die Verlassenschaft führte dann zur Anerkennung von Unterhaltsrückständen. Die Versicherungsanstalt verweigerte die Pensionsauszahlung mit dem Hinweis auf die fehlende Unterhaltsverpflichtung zum Todeszeitpunkt, die rückwirkende Bestätigung wurde als nicht hinreichend qualifiziert.

Begründet wurde die strenge Auslegung durchgehend unter Hinweis auf die bisherige Rechtsprechung mit einer notwendigen Mißbrauchs- und

---

377 10 Ob S 186/92, SSV-NF 6/99 = ARD 4483/13/93.

378 OGH 24.9.1991, 10 Ob S 227/91, SSV-NF 5/98.

Manipulationsvermeidung.[379] Auch nach den Verbesserungen durch die 51. ASVG-Novelle kam es in diesem Punkt zu keiner Änderung der Judikaturlinie[380].

5.3.2. Die Heranziehung gesetzlicher Unterhaltsansprüche in Zweifelsfällen

Die Begründung "Das Vorliegen nur eines den Anspruch auf Unterhalt begründenden abstrakten Tatbestandes nach dem Ehegesetz genügt nicht, der Versicherte muß vielmehr zur Unterhaltsleistung aufgrund eines der im Gesetz angeführten Tatbestände, also eines gerichtlichen Urteiles, gerichtlichen Vergleiches oder eines vor Auflösung der Ehe eingegangenen Vertrages zum Zeitpunkt seines Todes zur Unterhaltsleistung verpflichtet gewesen sein."[381] kann als Beispiel für die geradezu stereotype Argumentation des OGH in Streitfällen um die Zuerkennung einer Geschiedenen-Witwenrente gelten.

Binder[382] ging in seiner Judikaturkritk noch einmal auf die Bestimmbarkeit einer möglichen Unterhaltsvereinbarung ein. Das Festhalten an den strengen Kriterien des Unterhaltsanspruchs wurde vor allem damit begründet, daß es der Sozialgerichtsbarkeit nicht zumutbar sei, Ansprüche zu errechnen oder feststellen zu lassen. *Binder* verwies darauf, daß bei Unbestimmtheit durch ergänzende Vertragsauslegung gem § 914 ABGB zumindest auf gesetzliche Unterhaltsansprüche abgestellt werden könn-

---

[379] So etwa OLG Wien 17.3.1983, 31 R 72/83, SozSi 1983, 541 (mit einer kritischen Glosse von *Helga Andrysek*) oder OLG Wien, 23.12.1985, 35 R 292/85, SSV 25/166. Somit wird quasi jedem nachträglich Unterhalt Begehrenden Manipulationsabsicht unterstellt, selbst dann, wenn die Klage noch zu Lebzeiten des Verpflichteten eingebracht worden war.

[380] So beispielsweise OGH 7.12.1993, 10 Ob S 210/93, ARD 4459/32/94; weiters OGH 28.2.1995, 10 Ob S 37/95, SSV-NF 9/25 = ARD 4652/16/95.

[381] OGH 30.11.1987, 10 Ob S 120/87, SSV-NF 1/63.

[382] *Binder M.*, Die Problematik der Geschiedenen-Pensionsregelung, in: *Harrer/Zitta* (Hg), Familie und Recht 669 ff.

te.[383] Auch das Argument, die strenge Förmlichkeit der Unterhaltsvereinbarungen diene der Vermeidung von Mißbräuchen gegenüber der Sozialversicherung, konnte ebenso leicht entkräftet werden. Gerade das Abstellen auf die bloße Vereinbarung und die Irrelevanz der tatsächlichen Zahlung bot mißbrauchswilligen Ehegatten die besten Voraussetzungen zur Vereinbarung eines überhöhten, nie realisierten, jedoch pensionsbegründenden Unterhalts. Derartige, zum Nachteil der Versicherungsanstalten konstruierte Unterhaltsvereinbarungen könnten laut *Binder* nur durch das alleinige Abstellen auf gesetzliche Unterhaltsansprüche verhindert werden.[384]

Insbesondere zur qualifizierten Witwen/Witwerpension (Vorliegen eines Ausspruchs nach § 61 Abs 3 EheG) vertrat *Kerschner*[385] die Ansicht, daß hier die Voraussetzung eines Unterhaltsanspruchs aus Urteil, Vergleich oder Vereinbarung hinfällig sei, weil für die Rentenbemessung keine Angaben erforderlich sind, der Hinterbliebene erhält die gleiche Rente wie eine echte Witwe bzw ein echter Witwer. Für die Feststellung der Unterhaltsverpflichtung an sich müsse der Verschuldensausspruch im Scheidungsurteil genügen.[386]

Die Judikatur differenzierte zwar zwischen Scheidungen mit einem Ausspruch gem § 61 Abs 3 EheG und anderen - jedoch auf eine mA eigentümliche Weise. Offenbar sollte bei einer Scheidung gem § 55 iVm

---

383 "Gestatten die gesetzlichen Unterhaltsregeln eine vernünftige inhaltliche Ausfüllung, ist vom Sozialversicherungsträger die nötige Konkretisierung vorzunehmen. Dispositives Gesetzesrecht erfüllt seit jeher die Funktion, ungewollte Lücken zu schließen und den geschaffenen Rechtsakt weitestmöglich am Leben zu erhalten." So *Binder M.*, Problematik, in: *Harrer/Zitta* (Hg), Familie 691.

384 *Binder M.*, Problematik, in: *Harrer/Zitta* (Hg), Familie 693.

385 OLG Wien 11.2.1981, 31 R 13/81, ZAS 1982, 112.

386 "Dies ergibt sich aus dem vom Gesetzgeber verfolgten Zweck der 'Vollversorgung' der nach § 55 EheG Geschiedenen. Eine solche ist nach dem gegenwärtigen System nur gewährleistet, wenn an die Stelle des potentiellen Unterhaltsanspruchs gegen den früheren Gatten der (unbedingte) Anspruch auf Witwenpension tritt. Nur auf diese Weise ist ein Äquivalent für die gesicherte Versorgung erreicht, die durch den Verlust des Widerspruchsrechts gem § 55 Abs 3 EheG beseitigt wurde." OLG Wien 11.2.1981, 31 R 13/81, ZAS 1982, 112 (mit einer Besprechung von *Kerschner*).

§ 61 Abs 3 EheG ein vor der Scheidung gefälltes, den ehelichen Unterhalt festsetzendes Urteil seine Wirksamkeit behalten und als pensionsbegründend (Höhe des Anspruchs!) gelten. Bei einer Scheidung aus einem anderen Grund wurden derartige Urteile ab Rechtskraft der Scheidung als unwirksam angesehen und konnten keine Hinterbliebenenpension begründen.[387] Aus welchem Grund der OGH zu einer derartigen Differenzierung kam und warum in diesen Fällen nicht gleich auf gesetzliche Unterhaltsansprüche zurückgegriffen wurde, kann den jeweiligen Ausführungen zu den Entscheidungen nicht entnommen werden.

5.3.3. Die Berücksichtigung tatsächlicher Unterhaltsleistungen zur Begründung einer Geschiedenen-Hinterbliebenenrente

Neben dem Streit über Gültigkeit, Bestimmtheit und Wirksamkeitszeitpunkt von Unterhaltsurteilen, -vereinbarungen bzw -anerkenntnissen führten vor allem die Fälle, in denen es zu einer bloß faktischen Gewährung von Unterhalt ohne besondere Abreden gekommen war, zu Schwierigkeiten.

Typischer Sachverhalt war hier das weitere Zusammenleben der Ehegatten - aus welchen Gründen auch immer - nach der Scheidung. So lebten die schuldig geschiedene Frau und der Ehemann nach der Scheidung 44 (!) Jahre in Lebensgemeinschaft zusammen.[388] Beide hatten bereits vor dem Scheidungsurteil gegenseitig auf Unterhalt verzichtet. Nach der Scheidung führte die Frau den gemeinsamen Haushalt und betreute die Kinder, sie bezog kein eigenes Einkommen sondern Unterhalt (wie in aufrechter Ehe) von ihrem geschiedenen Mann. Der von ihr nach seinem Tod gestellte Antrag auf Witwenpension wurde mangels Unterhaltsverpflichtung des Verstorbenen abgelehnt.

---

[387] So OGH 20.6.1989, 10 Ob S 196/89, SSV-NF 3/83.

[388] OGH 25.9.1990, 10 Ob S 276/90, SSV-NF 4/115 = ARD 4242/13/91.

Das Erstgericht sah in der jahrelangen Unterhaltsgewährung zumindest eine verdeckte Unterhaltsvereinbarung, die den vorher erklärten gegenseitigen Verzicht hinfällig mache. Aufgrund mangelnder ziffernmäßiger Bestimmtheit werde allerdings den Kriterien des § 258 Abs 4 ASVG nicht entsprochen, eine Hinterbliebenenrente sei daher nicht einklagbar. Der beim Berufungsgericht vorgebrachte Hinweis auf eine Berechnung nach gesetzlichen Unterhaltsbestimmung[389] gehe deshalb ins Leere, weil der schuldig Geschiedenen weder ein Anspruch nach § 94 ABGB noch nach EheG zustehe. Weiters verneinte das Zweitgericht bereits das Vorliegen einer Unterhaltsvereinbarung[390], auf eine mögliche Bestimmbarkeit ging es gar nicht mehr ein. In den Entscheidungsgründen hieß es unter anderem "Dieser Fall muß daher anders gesehen werden als jener, in dem eine schuldlos (oder mit geringem Verschulden) geschiedene Frau mit gesetzlichem Unterhaltsanspruch im Anschluß an die Scheidung mit dem Versicherten wieder zusammenlebt und von ihm bis zu dessen Tod Naturalunterhalt erhält (vgl *Rummel* aaO 114, der die Versagung der Witwenpension an eine solche Frau 'besonders aufreizend' findet).".[391]

Im Fall der schuldlos geschiedenen Frau war man wohl eher geneigt, die Härten der bestehenden Gesetzeslage und der herrschenden Jud anzuerkennen. Daß die Realsituation der Verweigerung einer Rente bei einer schuldig Geschiedenen gleich hart war, wurde übersehen. Die nach langjähriger Kritik schlußendlich in § 258 Abs 4 lit d ASVG (und deren Parallelbestimmungen) geschaffene Rechtslage stellt nicht mehr auf das Scheidungsverschulden, sondern auf die Ehedauer und den Zeitraum der Unterhaltsgewährung ab.

[389] Bei der Hausfrauenehe wären das 33 % des Einkommens des Mannes.

[390] Sowohl die Tatsache der langjährigen, faktischen Zahlungen als auch der erklärte Wille des Mannes, er wolle mit seiner Frau wieder "wie bisher als Ehegatte" zusammenleben, wurden als nicht hinreichende Erklärung im Sinne eines Unterhaltsvertrages nach § 258 Abs 4 ASVG angesehen.

[391] Der Verweis auf *Rummel* bezieht sich auf die in Kap 4.5.1. erläuterte Entscheidungsbesprechung.

Nicht nur das weitere eheähnliche Zusammenleben geschiedener Ehegatten und dadurch aufgeworfene Unterhaltsfragen[392] wurden (für einen Teil der Fälle) durch § 258 Abs 4 lit d ASVG geklärt, die Bestimmung bewirkte ein verstärktes Abstellen auf sich verändernde Lebenssituationen. Im Leitsatz zur Entscheidung des OGH v 23.4.1996[393] heißt es zur Novelle des § 258 ASVG: "Es sind nicht nur Fälle umfaßt, bei denen anläßlich des Scheidungsverfahrens die Schaffung eines Unterhaltstitels verabsäumt wurde, weil durch die Novellierung Härtefälle im allgemeinen beseitigt werden sollten und Härtefälle in jeder Form entstehen können." Anlaßfall war die Gewährung einer Witwenpension auch im Fall eines anläßlich der Scheidung vereinbarten Unterhaltsverzichts. Die Ehegatten vereinbarten eine auf 2 Jahre befristete Unterhaltsleistung und den anschließenden Verzicht auch für Fälle der Not und geänderter Verhältnisse. Die Frau hatte später ihre Berufstätigkeit aufgegeben, um die pflegebedürftige Tochter betreuen zu können. Der geschiedene Mann leistete daraufhin freiwillig bis zu seinem Tod monatlichen Unterhalt an sie. Im Streit um die Witwenpension entschied das Höchstgericht, daß der Unterhaltsverzicht für die Pensionsbegründung unbeachtlich ist, der Anspruch der lit d entsteht aufgrund der tatsächlichen Leistungen des Geschiedenen, auch wenn dem materielle Unterhaltsbestimmungen entgegen stehen würden.

5.3.4. Befristete, bedingte und wertgesicherte Unterhaltsgewährung als Voraussetzung für eine Hinterbliebenenrente

Immerhin wurden von der Rechtsprechung einzelne Gruppen besonderer Bedingungen bei Unterhaltsvereinbarungen als unproblematisch anerkannt. Auffallend dabei war, daß in allen Fällen wiederum primär auf Vereinbartes und nicht auf tatsächlich Realisiertes abgestellt wurde - ein Grundsatz, der in den oben angeführten Problemsituationen zum Nachteil der betroffenen geschiedenen Hinterbliebenen gewirkt hat, hier allerdings zu deren Gunsten ausgelegt wurde.

---

[392] So muß auch bloßer Naturalunterhalt der Pensionsberechnung zugrunde gelegt werden (OGH 19.12.1994, 10 Ob S 276/94, SSV-NF 8/124 = ARD 4652/17/95).

[393] 10 Ob S 2025/96, infas 1996, 63 = ARD 4808/40/97.

Die erste Gruppe bildeten jene Scheidungen, bei denen in der Unterhaltsvereinbarung der Ehegatten Wertsicherungsklauseln eingefügt waren. Selbst wenn nur nach schriftlicher Geltendmachung der Wertsicherung der Unterhaltsanpruch des berechtigten Ehegatten steigen sollte, war bei der Pensionsberechnung automatisch der gesteigerte Wert anzunehmen. Daß vor dem Tod des Versicherten keine Steigerung geltend gemacht wurde und die Unterhaltszahlung niedriger war, spielt für die Pension keine Rolle.[394] Das Gericht ging weiters davon aus, daß bei Bestehen einer Wertsicherungsklausel - entgegen § 264 Abs 9 letzter Satz[395], der hier nicht anzuwenden war - auch Erhöhungen der Ansprüche innerhalb des letzten Jahres vor dem Tod des Verstorbenen beachtlich seien.

Auch eine befristete Rückzahlungsvereinbarung als Unterhaltsersatz wurde vom OGH als Grundlage für eine Witwenpension gem § 258 Abs 4 ASVG anerkannt.[396] Der Ehemann hatte anläßlich der Scheidung die alleinige Rückzahlung einer Forderung von S 560.000,-- zugesagt, worauf die Ehefrau, die anderenfalls zur Hälfte belastet worden wäre, auf Unterhaltszahlungen verzichtete. Die Rückzahlung des Mannes war als Unterhaltsersatz gedacht. Die Versicherungsanstalt lehnte eine Pensionszahlung mit dem Hinweis auf eine fehlende Unterhaltsvereinbarung ab, was vom OGH als unzulässig angesehen wurde. Die Unterhaltsvereinbarung der Ehegatten könne formfrei erfolgen, sie hätten im Einvernehmen diese Rückzahlungsvereinbarung als eine (mit dem Endzeitpunkt der Kreditrückzahlung befristete) Unterhaltsvereinbarung zumindest in der Höhe der aushaftenden Schulden betrachtet.[397]

---

[394] So OGH 10.10.1989, 10 Ob S 276/89, SSV-NF 3/121. Die Pensionsversicherungsanstalt hatte sich auf die "mangelnde Fälligkeit" der Erhöhung berufen und die Auszahlung einer über der tatsächlichen Unterhaltszahlung liegenden Pension verweigert.

[395] Zur Zeit des Urteilsspruchs noch § 264 Abs 4 letzter Satz.

[396] OGH 8.5.1990, 10 Ob S 190/90, SSV-NF 4/75.

[397] Liegt der Pension ein befristeter Unterhaltsanspruch zugrunde, so unterliegt auch diese der Befristung. So bereits OLG Wien 15.5.1979, 35 R 90/79, SV-Slg XVI/26.003 = JBl 1980, 444.

Von der Konstruktion her anders gelagert war jener Fall, in dem die Frau einen Unterhaltsverzicht unter der Bedingung leistete, daß seine Wirksamkeit von der Zahlung einer Unterhaltsabfindung abhänge. Die Ehegatten hatten anläßlich der Scheidung einen Unterhaltsvergleich[398] geschlossen, der Ehemann klagte kurz vor seinem Tod auf Herabsetzung des Unterhalts. In diesem Verfahren wurde ein zweiter Vergleich geschlossen, wonach die Ehefrau auf weitere Unterhaltszahlungen verzichtet, wenn ihr der Mann in 4 gleichen Raten einen Abfindungsbetrag von S 200.000,-- bezahlt. Bei Nichteinhaltung einer Rate sollte der ursprüngliche Unterhaltsvergleich unter Anrechnung der bisher geleisteten Beträge wieder aufleben.

Der verpflichtete Ehemann verstarb vor Fälligkeit der letzten beiden Raten, außerdem war der Verpflichtete bezüglich der ersten beiden in Verzug, die Bedingung des Unterhaltsabfindungsvergleichs konnte nicht mehr eintreten. Die geschiedene Frau meldete daraufhin im Verlassenschaftverfahren ihre Forderung nach den restlichen Abfindungsraten an. Das Höchstgericht bestätigte die Unterinstanzen darin,[399] daß selbst diese Tatsache nichts daran ändere, daß der 2. Vergleich zum Todeszeitpunkt des Versicherten nicht erfüllt war, und der Frau daher ein Unterhaltsanspruch nach der ursprünglichen Vereinbarung zustehe. Dieser begründete daher auch eine Hinterbliebenenpension nach § 258 Abs 4 ASVG. Die Forderungsanmeldung der Frau im Verlassenschaftsverfahren könne nicht als konkludenter Verzicht auf Unterhaltsansprüche angesehen werden.

---

398 Die monatlichen Zahlungen wurden mit S 2.500,-- fixiert.

399 OGH 23.5.1989, 10 Ob S 132/89, SSV-NF 3/63.

5.3.5. Keine Hinterbliebenenpension aufgrund ruhenden Unterhalts

Ruht der Unterhalt der geschiedenen Frau wegen Bestehens einer Lebensgemeinschaft,[400] so besteht kein Anspruch auf Hinterbliebenenpension gem § 258 Abs 4 ASVG, wenn der Ehemann während des Ruhens verstirbt.[401] Im abzusprechenden Fall hatten die Ehegatten bei der Scheidung eine Unterhaltsvereinbarung geschlossen. Ca 2 Jahre später stellte der Mann die Unterhaltszahlungen ein, sein Rechtsanwalt teilte der Frau schriftlich mit, daß ihr Anspruch aufgrund einer eingegangenen Lebensgemeinschaft ruhe. Die nach dem Tod des geschiedenen Ehemannes beantragte Pension wurde von der Versicherungsanstalt mit Hinweis auf dieses Ruhen und den dadurch fehlenden Unterhaltsanspruch abgelehnt. Das Erstgericht sprach der Frau die Hinterbliebenenpension mit der Begründung, daß nur eine Wiederheirat den Unterhaltsanspruch erlöschen lasse, zu.[402] Das Berufungsgericht hob die Entscheidung auf und verwies an das Erstgericht zurück. Die Feststellung, ob eine Lebensgemeinschaft vorliege, wäre sehr wohl rechtserheblich gewesen. Diese führe zwar nur zum Ruhen des Unterhaltsanspruchs[403] und nicht zum Verzicht oder Verlust eines solchen, wie die Versicherung behauptet hatte, dennoch steht ein Hinterbliebenenrentenanspruch dann nicht zu, wenn das Ruhen des Unterhalt in den Todeszeitpunkt des Versicherten fällt.[404]

Eine sachliche Begründung für diesen Wegfall des Hinterbliebenenpensionsanspruchs läßt sich kaum erkennen, insbesondere als er vom zufäl-

---

[400] Zum ruhenden Unterhalt siehe schon die Ausführungen in Kap II.B.3.2. sowie *Gimpel-Hinteregger*, Der Unterhaltsanspruch des geschiedenen Ehegatten bei Eingehen einer Lebensgemeinschaft, in: *Harrer/Zitta* (Hg), Familie und Recht 633 ff.

[401] OGH 27.2.1990, 10 Ob S 53/90, SSV-NF 4/28 = ARD 4272/8/91.

[402] Auf die Frage, ob tatsächlich eine Lebensgemeinschaft vorlag, oder ob der vermeintliche Lebensgefährte - wie die Geschiedene angab - nur aus mietrechtlichen Gründen als solcher und nicht als Untermieter auftrat, wurde nicht eingegangen.

[403] Nach Beendigung der Lebensgemeinschaft kann der Anspruch jederzeit wieder geltend gemacht werden.

[404] Der OGH bestätigte diese Rechtsmeinung und gab dem Rekurs beider Parteien nicht Folge.

ligen Bestehen oder Nichtbestehen der Lebensgemeinschaft im Todeszeitpunkt des Unterhaltsverpflichteten abhängig gemacht wird.

5.4. Zusammenfassung

Im Bereich der sozialversicherungsrechtlichen Versorgung Geschiedener wurde die jüngste Rechtsentwicklung durch 2 grundsätzliche Änderungen geprägt; von der Systematik der Abhängigkeit der Versicherungsansprüche vom Scheidungsverschulden (bzw von daraus resultierenden Unterhaltsansprüchen) sowie insbesondere vom detailreichen, komplizierten Normenaufbau wurde nicht abgegangen.

Als einschneidende Grundsatzentscheidung des Gesetzgebers muß die durch ein Erkenntnis des VfGH begründete, ab dem Jahr 1981 erfolgte und schrittweise in Kraft getretene systematische Gleichstellung der Witwen- und Witwerbestimmungen im Versicherungsrecht gelten.[405]

Die 1993 normierte, zweite Änderung - die Berücksichtigung tatsächlicher Unterhaltszahlungen zwischen den Ehegatten als normbegründend für spätere Pensionsansprüche[406] - kann als Folge und Reaktion auf in der Praxis aufgetretene Schwierigkeiten gesehen werden.[407]

Die Möglichkeiten der Absicherung Geschiedener in der Krankenversicherung wurden nicht mehr modifiziert, hier kann auf die Ausführungen im vorigen Kap verwiesen werden.

---

405 Die bisherigen Sonderregelungen zur Witwerpension wurden aufgehoben, die Bestimmungen der Witwenansprüche geschlechtsneutral bzw für Frau und Mann gleichermaßen anwendbar formuliert.

406 Neben der Unterhaltsbegründung durch Urteil, Vergleich und Vereinbarung wurde die tatsächliche Zahlung als ergänzende lit in die jeweiligen Tatbestände (zB §§ 215 Abs 3 und 258 Abs 4 ASVG) aufgenommen.

407 Die Parallelregelungen des GSVG und BSVG zur Geschiedenenpension folgten denen des ASVG. Das Beamtenpensionsrecht machte die gleiche Entwicklung mit einiger zeitlicher Verzögerung mit. Die Gleichstellung der geschiedenen Witwer bzw hier die erstmalige Normierung einer Witwerpension überhaupt erfolgte 1985, der Ergänzung der anerkannten Unterhaltsleistungen im Jahr 1994.

III. Deutsche Rechtsentwicklung

A. Das Sozialversicherungsrecht im 19. und 20. Jahrhundert

1. Wirtschaftliche und soziale Voraussetzungen[408]

Deutschland[409] erlebte im 19. Jahrhundert ein massives Bevölkerungswachstum, insbesondere im städtischen Bereich, was zu einer enormen Zunahme der gewerblichen und industriellen Wirtschaftstätigkeit führte.[410] Der Wirtschaftsliberalismus bedingte auch hier eine Verelendung der arbeitenden Bevölkerung, die sich in Arbeiterbildungsvereinen zu organisieren begann. Beeinflußt durch die im Jahre 1848 von Frankreich auf Deutschland übergreifende Revolution wurde die "Allgemeine deutsche Arbeiter-Verbrüderung" als politische Organisation gegründet, jedoch 1854 wieder verboten. Die Arbeit wurde im Untergrund fortgesetzt, bis es 1863 zur Gründung des "Allgemeinen deutschen Arbeitervereins" kam.[411] 1869 folgte die Gründung der Sozialdemokratischen Arbeiterpartei.

---

[408] Ich möchte hier kurz auf die Determinanten, die zu einer raschen Verwirklichung der Sozialabsicherung für weite Bevölkerungskreise führten, eingehen. Die deutsche Sozialversicherung gilt als wesentliches Vorbild für die österreichischen Regelungen, obwohl bei uns die politische Situation eine andere war, und die Einführung der Versicherung nur zögerlich und nicht auf Initiative "von oben" geschah.

[409] Die Gründung des Deutsches Reiches erfolgte 1871 als Zusammenschluß des Norddeutschen Bundes mit den süddeutschen Staaten, für den Zeitraum davor müßte man richtigerweise von Preußen, Bayern usw oder den deutschen Ländern sprechen.

[410] Das Deutsche Reich konnte aber genausowenig wie die Österreichisch-Ungarische Monarchie zu den klassischen Industriestaaten gezählt werden. "Offensichtlich ist staatliche Sozialversicherung nicht einfach die Antwort auf einen bestimmten Grad der Industrialisierung und Urbanisierung und die dadurch ausgelösten sozialen Probleme. Sonst hätten nicht Deutschland, sondern die in der industriellen Entwicklung zunächst führenden Nationen - Großbritannien und Belgien, die Schweiz, Frankreich und die Niederlande - in Europa die ersten Sozialversicherungen schaffen müssen." *Ritter Gerhard A.*, Entstehung und Entwicklung des Sozialstaates in vergleichender Perspektive, in: Historische Zeitschrift, Band 243 (1986) 36.

[411] Dieser Verein entsprach im wesentlichen einer Arbeiterpartei und hatte bereits ein eigenes politisches Programm. Zentrale Forderungen waren primär die gewerkschaftliche Organisation der Arbeiterschaft sowie die Verbesserung der Arbeitsbedingungen, aber

2. Die Sozialpolitik Bismarcks

Nach zwei Attentaten auf Kaiser Wilhelm I war die Furcht vor einer sozialistischen Revolution so groß, daß Reichskanzler Bismarck 1878 die Auflösung der Arbeiterpartei und ein Verbot ihrer Publikationsorgane[412] durchsetzte. Stattdessen sollte die Arbeiterschaft durch eine Sozialgesetzgebung wieder mehr dem Staat als ihren eigenen Organisationen verpflichtet werden. "Hinsichtlich seines Grundgedankens, die Arbeiterschaft durch soziale Leistungen an den Staat zu binden, erscheint Bismarck im deutschen Kontext in zeitlicher und sachlicher Hinsicht durchaus originär."[413]

Auch die "Kaiserlichen Botschaften zur sozialen Frage" vom Februar und November 1881 sowie April 1883, die den Widerstand des Reichstages gegen die Sozialgesetzgebung brechen sollten, machten deutlich, daß die bloße Repression der sozialistischen Bewegungen nicht die Lösung der sozialen Probleme sein konnte, sondern ein umfassendes soziales Sicherungssystem (mit dem Ziel einer Unfall-, Kranken- und Alterssicherung für alle Arbeiter) geschaffen werden sollte. Von Seiten der Arbeiterschaft gab es jedoch diesbezüglich wenig Forderungen, sie wäre weit mehr an einer Verbesserung der Arbeiterschutzbestimmungen interessiert gewesen.[414] Bismarck hingegen ließ "alle Maßnahmen aussetzen, die auf eine Bearbeitung der sozialen Frage durch Arbeiterschutz oder Sozialreform abzielten. Die Politik des Reichskanzlers betonte also

---

auch auf lange Sicht die Errichtung einer sozialen Gesellschaft und die Abschaffung jeder sozialen und politischen Ungleichheit. Dies sollte durch die Aufhebung des Systems der Lohnarbeit erreicht werden. (*Zöllner*, Landesbericht Deutschland, in: *Köhler/Zacher* (Hg), Ein Jahrhundert Sozialversicherung in der Bundesrepublik Deutschland, Frankreich, Großbritannien, Österreich und der Schweiz 67).

412 Dies geschah mittels des sogenannten "Sozialistengesetzes": G v 22.10.1878 gegen die gemeingefährlichen Bestrebungen der Sozialdemokratie, DRGBl 351 ff.

413 *Zöllner,* Landesbericht, in: *Köhler/Zacher* (Hg), Jahrhundert 70.

414 Zur Reaktion der Sozialdemokratischen Partei auf die Sozialgesetzgebung siehe *Benöhr Hans-Peter*, Soziale Frage, Sozialversicherung und Sozialdemokratische Reichstagsfraktion (1881 - 1889), ZRG Germanistische Abteilung 98 (1981) 95 ff.

den staatlichen und gleichermaßen den patriarchalischen Gesichtspunkt"[415].

3. Die ersten Sozialversicherungsgesetze

3.1. Das UnfallversicherungsG 1884

3.1.1. Die Entwürfe und die Verabschiedung des Gesetzes

Als dringendstes Problem erschien die Regelung der Unfallversicherung, da die Arbeiter durch die bestehenden Haftpflichtregelungen kaum Aussicht auf Entschädigungsleistungen nach Arbeitsunfällen hatten. Der erste Entwurf vom März 1881 sah die Schaffung einer zentralen Reichsversicherungsanstalt vor, die den Arbeitnehmern gegenüber eine Leistungsgarantie übernahm. Die Versicherungspflicht sollte automatisch bei Eingehung eines Arbeitsvertrages entstehen. Für die Beitragsaufbringung war ein vom Verdienst des Versicherten abhängiger Modus vorgesehen, der sowohl Zahlungen der Unternehmer, der Versicherten als auch einen Reichsbeitrag vorsah.[416] Während die allgemeine Versicherungspflicht auf breite Akzeptanz stieß, gab es bei den Punkten des Reichsbeitrages und der Gründung einer Reichsversicherungsanstalt massive Gegnerschaft. Ein entsprechend abgeänderter Entwurf hätte zwar die Zustimmung im Reichstag gefunden, fiel jedoch - auf Betreiben Bismarcks, der diese Abweichung vom ursprünglich geplanten Gesetzestext nicht annehmen wollte[417] - bei der Abstimmung des Bundesrats durch.

---

[415] *Ullmann Hans-Peter*, Industrielle Interessen und die Entstehung der deutschen Sozialversicherung 1880 - 1889, Historische Zeitschrift Band 229 (1979) 580.

[416] *Umlauf*, Die deutsche Arbeiterschutzgesetzgebung 1880 - 1890, 51 f.

[417] "Hinsichtlich der Finanzierung der Sozialversicherung sah Bismarck aus zwei grundsätzlichen Erwägungen heraus von Anfang an einen staatlichen Zuschuß vor: Einerseits wollte Bismarck auf diese Weise einer zu großen Belastung der heimischen Wirtschaft (insbes. in Rücksicht auf deren Wettbewerbsfähigkeit gegenüber dem Ausland) vorbeugen, andererseits wollte er damit den Versicherten (den Arbeitern) das Gefühl vermitteln , daß der Staat an ihren sozialen Problemen tätigen Anteil nimmt." *Hofmeister*, Landesbericht, in: *Köhler/Zacher* (Hg), Jahrhundert 530.

Auch der zweite Entwurf vom Mai 1882, der eine unternehmensbezogene Struktur von genossenschaftlichen Versicherungsträgern unter der Kontrolle eines Reichsversicherungsamtes vorsah, fand nach langwierigen Diskussionen keine Zustimmung.

Erst nach Verabschiedung eines *KrankenversicherungsG*[418] gelang es dem dritten Entwurf die nötigen Mehrheiten zu finden. Organisatorisch lehnte sich das verabschiedete *UnfallversicherungsG*[419] eng an die zweite Fassung an. Der Reichszuschuß wurde fallengelassen und durch eine bloße Reichsgarantie bei Leistungsunfähigkeit einer Versicherungsgenossenschaft ersetzt. Der Unfallversicherung unterlagen Arbeiter bestimmter Betriebsarten sowie auch Angestellte mit einem festgelegten Jahreshöchsteinkommen.

3.1.2. Die Weiterentwicklung der Unfallversicherung

Zu einer wesentlichen Erweiterung des Versichertenkreises der Unfallversicherung kam es durch die Einbeziehung einer Reihe von Staatsbediensteten der Eisenbahn-, Post-, Heeres- und Marineverwaltung durch das sogenannte *AusdehnungsG*[420]. An diese Entwicklung schloß das *G betreffend die Fürsorge für Beamte und Personen des Soldatenstandes in Folge von Betriebsunfällen*[421] an. Ein knappes Jahr später folgten Regelungen der Unfallversicherung für Seeleute und alle bisher nicht erfaßten bei Bauten beschäftigten Personen.

Eine im Vergleich zum österreichischen Recht[422] äußerst fortschrittliche Entwicklung nahm der Unfallversicherungsschutz der land- und forstwirtschaftlichen Arbeiter. Bereits zwei Jahre nach Verabschiedung des ArbeiterunfallversicherungsG wurde das *G betreffend die Unfall-*

418 Dazu unten 3.2.
419 G v 6.7.1884, DRGBl 69.
420 G v 28.5.1885, DRGBl 159 ff. Dazu und zur Aufnahme weiterer Arbeitnehmer verschiedenster Gewerbezweige siehe *Umlauf*, Arbeiterschutzgesetzgebung 60.
421 G v 15.3.1886, DRGBl 53 ff.
422 Vergleiche Kap II.A.4.2.3.

und Krankenversicherung der in land- und forstwirtschaftlichen Betrieben beschäftigten Personen[423] verkündet.

3.2. Das KrankenversicherungsG 1883

Parallel zu den Verhandlungen zum zweiten Entwurf des UnfallversicherungsG wurde eine Krankenversicherung der Arbeiter diskutiert.[424] Ein neues Krankenversicherungswesen sollte - wie auch in Österreich - die Nachfolge der bereits bestehenden Kassensysteme (Hilfs-, Innungs- und Fabrikskassen) antreten und eine Zwangsversicherung für alle Arbeiter bieten.

Ein Reichszuschuß war nicht vorgesehen, die Beiträge sollten zu 1/3 von den Arbeitnehmern und zu 2/3 von den Arbeitgebern aufgebracht werden - neben der Tradition der Hilfskassen war dies wohl ein Grund dafür, daß sich rasch eine Mehrheit der Abgeordneten für das *KrankenversicherungsG*[425] aussprach.

Der Versichertenkreis war mit jenem der Unfallversicherung nahezu ident. Überdies hatten die Krankenkassen das Recht, in ihren Satzungen auch Familienangehörigen Versicherungsschutz einzuräumen. Finanziert wurden diese Mehrleistungen entweder zulasten der Beitragsgemeinschaft oder durch Zusatzbeiträge des einzelnen Versicherten.[426]

---

[423] G v 5.5.1886, DRGBl 132 ff. Die in diesem G normierte Krankenversicherung kannte keine Versicherungspflicht, sondern baute auf freiwilligen Versicherungsabschlüssen auf und bestimmte bei deren Fehlen die Gemeinden zum Ersatz der Heilungskosten.

[424] Obwohl ursprünglich in Bismarcks Versicherungskonzepten gar nicht vorgesehen, gelangte die Krankenversicherung vor der Unfallversicherung zum Abschluß. *Tennstedt* spricht vom "untergehobenen Kind" Krankenversicherungsgesetz (*Tennstedt*, Geschichte des Sozialrechts, in: *Maydell/Ruland* (Hg), Sozialrechtshandbuch 26).

[425] G v 15.6.1883 betreffend die Krankenversicherung der Arbeiter, DRGBl 73.

[426] *Zöllner*, Landesbericht, in: *Köhler/Zacher* (Hg), Jahrhundert 92 f.

3.3. Das Alters- und InvalidenversicherungsG 1889

Den Abschluß der ersten deutschen Sozialversicherungsgesetzgebung bildete nach 8-jährigen Vorberatungen das *G betreffend die Invaliditäts- und Altersversorgung*[427]. Obwohl eine Alterspension bereits in den kaiserlichen Botschaften als sozialpolitisches Ziel in Aussicht gestellt worden war, dauerte es aufgrund der Materie geraume Zeit bis ein Gesetzeswerk vorgelegt werden konnte. Die Idee der Altersrente[428] war eine Neuheit, der finanzielle Aufwand nicht abschätzbar. Das Alters- und InvalidenversicherungsG normierte eine drittelgeteilte Beitragsleistung durch Arbeitgeber, -nehmer[429] und das Reich.[430]

Das Alters- und InvalidenversicherungsG wurde 10 Jahre nach seiner Entstehung novelliert und neugefaßt und als *InvalidenversicherungsG*[431] wiederverlautbart.

---

[427] G v 22.6.1889, DRGBl 97 ff.

[428] Gewährt wurde die Rente ab einem Alter von 70 Jahren bzw bei Verlust von 2/3 der Erwerbsfähigkeit, Voraussetzung waren Beitragsleistungen über einen Zeitraum von 30 bzw 5 Jahren.

[429] Hier galt die Versicherungspflicht für alle Arbeiter und Angestellten unter dem Jahresverdienstlimit von 2000 Mark, was etwa dem dreifachen Durchschnittsverdienst eines Arbeiters entsprach.

[430] "Bismarcks ursprünglicher Plan [...] hatte noch die ausschließliche Finanzierung der Alters- und Invalidenversorgung aus staatlichen Mitteln vorgesehen. Die Einführung des Versicherungsprinzips für Alters- und Invalidenrenten, dh die jahrzehntelange Ansparung von Kapitalien durch Arbeitgeber und Versicherte, die den für Altersrenten erst mit 70 Jahren einsetzenden Versicherungsfall häufig nicht erlebten, war ein durchaus revolutionärer Schritt, der zu seiner Durchsetzung einer starken Staatsautorität bedurfte. Es ist daher kennzeichnend, daß obligatorische Rentenversicherungen für Arbeiter außerhalb Deutschlands sämtlich erst seit 1910 eingeführt wurden." *Ritter Gerhard A.*, Entstehung und Entwicklung des Sozialstaates in vergleichender Perspektive, Historische Zeitschrift, Band 243 (1986) 50 f.

[431] G v 19.7.1899, DRGBl 463 ff.

4. Die Reichsversicherungsordnung 1911

4.1. Die erste umfassende Sozialversicherungsgesamtkodifikation

Nach Inkrafttreten der Unfall-, Kranken- und Invaliden(Alters-)versicherung kam es zu einer relativen Beruhigung der sozialpolitischen Diskussion. Erst nach der Jahrhundertwende mehrten sich die Stimmen, die eine Vereinfachung der Bestimmungen und eine Gesamtregelung der drei Versicherungsarten in einem Gesetzeswerk forderten. Eine organisatorische Zusammenlegung der Versicherungen wurde von der Regierung abgelehnt, die Zusammenfassung der einschlägigen Bestimmungen in einem Gesetz jedoch in Aussicht genommen. 1911 wurde die *Reichsversicherungsordnung (RVO)*[432] (einschließlich einer Übergangsregelung) in Kraft gesetzt, die Bestimmungen der Rentenversicherung traten mit 1.1.1912, die der Unfallversicherung am 1.1.1913 und die der Krankenversicherung mit 1.1.1914 in Wirksamkeit.

Die RVO war in 6 Bücher (mit insgesamt 1804 §§) gegliedert, die neben den 3 Versicherungsarten die ihnen gemeinsamen Vorschriften, das Verwaltungsverfahren sowie die Beziehungen der Versicherungsträger zueinander und zu anderen regelten.

4.2. Änderungen und Ergänzungen der bisherigen Versicherungen

Bezüglich des Versichertenkreises ergab sich sowohl durch die Erhöhung der Jahresverdienstgrenzen[433] als auch durch ausdrückliche Einbeziehung einiger Berufsgruppen[434] eine bemerkenswerte Ausweitung. Weiters kam es zu Umorganisationen der Krankenkassen und zu einer Vereinheitlichung des Verfahrensrecht der Versicherungsträger.

---

[432] G v 19.7.1911, DRGBl 509 ff.

[433] Diese Erhöhungen vergrößerten jedoch nur bedingt die Zahl der Pflichtversicherten, weil es inzwischen auch zu erheblichen Steigerungen bei den Jahresdurchschnittseinkommen gekommen war. Vgl *Zöllner*, Landesbericht, in: *Köhler/Zacher* (Hg), Jahrhundert 107.

[434] Nunmehr wurden alle in der Landwirtschaft tätigen Arbeiter erfaßt, weiters Dienstboten und Wandergewerbetreibende.

Die wichtigste Änderung ergab sich jedoch durch die Einführung einer Hinterbliebenenversorgung (Witwen, Witwer und Waisen) in der Invalidenversicherung. Gewährt wurde eine Witwen- oder Witwerrente nur für den Fall der Invalidität bzw Erwerbsunfähigkeit. Obwohl die Rentenhöhen noch völlig unzureichend[435] waren, stellte die Einführung der Hinterbliebenenrente einen bedeutenden Entwicklungsschritt der Sozialgesetzgebung dar.

5. Das VersicherungsG für Angestellte 1911

Waren die "kleinen" Angestellten mit einem bestimmten Jahreshöchsteinkommen[436] bereits durch die bestehenden Sozialversicherungsgesetze erfaßt, so bildete sich nun eine Lobby[437] der Nichtversicherten, die eine Aufnahme in den Versicherungsschutz forderte. Diese breite Mittelstandsschicht fand in der Regierung einen willigen Partner, sah diese doch die Möglichkeit durch Schaffung einer eigenen Versicherung, die Angestellten aufzuwerten und dem Einfluß der Sozialdemokraten zu entziehen.[438] Bereits am 20.12.1911 - also nur wenige Monate nach der RVO - erfolgte der Beschluß des *VersicherungsG für Angestellte*[439].

Das AngestelltenversicherungG beinhaltete eine Invaliden- und Altersversicherung für alle Angestellten mit einem Jahresverdienst bis zu 5000 Mark, dh Angestellte, die bisher auch dem InvalidenversicherungsG unterlagen, waren nunmehr doppelt versichert. Im AngestelltenversicherungsG war kein Reichszuschuß vorgesehen, die Beiträge wurden je zur Hälfte von Arbeitgebern und Arbeitnehmern aufgebracht.

---

[435] Die Mindestrente entsprach etwa 9 % des Jahresdurchschnittseinkommens.

[436] Die Grenze belief sich nach Einführung der RVO in der Krankenversicherung auf 2500 Mark, in der Unfallversicherung auf 5000 Mark und in der Invalidenversicherung auf 2000 Mark (*Wannagat*, Lehrbuch des Sozialversicherungsrechts I 77).

[437] Die Angestellten unterschieden sich im Lebensstandard immer mehr von den Arbeitern und entwickelten ein Standesbewußtsein, dem die Bezeichnung "Privatbeamte" sehr entgegenkommt.

[438] *Zöllner*, Landesbericht, in: *Köhler/Zacher* (Hg), Jahrhundert 110.

[439] DRGBl 989.

Die Beitragslast war wesentlich höher als für die Arbeiter, der Leistungskatalog der Angestelltenversicherung jedoch erheblich besser. Alterspensionen wurden früher ausbezahlt, Hinterbliebenenpensionen ohne weitere Bedingungen, Invalidität (Berufsunfähigkeit) erforderte eine geringere Einschränkung der Arbeitskraft als bei Arbeitern[440] und für die Bereitstellung von Heilmitteln bzw Unterbringung in Kuranstalten standen mehr finanzielle Mittel zu Verfügung.

6. Die Weiterentwicklung der Sozialversicherung während der Weimarer Republik (1919 - 1932)

Es folgte abermals eine ruhige Periode der Sozialgesetzgebung, so gab es lediglich Detailänderungen und keine Neukodifikationen.[441] Bestehende Regelungen der Knappschaftsversicherungen (Kranken-, Unfall- und Invalidenversicherung der Beschäftigten im Bergbau) wurden im *ReichsknappschaftsG*[442] zusammengefaßt. In der Krankenversicherung wurden mehrmals die Versicherungspflichtgrenzen geändert, in der Invalidenversicherung die Doppelversicherung der Angestellten beseitigt und die Möglichkeit einer freiwilligen Versicherung geschaffen. Die größten Neuerungen verzeichnete der Bereich der Unfallversicherung, so wurden weitere Betriebe (keine Gefahrenbetriebe) von der Versicherungspflicht erfaßt, bestimmte Berufskrankheiten sowie der Wegeunfall von und zur Arbeit als leistungsauslösender Versicherungsfall normiert.[443] Die Vielzahl der kleinen Novellierungen veranlaßte 1924 zur Wiederkundmachung der *RVO*.[444]

---

440 Bei Angestellten genügte eine Minderung um die Hälfte, bei Arbeitern erfolgte die Pensionsauszahlung erst bei Verlust von 2/3 der Arbeitsfähigkeit.

441 Zur schwierigen finanziellen Lage der Sozialversicherungsträger während der Weltwirtschaftskrise und deren Reaktion darauf siehe *Zöllner*, Landesbericht, in: *Köhler/ Zacher* (Hg), Jahrhundert 117 ff.

442 G v 23.6.1923, DRGBl 431, 760.

443 *Wannagat*, Lehrbuch 80 f.

444 G v 15.12.1924, DRGBl 779.

Das VersicherungsG für Angestellte erlebte ebenfalls 1924 eine Neufassung[445] und gleichzeitig die dem Sprachgebrauch entsprechende Namensänderung auf *AngestelltenversicherungsG (AVG).*

7. Die Sozialversicherung in der Zeit des Nationalsozialismus (1933 - 1945)

"Die Entwicklung der Sozialversicherung während dieser Zeit folgte im Grundzug den sachlogischen Notwendigkeiten der bisherigen Entwicklung. Der gesicherte Personenkreis wurde erweitert, die Leistungsbeschränkungen der Depressionsjahre zögernd zurückgenommen, die Organisationsstruktur blieb im wesentlichen erhalten. Die Eingriffe des neuen Regimes in die Sozialversicherung waren nicht originär motiviert durch eigene sozialpolitische Vorstellungen, sondern abgeleitet aus allgemeinen politischen Wertungen insbesondere antidemokratischen und rassistischen Inhalts; sie lassen sich auf Macht- und Personalpolitik reduzieren."[446] Diese Personalpolitik äußerte sich vor allem dadurch, daß unliebsame Verwaltungsmitarbeiter (aber zB auch Kassenärzte) durch parteitreue Personen ausgetauscht wurden. Die Selbstverwaltung der Kassenträger fiel und wurde durch eine dem Führerprinzip entsprechende Leitungsstruktur ersetzt.[447] Eine dem nationalsozialistischen Regime entsprechende Vereinheitlichung und Zentralisierung der Sozialversicherungen wurde allerdings nicht durchgesetzt.

---

445 G v 28.5.1924, DRGBl 563.

446 *Zöllner,* Landesbericht, in: *Köhler/Zacher* (Hg), Jahrhundert 127. *Wannagat* spricht trotzdem von einer Zeit der "umfangreichen Änderungen" (*Wannagat*, Lehrbuch 87).

447 Gesetzliche Grundlage dafür bildete das *G v 5.7.1934 über den Aufbau der Sozialversicherung (AufbauG),* DRGBl 577. In diesem G findet sich auch erstmals der Begriff "Rentenversicherung" als Bezeichnung der Invaliden- bzw Angestelltenversicherung, ein Ausdruck, der noch heute in der bundesdeutschen Rechtssprache gebräuchlich ist.

Materiellrechtlich sind besonders die Aufnahme aller in der Handwerksrolle eingetragenen Handwerker in die Angestelltenversicherung[448], die 1941 erfolgte Einbeziehung der Rentner in die Krankenversicherung[449] sowie die Änderung des bisherigen Systems der Betriebsunfallversicherung in eine Versicherung gegen Arbeitsunfälle (in Form einer Personenversicherung)[450] zu nennen.

8. Die Entwicklung der Sozialversicherung seit 1945

Nach Kriegsende wurden in der Bundesrepublik Deutschland (westliche Besatzungszone) die sozialversicherungsrechtlichen Normen (mit Ausnahme typisch nationalsozialistischer Bestimmungen) weiter in Geltung gelassen, das System unter Leitung der Alliierten bei Berücksichtigung der extremen wirtschaftlichen Lage[451] demnach aufrechterhalten. Kam es anfangs noch zu Divergenzen zwischen einzelnen Ländern bzw den Besatzungszonen, so ebnete die gemeinsame Verwaltung der britischen und der amerikanischen Zone den Weg für eine weiterhin einheitliche Entwicklung[452] im Sozialversicherungsrecht.[453]

---

[448] *G v 21.12.1938 über die Altersversorgung für das Deutsche Handwerk*, DRGBl 1900. Die Selbständigen waren dann von der Beitragszahlung befreit, wenn sie eine private Versicherung in gleicher Höhe nachweisen konnten.

[449] DRGBl 41.

[450] G v 9.3.1942, DRGBl 107.

[451] Überraschenderweise konnten die zwangsweisen Leistungskürzungen zum Großteil bereits 1947 wieder rückgängig gemacht werden.

[452] *Jahn*, Allgemeine Sozialversicherungslehre 33.

[453] Auf die speziell für Kriegsgeschädigte und Flüchtlinge erlassenen Regelungen möchte ich nicht näher eingehen, ebensowenig auf die Anpassungs- und Übergangsnormen nach dem vollständigen Rückzug der Allierten. Siehe dazu die umfassende Darstellung bei *Zöllner*, Landesbericht, in: *Köhler/Zacher* (Hg), Jahrhundert 134 ff.

8.1. Die Unfallversicherung

Eine Reform der Unfallversicherung erfolgte erst durch das *Unfallversicherungs-NeuregelungsG* v 30.4.1963[454], das eine stärkere Betonung der Unfallverhütung sowie Entschädigungen bei Berufskrankheiten brachte. Die Normen der Unfallversicherung haben sich als äußerst beständig erwiesen, erst mit dem *Unfallversicherungs-EinordnungsG* v 7.8.1996 (UVEG)[455] kam es zur Eingliederung in das Sozialgesetzbuch (siehe unten 8.4.).

8.2. Die Krankenversicherung

In diesem Bereich kam es zu einer kontinuierlichen Ausdehnung des Leistungskataloges sowie der Aufnahme weiterer Personengruppen[456] in den Versicherungsschutz. Eine 1959 geplante verstärkte Beteiligung der Versicherten an Arzt- und Heilungskosten konnte gegen den massiven Widerstand sowohl der Gewerkschaften als auch der Ärzteschaft nicht durchgesetzt werden.[457] Durch G v 16.6.1988[458] wurde das Krankenversicherungsrecht aus der RVO herausgenommen und im Sozialgesetzbuch geregelt.

8.3. Die Rentenversicherung

Die grundlegendsten Änderungen nach Ende des 2. Weltkrieges und seit Inkrafttreten der RVO erfuhr der Normenkomplex der Rentenversicherung. Das *Arbeiterrentenversicherungs-NeuregelungsG* und das *Angestelltenversicherungs-NeuregelungsG* v 23.2.1957[459] bewirkten eine

---

[454] DBGBl 241.

[455] DBGBl 1254.

[456] Den Rentnern folgten Studenten und Berufspraktikanten, Landwirte sowie selbständige Künstler und Publizisten.

[457] *Zöllner,* Landesbericht, in: *Köhler/Zacher* (Hg), Jahrhundert 152 f.

[458] DBGBl 2477.

[459] DBGBl 45 u 88.

rechtliche Angleichung der Bestimmungen für Arbeiter und Angestellte und die Aufgabe der Bezeichnung "Invalidenversicherung" zugunsten der "Rentenversicherung der Arbeiter". Weiters wurde eine neue dynamische Rentenformel normiert und das bisher bereits praktizierte Umlageverfahren gesetzlich verankert. Ziel war es, den Altersrenten den Charakter des bloßen Zuschusses zu nehmen und echte Lohnersatzleistungen anzubieten.[460] Dieser Rechtsvereinheitlichung folgte das *Knappschaftsrentenversicherungs-NeuregelungsG* v 21.5.1957[461]. Die organisatorische Trennung der Versicherungen blieb aufrecht, seit 1969 kam es allerdings zu einem Finanzausgleich zwischen der Arbeiter- und der Angestelltenversicherungsanstalt.

Die Aufnahme der Landwirte in die Pflichtversicherung normierte das *G über die Altershilfe für Landwirte (GAL)*[462], was einen wichtigen Schritt in Richtung umfassender Absicherung der Selbständigen bedeutete. Das G über die Altersversorgung für das Deutsche Handwerk wurde 1960 durch das *HandwerkerversicherungsG*[463] abgelöst.

Durch das *RentenreformG 1992*[464] wurde auch der Bereich der Rentenversicherung in das Sozialgesetzbuch eingefügt.

8.4. Das Sozialgesetzbuch 1975

Nach zahllosen Neukodifikationen bzw Novellierungen im sozialrechtlichen Bereich in den 60er und 70er Jahren folgte das wohl umfassendste Projekt einer Rechtsvereinheitlichung durch die Schaffung des Sozialgesetzbuches (SGB). Das gesamte Sozialrecht sollte vereinfacht und

---

460 *Ruland*, Rentenversicherung, in: *Maydell/Ruland*, Sozialrechtshandbuch 889.

461 DBGBl 533.

462 G 27.7.1957, DBGBl 1063; die Gewährung eines Altersgeldes war von der Hofübergabe abhängig, die Finanzierung erfolgte auf breiter Basis durch den Staat.

463 G v 8.9.1960, DBGBl 737.

464 Diese Bezeichnung ist irreführend, es handelt sich um das G v 18.12.1989, DBGBl 2261.

quasi en bloc normiert werden.[465] Für den Bereich der Sozialversicherung sind die Teile SGB I (Allgemeiner Teil), SGB IV (Gemeinsame Vorschriften für die Sozialversicherung), SGB V (Krankenversicherung), SGB VI (Rentenversicherung), SGB VII (Unfallversicherung) sowie SGB X (Verwaltungsverfahren) relevant.[466]

9. Schlußfolgerungen

Die Entwicklung der deutschen Sozialversicherungsgesetze scheint im Vergleich mit den österreichischen Rechtssetzungsereignissen eine wesentlich unkompliziertere und schnellere gewesen zu sein. Der Gesetzgeber ging hier von der raschen Verwirklichung einer Kranken-, Unfall- und Alterssicherung für die arbeitende Bevölkerung aus. Die Einbeziehung von einzelnen Berufsgruppen in das Versicherungssystem erfolgte kontinuierlich und scheinbar ohne größere Widerstände der Betroffenen. Weiters ist es gelungen, über Standesgrenzen hinweg weitgehend einheitliche Regelungen zu schaffen sowie diese auch in einem Normenapparat zu verbinden und nicht bloß annähernd gleiche Parallelbestimmungen in Kraft zu setzen.

Was den inhaltlichen Bestand der Normen betrifft, kann ebenfalls von einem Erfolg gesprochen werden. Das deutsche "mit dem Namen Bismarck verbundene System hat sowohl bezüglich seiner institutionellen Grundzüge als auch bezüglich seiner rechtlichen Grundstruktur eine im Hinblick auf die vielen, teilweise katastrophalen Wechselfälle, denen es ausgesetzt war, erstaunliche Kontinuität bewiesen."[467]

---

465 Zur Diskussion um die Sinnhaftigkeit eines solchen Projekts siehe *Gitter*, Probleme bei der Kodifizierung des deutschen Sozialrechts, in: *Wannagat/Gitter* (Hg), Fechner-FS 223 ff.

466 Zum Inkraftreten der einzelnen Teile (zwischen 1975 und 1992) siehe *Gitter*, Sozialrecht 25 u 60 f, das UVEG trat mit 1.1.1997 in Geltung.

467 *Zöllner,* Landesbericht, in: *Köhler/Zacher* (Hg), Jahrhundert 178.

B. Das Ehescheidungsrecht vom ausgehenden 18. bis ins 20. Jahrhundert

1. Die Rechtsvielfalt in den deutschen Ländern im 18. und 19. Jahrhundert

Die Rechtslandschaft in den deutschen Ländern war in dieser Periode eine uneinheitliche. Was das Zivilrecht betraf, konnten drei große Sphären unterschieden werden.[468] Im Westen in den Rheinprovinzen links des Rheinufers setzte sich auch nach dem Ende der Herrschaft und Einflußnahme Napoléons französisches Recht durch. Der Code civil (auch Code Napoléon) war hier oft mit leichten Modifikationen direkt angewahnt oder wie im Großherzogtum Baden als Badisches Landrecht verkündet worden.[469] In den mitteldeutschen Königreichen und Herzogtümern wie Hannover, Hessen, Oldenburg, Württemberg und Bayern[470] hielten sich gemeinrechtliche, aus dem römischen Recht rezipierte Normen, die jedoch wiederum von Region zu Region unterschiedlich waren. Im Königreich Preußen kam es zu einer Neukodifiktion der zivilrechtlichen Bestimmungen im Allgemeinen Landrecht für die preußischen Staaten (ALR).

Die Scheidungsnormen des ALR und des Code civil sollen hier ihrer großen Bedeutung wegen näher vorgestellt werden. Auf gemeinrechtliche Bestimmungen wird nicht eingegangen, weil sie zur Zeit der Entstehung der Sozialversicherungsgesetze bereits durch das ALR überlagert waren.

---

468 *Schlosser*, Grundzüge der Neueren Privatrechtsgeschichte 95 ff.

469 Zur Einführung des Code Napoléon in Deutschland siehe *Seidensticker*, Einleitung in den Codex Napoleon 466 und *Schubert*, Französisches Recht in Deutschland zu Beginn des 19. Jahrhunderts.

470 Während der Zugehörigkeit Bayerns zum Rheinbund versuchte man die Neukodifikation des Zivilrechts nach Vorbild des französischen Code Napoléon durchzusetzen. Jedoch bereits vor Zusammenbruch der Napoléonschen Herrschaft erfolgte die Rückkehr zum seit 1756 in Geltung stehenden Codex Maximilianeus Bavaricus Civilis, auch Chur-Bayrisches Landrecht genannt (*Schubert*, Recht 162 ff).

1.1. Das Allgemeine Landrecht für die preußischen Staaten von 1794

1.1.1 Die Stellung des Eherechts im allgemeinen

Obwohl das ALR[471] zunächst nur als Subsidiärrecht neben den einzelnen Eheordnungen der Länder bestehen sollte[472], entwickelte es sich rasch zur entscheidenden Rechtsquelle des Eherechts im preußischen Königreich. Die einzelnen Stadt- und Landrechte enthielten meist spezielle Detailregelungen und wurden durch kirchenrechtliche Vorschriften (der katholischen und protestantischen Kirche) ergänzt. Das ALR beinhaltete die Kodifikation des gesamten Familien- und Eherechts, die systematische Einordnung erfolgte im Anschluß an das Gesellschaftsrecht (Teil II, Titel 1 - 5). Es bestand keine direkte Verbindung mehr zu den Kirchensachen (Teil II, Titel 11 ff).[473]

Diese Einordnung des Eherechts verdeutlicht die Bewertung der Eheangelegenheiten zur damaligen Zeit. Ehe wurde nicht länger im Sinn der katholischen Lehre als göttliches Sakrament gesehen, Luther verwarf den Grundsatz der Unauflöslichkeit der Ehe, und die preußische Rechtsordnung verwirklichte diese protestantische Tradition konsequent im ALR[474]. Sie machte die Ehe zum Mittel staatlicher Interessendurchsetzung, ohne allerdings die Mitwirkung der Kirche an der Eheschließung aufzuheben.[475] Die eherechtlichen Bestimmungen des ALR waren für Angehörige aller Religionsgemeinschaften gleich, verweigerte die jeweilige Kirche eine Eheschließung aus staatlich nicht anerkannten

---

471 Das Allgemeine Landrecht für die preußischen Staaten trat mit 1.6.1794 in Kraft, gebräuchlicher ist die Bezeichnung Preußisches Allgemeines Landrecht, abgekürzt ALR.

472 Zur Entstehungsgeschichte des ALR siehe die Einführung bei *Hattenhauer/Bernert* (Hg), Allgemeines Landrecht für die Preußischen Staaten von 1794, 11 ff.

473 *Schwab*, Grundlagen und Gestalt der staatlichen Ehegesetzgebung in der Neuzeit 224.

474 Alle in diesem Kap folgenden §§ beziehen sich auf den II. Teil 1. Titel des ALR.

475 Die protestantische Kirche selbst hatte keine Änderung der zivilrechtlichen Beurteilung der Ehe gefordert, erst die Naturrechtslehre "interpretierte die Ehe als grundlegende Einrichtung der durch das Profanrecht nach politischer Vernunft geregelten Sozialordnung" (*Buchholz Stephan*, Savignys Stellungnahme zum Ehe- und Familienrecht, Ius commune VIII (1979) 149).

Gründen, wurde dem Betreffenden die Trauung nach einer anderen Religion gestattet.[476] Erst durch G v 6.2.1875[477] kam es zur Einführung der obligatorischen Ziviltrauung vor einem Standesbeamten.[478]

1.1.2. Das materielle Recht

Die Bestimmungen des Scheidungsrechts waren geprägt von der Idee, daß die Ehen dem Staat ein stetes Bevölkerungswachstum garantieren sollten.[479] Die Familie als Keimzelle des Staates sollte geschützt werden, eine Ehe war daher nur durch richterlichen Spruch "aus sehr erheblichen Ursachen" auflösbar. Waren jedoch die Eheleute so aussichtslos zerstritten, daß die Erfüllung des Ehezwecks nicht mehr absehbar war, so sollte der Wille der Ehepartner nach Trennung der Ehe und Selbstbestimmung geachtet werden.[480]

---

476 Derartige Situationen ergaben sich beispielsweise bei der Wiederverheiratung von geschiedenen Katholiken. Protestantische Geistliche übernahmen hier quasi die Abwicklung einer "Notziviltrauung". § 735 ALR überlies es der Gewissensentscheidung des betroffenen Geschiedenen, ob er von dieser Möglichkeit Gebrauch machte, die für ihn im Regelfall einen Ausschluß von allen katholischen Sakramenten bedeutete. Ein absolutes Heiratsverbot normierte das ALR im § 25 zwischen Ehebruchspartnern. Auch hier kam es allmählich zu Aufweichungen, ab 1875 war die Dispenserteilung von diesem Eheschließungsverbot gesetzlich vorgesehen.

477 G über die Beurkundung des Personenstandes und die Eheschließung, DRGBl 23.

478 Dieses PersonenstandsG trat mit 1.1.1876 in Kraft. Die bereits 1848 in der Verfassungsurkunde für den preußischen Staat und 1849 in der Frankfurter Reichsverfassung unternommenen Versuche der Festsetzung der Ziviltrauung als primäre Eheschließungsform waren 1850 wiederum suspendiert worden.

479 *Giesen*, Familienrecht 40 spricht von einem "zweckrationalistischen Geist", in dem das Eherecht des ALR verfaßt wurde.

480 *Weber-Will*, Die rechtliche Stellung der Frau im Privatrecht des Preußischen Allgemeinen Landrechts von 1794, 137.

1.1.2.1. Die Scheidungsgründe

Das ALR kannte eine umfangreiche und detailliert ausgeführte Liste von Scheidungsgründen, klassischerweise vorangestellt war der Ehebruch (II 1 §§ 669 ff ALR), der jedoch mit "anderen ähnlichen Lastern" einen Tatbestand bildete. Der schuldlose Teil konnte auf Scheidung klagen, lag auf beiden Seiten ein Ehebruch vor, war nur der Mann klageberechtigt.[481]

Einen weiteren Scheidungsgrund bildete das "böswillige Verlassen". In diesem Scheidungsgrund wurde auch indirekt die Wohnungsfolgepflicht der Ehefrau normiert, bei deren Nichteinhaltung dem Ehemann die Scheidungsklage zustand (§ 679).

Scheidung konnte weiters begehrt werden bei (vorsätzlicher) Versagung der ehelichen Pflicht (§§ 694 f) bzw (auch unverschuldetem) Unvermögen zur Leistung der ehelichen Pflicht. Dieser letzte in §§ 696 f normierte Scheidungsgrund umfaßte auch andere Abscheu erregende Krankheiten. Die Scheidung wurde auch zugelassen, wenn ein Partner dem Wahnsinn verfiel (§ 698) oder dem anderen nach Leben oder Gesundheit trachtete (§ 699). Bei der Ehrenkränkung und Verletzung der persönlichen Freiheit (§§ 700 f) wurde nach dem Stand der Eheleute differenziert. Man ging davon aus, daß in niederen Kreisen ein rauherer Umgangston üblich war und somit keinen Scheidungsgrund darstellte. Ein verbrecherischer oder sonst unordentlicher Lebenswandel des anderen (§§ 704 - 710) konnte ebenfalls ein Scheidungsbegehren zulässig machen, genauso der Wechsel der Religion (§ 715).

Die Ehefrau konnte bei unterlassener Unterhaltsleistung sofort auf Scheidung klagen, wenn der Mann selbstverschuldet (Ausschweifungen und unordentlicher Lebenswandel) in Armut geraten war. Anderenfalls mußte sie zuerst auf Unterhalt klagen, erst bei beharrlicher Weigerung der Zahlung konnte die Scheidung eingereicht werden (§§ 711 ff).

---

[481] Daß es keineswegs selbstverständlich war, daß ein Ehebruch des Mannes überhaupt einen Scheidungsgrund bildete, betont *Weber-Will*, Stellung 138.

Einen auf den ersten Blick modernen Ansatz beinhalteten die §§ 716 ff mit der Möglichkeit der einverständlichen Scheidung sowie der Scheidung wegen unüberwindlicher Abneigung. Das ALR war hier jedoch keineswegs revolutionär, bereits frühere deutsche Eheordnungen und Gesetzesentwürfe[482] kannten die einvernehmliche Scheidung unter verschiedenen Voraussetzungen. Das ALR normierte die Auflösung der Ehe bei gegenseitigem Einverständnis, wenn dem nicht die Interessen etwaiger Kinder entgegenstanden und keine Übereilung der Entscheidung zu befürchten war. Eine Zerrüttung der Ehe mußte nicht nachgewiesen werden. Hier schlug die Idee des Vertragscharakters der Ehe voll durch: bei übereinstimmendem Willen der Eheleute konnten sich diese wieder aus ihrer gegenseitigen Verpflichtung lösen.

Bei der einseitig begehrten Scheidung aus unüberwindlicher Abneigung hatte der Richter sehr wohl den Zustand der Ehe zu überprüfen und diese nur in besonders krassen Fällen zu trennen. Der auf die Scheidung beharrende Gatte wurde bezüglich der Scheidungsfolgen wie ein schuldiger Teil gestellt.

1.1.2.2. Die Scheidungsfolgen

Mit der Scheidung galt die Ehe als vollständig getrennt, eine Wiederverheiratung war allen unabhängig von ihrem religiösen Bekenntnis gestattet. Ob hierin ein etwaiger Widerspruch mit seinen religiösen Vorstellungen vorlag und welche Konsequenzen er daraus zog, hatte jeder selbst zu entscheiden.[483]

Für die vermögensrechtliche Auseinandersetzung war ein Schuldspruch im Scheidungsurteil notwendig. Nach Trennung der Ehegattenvermö-

[482] Der Codex Fridericianus aus 1748 und der ein Jahr später veröffentlichte Teil des Corporis Juris Fridericiani, der allerdings nur in wenigen Gebieten Preußens in Kraft trat, kannten bereits die einvernehmliche Scheidung. Dazu *Savigny*, Darstellung der in den Preußischen Gesetzen über die Ehescheidung unternommenen Reformen 258 f und *Schwab*, Grundlagen 224.

[483] Zur Wiederverheiratung von Katholiken siehe oben FN 476.

gen[484] stand nämlich dem schuldlosen Teil ein Abfindungsanspruch zu. Diese Abfindung stellte eine Art Vertragsstrafe dar, die - abhängig vom Verschuldensgrad und sofern keine gegenteiligen Vereinbarungen getroffen worden waren (§§ 785 ff) - bis zu einem Viertel des Vermögens des schuldig erklärten Teils betragen konnte. Waren beide Teile für schuldig erklärt, so trafen den überwiegend schuldigen Ehegatten (§§ 747 ff) allein die nachteiligen Folgen der Abfindungsverpflichtung.

Die unschuldig geschiedene Ehefrau konnte anstelle der Scheidungsabfindung auch die Gewährung der standesgemäßen Verpflegung bis an ihr Lebensende fordern. Hierbei hatte sie sich eigene Einkünfte aus ihrem Vermögen anrechnen zu lassen (§§ 798 ff). Dem unschuldigen Ehemann stand ein derartiger Anspruch nur zu, wenn er sich wegen seines Alters oder aus Krankheitsgründen nicht selbst versorgen konnte. Ähnlich gestaltete sich die Bestimmung (§§ 759 f), wonach ein unverschuldet erkrankter oder dem Wahnsinn verfallener Ehepartner vom die Scheidung begehrenden Teil jedenfalls notdürftige Verpflegung erhalten mußte, sofern der Unterhalt nicht aus eigenem Vermögen gewonnen werden konnte.

Konnte wegen Vermögenslosigkeit des schuldigen Teils vom ihm weder eine Abfindung noch eine Verpflegung erreicht werden, wurde dieser zu einer Gefängnisstrafe verurteilt (§ 823).

Die geschiedene Ehefrau behielt den Stand des Ehemannes nach der Scheidung bei, wurde sie schuldig geschieden, fiel sie in einen früheren niederen Stand zurück. Eine schuldlos geschiedene Frau höheren Standes kehrte nach der Scheidung in diesen zurück (§§ 738 ff). Namensrechtlich konnte die geschiedene Frau zwischen der Beibehaltung ihres Ehenamens und der Rückkehr zu einem früheren Namen wählen, einer schuldig Geschiedenen konnte der Exgatte die Führung seines Namens untersagen (§§ 741 f).

---

[484] Beim gesetzlichen Güterstand der Verwaltungsgemeinschaft wurde wie bei der Auflösung der Ehe durch Tod verfahren. Das eingebrachte Vermögen der Frau erlebte je nach Art der Vermögensmasse (Immobilien, Mobilien, Bargeld) unterschiedliche Aufteilungen. Zu den genauen Grundsätzen *Weber-Will*, Stellung 105 ff.

1.1.3. Die Erschwerung der Scheidungsmöglichkeiten durch das Verfahrensrecht

Dem liberalen Ehescheidungsrecht stand eine strenge Verfahrensordnung[485] gegenüber, die es dem Richter auf vielfältige Weise erlaubte, ein Scheidungsbegehren von Beginn an zurückzuweisen bzw während des Verfahrens niederzuschlagen oder auszusetzen. Über die Judikatur gelang es konservativen Kreisen, wieder vermehrt Einfluß auf Eherechtsangelegenheiten zu nehmen. In der Zeit von 1844 bis 1849[486] wurde das Scheidungsverfahren generell von den Gerichten 1. Instanz an die Obergerichte übertragen, was eine wesentliche praktische Erschwerung (wie längere Anreisewege und höhere Kosten) für Scheidungswillige bei der Durchsetzung ihres Begehren bedeutete.[487]

Initiiert wurde diese Prozeßneuregelung von Kaiser *Friedrich Wilhelm IV.*, der zunächst - zur "Entfernung aller den Lehren des Christentums widersprechenden Grundsätze" - eine Eherechtsreform einmahnte. Der für die Neuordnung zuständige Minister, *Friedrich Carl von Savigny*, scheiterte zwar mit seinem Gesetzesentwurf zur Revision des Eherechts am breiten Widerstand der Öffentlichkeit, seine Ideen blieben jedoch von entscheidendem Einfluß für die weitere Eherechtsentwicklung. So führte die V über das Verfahren in Ehesachen v 28.6.1844 - an *Savigny* anknüpfend - die Mitwirkung des Staatsanwalts in Ehescheidungsverfahren ein. Dieser hatte das öffentliche Interesse zu vertreten und war "zu allen Erklärungen und Anträgen, welche sich auf die Aufrechterhaltung der Ehe beziehen, jedoch nicht zur Einlegung von Rechtsmitteln, ermächtigt" (§ 7 der V). Er erhielt somit den Gesetzesauftrag zur Durchsetzung konservativer Wertvorstellungen.[488]

---

[485] Allgemeine Gerichtsordnung für die Preußischen Staaten aus 1793.

[486] V v 28.6.1844 über das Verfahren in Ehesachen und V v 2.1.1849 über die Neuorganisation der Gerichte. Per Verordnungsweg wurden liberale Bestimmungen des ALR aufgeweicht und so dem herrschenden politischen Klima angepaßt (*Blasius*, Ehescheidung 68).

[487] *Blasius*, Ehescheidung 53.

[488] Zur Rolle *Savignys* bei der Reform des Ehescheidungsverfahrens *Blasius*, Reform gegen die Frau, in: *Gerhard* (Hg), Frauen in der Geschichte des Rechts 666 ff.

Als zweite, dem Scheidungsverfahren vorgeschaltete Kontrollinstanz wurden die Geistlichen eingesetzt. Die scheidungswilligen Eheleute hatten sich einem Sühneversuch zu unterziehen, bevor sie ihr Begehren bei Gericht vorbringen konnten. Auf Anregung *Savignys* wurde den Seelsorgern eine Berichtspflicht über ihre Erfolge bei derartigen Versöhnungsversuchen auferlegt, was deren Eifer besonders angespornt haben dürfte.[489] Da katholische Priester die Ausstellung der von den Gerichten geforderten Atteste über den Sühneversuch in zunehmendem Maß verweigerten, und das Scheidungsbegehren in solchen Fällen zurückzuweisen gewesen wäre, wurde mit V v 30.3.1847 ein gerichtlicher Sühneversuch zugelassen. Diese Vorschrift war primär auf Personen ohne Bekenntnis zugeschnitten, wurde jedoch für Katholiken, denen vom zuständigen Priester das Sühneattest verweigert wurde, analog angewandt.

Damit kündigte sich in Eheangelegenheiten ein erster Schritt der Abkehr vom klerikal geprägten Konservatismus hin zur liberalen Ära an, die in der Zeit rund um die Reichsgründung (1871) ihren Höhepunkt fand. Die Bewahrung der ALR-Ehe(scheidungs)rechtsprinzipien war die politische Zielsetzung, die jedoch à la longue nicht durchgehalten werden konnte.

1.2. Das Scheidungsrecht des Code civil

1.2.1. Die Charakteristika des Eherechts des Code civil

Der Code civil[490] wird in der Literatur meist als revolutionäres Gesetzeswerk und als Grundlage vieler Zivilrechtskodifikationen in der ganzen Welt beschrieben.[491] Die weite Verbreitung der Bestimmungen des

---

[489] *Blasius*, Ehescheidung 67 ff.

[490] Das G wurde am 21.3.1804 als "Code civil des Francais" in Kraft gesetzt und erhielt 1807 den Namen "Code Napoléon".

[491] So " ... ist der Code Napoléon in Europa als das Symbol der Revolution angesehen worden und hat überall, wo er verbreitet wurde, den ständischen Rechtspartikulismus zurückgedrängt und die Liberalisierung der Gesellschaft gefördert" (*Fehrenbach*, Traditionale Gesellschaft und revolutionäres Recht 9). "Unter den großen Kodifikationen, die in

Code civil ist unzweifelhaft,[492] der Geist der Kodifikation jedoch gerade was das Familien- und insbesondere Eherecht betrifft äußerst umstritten. So räumen *Zweigert/Kötz* ein, daß bei näherer Betrachtung auch "ein gerütteltes Maß an Konservatismus, an zähem Beharren auf überkommenen Rechtseinrichtung"[493] zu finden ist. *Marianne Weber* schreibt, daß das französische Eherecht "von allen jetzt geltenden Gesetzen die Züge des mittelalterlichen Patriarchalismus am reinsten und längsten bewahrt hat."[494] Das revolutionäre Prinzip der bürgerlichen Gleichheit fand im Eherecht im Verhältnis von Mann und Frau keinen Niederschlag, die Vorrangstellung des Mannes wurde als einer natürlichen Ordnung entsprechend angesehen. Weiters bedurfte es der elterlichen bzw großelterlichen (sprich väterlichen oder großväterlichen) Zustimmung zur Heirat, was als weiterer Ausdruck der "Erhaltung eines patriarchalisch organisierten Familienverbandes"[495] gesehen werden muß.

1.2.2. Die Scheidungsmöglichkeiten nach dem Code civil

Der Code civil unterschied zwischen der Trennung der Ehe dem Bande nach (der Scheidung im engeren Sinn) und der Sonderung der Eheleute von Tisch und Bett. Letztere war in Frankreich vor Inkrafttreten des Code civil die einzige Möglichkeit der Aufhebung der ehelichen Bindung gewesen und wurde mit Rücksicht auf das kanonische Recht beibehalten. Man ließ dem einzelnen bei Vorliegen eines entsprechenden Scheidungsgrundes die Wahl, ob er eine Scheidung oder Sonderung der

---

Mittel- und Westeuropa um die Wende vom 18. zum 19. Jahrhundert in Kraft getreten sind, nimmt der französiche Code civil nach seiner geistigen Bedeutung und seiner geschichtlichen Ausstrahlungskraft unbestritten die erste Stelle ein." *Zweigert/Kötz*, Einführung in die Rechtsvergleichung auf dem Gebiete des Privatrechts I 92 f.

[492] Zur Übernahme in den einzelnen Ländern siehe *Seidensticker*, Einleitung 443 ff. *Caroni*, Privatrecht 85, führt den Erfolg des Code civil einerseits auf die militärische Expansionspolitik Napoléons und andererseits auf die große Interpretationsflexibilität des Gesetzes zurück.

[493] *Zweigert/Kötz*, Einführung 93.

[494] *Weber*, Ehefrau und Mutter in der Rechtsentwicklung 318.

[495] *Zweigert/Kötz*, Einführung 94.

Ehe anstrebte. Diese Möglichkeit wurde für die deutschen, den Code civil anwendenden Länder mit G v 6.2.1875 aufgehoben, die Sonderung von Tisch und Bett wurde abgeschafft.[496]

1.2.2.1. Die Scheidungsgründe

Der Code civil kannte 3 Scheidungsgründe, aus denen ein Ehepartner auf Scheidung klagen konnte. Es waren dies der Ehebruch (Art 229, 230), grobe Mißhandlungen oder schwere Beleidigungen des Ehepartners (Art 231) sowie die endgültige Verurteilung eines Teils zu einer Leibes oder entehrenden Strafe[497] während der Ehe (Art 232).

Die Bestimmungen der Art 229 und 230 waren wohl die umstrittensten des französischen Scheidungsrechts. Demnach war dem Ehemann die Scheidungsklage aufgrund eines Ehebruchs der Ehefrau uneingeschränkt möglich. Die Frau konnte ihren ehebrechenden Mann nur dann auf Scheidung der Ehe klagen, wenn er seine Ehebruchspartnerin im "gemeinsamen Hause gehalten hat".[498] Als gemeinsames Haus galt in jedem Fall die Wohnung des Ehemannes, auch wenn sich die Ehefrau für längere Zeit nicht dort aufhielt. "Außer dem Hause war ihm jedes Maß von Untreue straflos und folgenlos gestattet. Dagegen konnte der betrogene Ehemann sich nicht nur von der untreuen Frau scheiden [...] lassen, und sie straflos töten, falls er sie in flagranti ertappte, - die wegen Ehebruch geschiedene oder getrennte Frau wurde außerdem [...] zu einer Gefängnisstrafe von 3 Monaten bis zu 2 Jahren verurteilt, - ihr Mitschuldiger blieb dagegen völlig straffrei."[499] Die Ungleichbehandlung von Ehemann und -frau bei der Scheidungsklage aufgrund eines Ehebruchs war nur einer der vielen Ansatzpunkte der feministischen

---

496 *Crome*, Handbuch des Französischen Civilrechts III 152.

497 Zur Schwierigkeit der Anwendung dieses Scheidungsgrundes aufgrund der in den deutschen Ländern anderen Strafrechtsbestimmungen siehe *Crome*, Handbuch 103 FN 13.

498 Typisches Beispiel war die Aufnahme eines ehebrecherischen Verhältnisses mit einem im Haus beschäftigten Dienstmädchen.

499 *Weber*, Ehefrau 326.

Rechtskritik am französischen Kodifikationswerk des Code civil, doch schon *Crome* spricht von der "Ungerechtigkeit der Bestimmung".[500]

Gegen eine Scheidungsklage konnten Einreden aufgrund einer Versöhnung, des Verzichts und der Verjährung geltend gemacht werden.

Eine weitere Scheidungsmöglichkeit bestand aufgrund der Bestimmungen der Art 275 ff aufgrund wechselseitiger Übereinstimmung der Ehegatten. Neben dem Erreichen bestimmter Altersgrenzen der Ehegatten und einer vorgeschriebenen Ehedauer[501] bedurfte es der Zustimmung beider Elternpaare (bei deren Tod der Zustimmung der übrigen Verwandten) sowie einer schriftlichen Einigung über die Vermögensauseinandersetzung, den weiteren Aufenthalt der Ehefrau und der Kinder sowie der einstweiligen Unterhaltsgewährung durch den Mann.

Eine Sonderung der Eheleute von Tisch und Bett war gem Art 306 f nur aufgrund der Bestimmungen der Art 229 - 232, nicht jedoch aufgrund gegenseitiger Einwilligung möglich. War eine solche Trennung von Tisch und Bett ausgesprochen worden, hatten die Ehepartner gem Art 310 nach Ablauf von 3 Jahren die Möglichkeit die Umwandlung der Sonderung in eine Scheidung zu begehren.[502]

---

500 Man versuchte daher in Deutschland jeden Ehebruch des Mannes als grobe Beleidigung der Ehefrau zu interpretieren und so jedenfalls als Scheidungsgrund zuzulassen. Siehe *Crome*, Handbuch 99 FN 3. Der französische Gesetzgeber reagierte erst mit G v 27.7.1884, das die Ehegatten diesbezüglich gleichstellte.

501 Der Mann muß 25, die Frau 21 - höchstens jedoch 45 Jahre - alt sein, die Ehe muß mindestens 2 Jahre, darf aber keine 20 Jahre bestanden haben.

502 Diese Regelung beschränkte sich ursprünglich auf den Beklagten des Scheidungs- bzw Sonderungsverfahrens, wurde jedoch später auch auf den klagenden Ehepartner ausgedehnt, sodaß beide eine endgültige Auflösung der Ehe initiieren konnten. *Crome*, Handbuch 127 f u 163 f.

1.2.2.2. Die Scheidungsfolgen

Nach den Bestimmungen des Code civil konnten geschiedene Ehegatten einander nicht wieder heiraten, weiters war eine Ehe zwischen Ehebruchspartnern keinesfalls zulässig.[503] Die geschiedene Frau war nicht berechtigt, weiterhin den Namen des Mannes zu führen. Der schuldlose Teil durfte Schenkungen, die er dem Ehepartner gemacht hatte, zurückfordern. Weiters konnte dem an der Scheidung unschuldigen Ehepartner bei Bedarf eine Unterhaltssumme zugesprochen werden, die jedoch ein Drittel der Einkünfte des Schuldigen nicht übersteigen durfte und zu kürzen war, wenn der Verpflichtete nicht mehr imstande war, die Zahlungen zu erbringen, oder sich die Vermögensumstände des Berechtigten besserten.

Die Erziehungsgewalt über die Kinder wurde im Regelfall ebenfalls dem an der Scheidung schuldlosen Teil zuerkannt, jedenfalls verlor der andere sämtliche Nutzungsrechte am Kindesvermögen.[504]

1.2.3. Das Scheidungsverfahren

Zum im Code civil normierten Scheidungsverfahren ist anzumerken, daß es sich um äußerst komplizierte und langwierige Verfahrensvorschriften handelte, die bestens geeignet waren, Scheidungswillige von ihrem Vorhaben abzuhalten. Neben einer Reihe von einzuhaltenden Fristen und der oftmaligen Wiederholung von Verfahrensschritten (mehrmalige Versöhnungsversuche, zwingende Wiederholung von Anträgen) war es vor allem die Vielzahl der Beteiligten, die das Verfahren erschwerten. Neben der richterlichen Entscheidung bedurfte es der Mitwirkung einer Reihe von Zeugen, des Staatsanwalts sowie eines Civilstandsbeamten, um eine Scheidung rechtskräftig werden zu lassen.[505]

---

503 *Förtsch*, Vergleichende Darstellung des Code civil und des Bürgerlichen Gesetzbuches für das Deutsche Reich 26 f.

504 Zu den detailierten Bestimmungen der Scheidungsfolgen siehe *Crome*, Handbuch 141 ff.

505 *Schubert*, Recht 439 f.

2. Die Bestimmungen des Bürgerlichen Gesetzbuches aus 1900

2.1. Die Abkehr vom liberalen Scheidungsrechts des ALR

Nach dem Reichszusammenschluß 1871 setzten verstärkt Bemühungen um die Kodifikation eines einheitlichen bürgerlichen Gesetzbuches für alle deutschen Staaten ein, um die Rechtszersplitterung endgültig zu beseitigen.[506] Im Jahr 1874 kam es zur Bildung einer ersten Gesetzgebungskommission, 1887 folgte der 1. Entwurf, der bald als zu kompliziert und umfangreich wieder verworfen wurde. Dem 2. Entwurf folgte eine nur mehr geringfügig geänderte 3. Fassung, die nach Beschluß durch den Reichstag schließlich vom Bundesrat gebilligt wurde. Das *Bürgerliche Gesetzbuch (BGB)*[507] trat mit 1.1.1900 in Kraft.

Materiell rechtlich verwirklichte das BGB einen Wertewandel. Das BGB war kein vom aufgeklärten Absolutismus produziertes Normengebilde zur umfassenden Lenkung der Bürger wie das ALR, sondern Ausdruck der Interessendurchsetzung der herrschenden Kreise. Die Vorstellungen des wirtschaftlich prosperierenden Bürgertums prägten den Norminhalt, was eine extreme Betonung der Eigentums- und Vertragsfreiheiten einerseits und eine patriarchalisch-konservative Wende im Bereich des Familienrechts bedeutete. "Der neue bürgerliche Patriarchalismus - wirtschaftlich opportun und ideologisch gut vorbereitet - bediente sich des Rechts zur Legitimation seines Machtmißbrauchs. Insbesondere die Entwicklung des bürgerlichen Familienrechts wurde zum Vehikel überholter, patriarchalischer Interessen und institutionalisiert einen Patriarchalismus eigener Art."[508]

---

[506] 1873 wurde dem Reich die Gesetzgebungskompetenz für die Regelungen des gesamten bürgerlichen Rechts übertragen.

[507] G v 18.8.1896, DRGBl 195.

[508] So *Gerhard*, Verhältnisse und Verhinderungen 154, zum stetigen Abbau der frauenfreundlichen Ansätze der Bestimmungen des ALR.

Stein des Anstoßes war unter anderem das weiterhin bestehende alleinige Entscheidungsrecht des Ehemannes in Familienangelegenheiten (§ 1354) sowie die zwischen den Ehegatten normierte Arbeitsteilung (§§ 1356, 1360).[509] Auch das Scheidungsrecht des BGB mußte im Vergleich zu den Bestimmungen des ALR als Rückschritt angesehen werden.[510] "Sozialkonservativen Zielen dienten auch zahlreiche Regelungen des Familienrechts. Dies zeigt sich [...] vor allem auch in der Erschwerung des Scheidungsrechts gegenüber dem preußischen ALR und dem französischen Recht."[511]

2.2. Die Scheidungsgründe des BGB

"Im Sinne der deutschen Regierungen sollte das BGB die Ehescheidungen enge begrenzen. Das BGB hat zu diesem Zweck viele Scheidungsgründe, welche das preußische ALR zuließ, beseitigt, insbesondere gilt dies für Ehescheidung durch gegenseitige Einwilligung und wegen unüberwindlicher Abneigung."[512] Das BGB kannte mit Ausnahme des § 1569 (Scheidung wegen Geisteskrankheit) nur mehr eine Scheidung aus Verschulden eines Ehegatten. Weiters unterschied es zwischen absoluten, eine Scheidung unbedingt begründenden, und relativen Scheidungsgründen. Bei den relativen oblag es dem Richter neben dem Vorliegen des Scheidungstatbestandes auch noch die dadurch bewirkte tiefgehende Zerrüttung der Ehe festzustellen, sodaß dem klagenden Ehepartner die Fortsetzung der Ehe nicht zumutbar war. Das richterliche Ermessen hatte hierbei einen weiten Spielraum.[513]

---

509 *Weber*, Ehefrau 421 ff.

510 Die damalige feministische Kritik am ehelichen Güterrecht sowie Scheidungsrecht des BGB analysiert *Berneike*, Die Frauenfrage ist Rechtsfrage 22 u 30.

511 *Schubert*, Das bürgerliche Gesetzbuch von 1896, in: *Hofmeister* (Hg), Kodifikation als Mittel der Politik 22.

512 *Dernburg*, Das bürgerliche Recht des Deutschen Reichs und Preußens IV 76 f.

513 *Dernburg*, Recht 78. *Weber*, Ehefrau 548, verweist auf die Unsicherheit eines Scheidungsbegehrens, das auf eine schuldhafte Zerrüttung der Ehe aufbaute, und die durch Richterentscheid bedingte Aufrechterhaltung völlig zerstörter Ehen.

Die absoluten Scheidungsgründe waren in den §§ 1565 -1567 und 1569 normiert: es waren dies der Ehebruch und ihm gleichgestellte Sittlichkeitsdelikte[514], die Lebensnachstellung, bösliche Verlassung sowie die Geisteskrankheit. Im Gegensatz dazu berechtigte § 1568 einen Ehegatten nur dann zur Scheidungsklage, wenn der andere durch eine schwere Verletzung der ehelichen Pflichten oder durch ein unsittliches Verhalten die Ehe so tief zerrüttet hatte, daß dem klagenden Teil die Fortsetzung der Ehe nicht zugemutet werden konnte. Bei der Beurteilung, ob eine Zerrüttung der Ehe durch das gesetzte Verhalten möglich war, hatte der Richter fallspezifisch nach Bildungsgrad, Persönlichkeit und gesellschaftlicher Stellung der Ehegatten abzuwägen.[515]

Als Besonderheit kannte das BGB in § 1575 f die Möglichkeit der Aufhebung der Ehe. Voraussetzung war das Vorliegen eines Scheidungsgrundes, dem Kläger stand es jedoch offen, statt auf Scheidung auf Aufhebung zu klagen. Eine bloße Aufhebung der Ehe hatte zur Folge, daß beide Teile an ihr Treueversprechen gebunden waren und keine neue Ehe eingehen konnten. Daher war auch eine formlose Wiederaufnahme der Ehe zwischen den Getrennten möglich. Der Geklagte hatte jedoch jederzeit die Möglichkeit, den Ausspruch der Scheidung durchzusetzen. Genauso konnte der Kläger auch noch nach erfolgter Trennung auf eine Scheidungsklage umschwenken.[516]

2.3. Die Scheidungsfolgen

Nach der Scheidung kam es zur Vermögensauseinandersetzung zwischen den Ehegatten.[517] Das Erbrecht erlosch bereits mit Einbringung

---

[514] Gemeint waren hier die nach dem Strafgesetzbuch verfolgten Handlungen der Bigamie, der gleichgeschlechtlichen Unzucht unter Männern sowie Unzucht mit Tieren.

[515] *Planck*, Bürgerliches Gesetzbuch nebst Einführungsgesetz IV 321.

[516] Zu dieser Konstruktion siehe *Planck*, Gesetzbuch 315 f u 326 f.

[517] Das Ehegüterrecht (§§ 1363 ff) bestimmte ein ehemännliches Verwaltungs- und Nutzungsrecht am Vermögen der Ehefrau - mit Ausnahme des Vorbehaltsgutes der Frau und einiger Fälle der ex lege Gütertrennung. Bei der Ehescheidung erloschen die Rechte des Mannes am Vermögen der Ehefrau (§§ 1418 ff). Dazu *Dernburg*, Recht 134 ff u 168 f.

einer Scheidungsklage (§ 1933). Weiters konnten gem § 1584 binnen Jahresfrist nach Rechtskraft der Scheidung Schenkungen, die dem schuldig geschiedenen Teil während des Verlöbnisses oder der Ehe gemacht worden waren, widerrufen werden.

Die Unterhaltsansprüche zwischen den Geschiedenen bestimmten sich nach §§ 1578 ff. Hier zeigten sich ebenfalls deutliche Unterschiede zum ALR. Das BGB gewährte einer schuldlos geschiedenen Frau nur dann Unterhalt, wenn sie ihn nicht selbst aus Vermögen oder Erwerb bestreiten konnte. Eine Erwerbstätigkeit wurde von ihr nur dann verlangt, wenn nach den Verhältnissen, in denen die Ehegatten lebten, eine Berufstätigkeit der Ehefrau üblich war. Einem Ehemann war die aus Verschulden geschiedene Frau nur dann Unterhalt schuldig, wenn er außer stande war, sich selbst aus Einkommen oder Vermögen zu unterhalten.

"Voraussetzung des Unterhaltsanspruchs des geschiedenen Ehegatten ist - abgesehen davon, daß die Ehe aus dem alleinigen Verschulden des anderen Theiles geschieden sein muß, - Bedürftigkeit auf der Seite des berechtigten und Leistungsfähigkeit auf der Seite des verpflichteten Ehegatten."[518] Ein unterhaltspflichtiger Teil hatte sich Kürzungen seines eigenen Unterhalts bis zur Grenze des notdürftigen Unterhalts gefallen zu lassen. War ein neuer Ehepartner oder ein minderjähriges Kind zu versorgen, entschied das Gericht gem § 1579 nach Billigkeit über vorzunehmende Kürzungen.

Die Namensführung durch die geschiedene Ehefrau war in § 1577 geregelt und entsprach den Bestimmungen des ALR.

---

518 *Planck*, Gesetzbuch 329.

2.4. Die weitere Diskussion der Scheidungsregelungen des BGB zur Zeit der Weimarer Republik

Die strengeren Scheidungsbestimmungen des BGB führten zu keiner realen Änderung der Scheidungszahlen.[519] Die konservative Regierung reagierte darauf 1910 mit einem Erlaß des Justizministeriums, in dem die Gerichte aufgefordert wurden, verstärkt (in den Fällen eines § 1568-Klagebegehrens) von der amtswegigen Aussetzung des Scheidungsverfahren Gebrauch zu machen.[520]

In den 20 er Jahren kam es zu einer breiten Diskussion des Scheidungsrechts in liberalen und sozialdemokratischen Kreisen. Die Weimarer Reichsverfassung v 11.8.1919 hatte eine Verfassungsgarantie der Ehe unter der programmatischen Anordnung "Sie beruht auf der Gleichberechtigung der Geschlechter." (Art 119 Abs 1 Satz 2) normiert. Zivilrechtlich[521] reagierte der Gesetzgeber allerdings nicht auf dieses Gleichheitspostulat.[522]

Aufgrund der steigenden Zahl der durch die bestehenden Unterhaltsregelungen in ihrer Existenz bedrohten geschiedenen Personen (insbesondere der Frauen) ergingen Vorschläge zur Abkehr vom Verschuldens- hin zum reinen Zerrüttungsprinzip bei der Ehescheidung[523] bzw zumindest in Richtung einer Ergänzung des BGB um einen Schei-

---

519 Man wird davon ausgehen können, daß in zahlreichen Fällen Scheidungsgründe fingiert und von einem Partner eingestanden wurden, um überhaupt eine Scheidung zu ermöglichen.

520 *Blasius*, Ehescheidung 156 f.

521 4 Themenkreise bildeten den Schwerpunkt etwaiger Reformüberlegungen: das Recht der unehelichen Kinder, das Ehescheidungsrecht, das Ehegüterrecht sowie allgemeine Fragen des Eherechts, sprich des Verhältnisses der Ehegatten zueinander.

522 Zur damaligen, juristischen Diskussion siehe *Schwab*, Gleichberechtigung und Familienrecht im 20. Jahrhundert, in: *Gerhard* (Hg), Frauen in der Geschichte des Rechts 796 ff.

523 So zB der Reformentwurf des "Verband Eherechtsreform" bei *Schubert*, Die Projekte der Weimarer Republik zur Reform des Nichtehelichen-, des Adoptions- und des Ehescheidungsrechts 82 FN 4.

dungsgrund aufgrund Zerrüttung.[524] Damit gekoppelt wären verschuldensunabhängige Unterhaltsansprüche nach Billigkeit möglich gewesen. Die immer wieder in Gang gebrachten Debatten in Regierungs- und Parlamentskreisen sowie die vorgelegten Entwürfe scheiterten jedoch an den fehlenden politischen Mehrheiten. Ein Referentenentwurf des Justizministeriums[525] wurde in der Begutachtung von den Ländern mehrheitlich abgelehnt und anschließend in der Zeit von 1922 bis 1932 von Ausschuß zu Ausschuß verwiesen, ohne zu einem positiven Abschluß zu gelangen.[526]

3. Das Scheidungsrecht unter der Herrschaft des Nationalsozialismus (1933 - 1945)

3.1. Der Einfluß der NS-Ideologie auf das Eherecht

Unmittelbar nach der Machtergreifung der Nationalsozialisten wurde eine Neuregelung des Eherechts in Aussicht genommen. Hierbei zeigte sich zunächst der eindeutige Trend der Abkehr vom BGB, insbesondere, was eine Erleichterung der Ehescheidungen betraf. Andererseits sollte aber nicht die individuelle Entscheidung der Scheidungswilligen sondern das Staatsinteresse an der Ehe als völkischem Ordnungsinstrument bestimmend sein.[527]

Die rassischen Prinzipien wurden hinsichtlich der Eheschließung bereits in den Jahren 1933 - 1935 mittels Einzelgesetzgebung und ohne Änderung der bestehenden Eherechtsnormen des BGB durchgesetzt. Das *G*

---

[524] *Schwab*, Gleichberechtigung, in: *Gerhard* (Hg), Frauen 814 f.

[525] *Schubert*, Projekte 455 ff.

[526] Dazu sowie zur engen Koppelung der Scheidungsdiskussion mit anderen Familienrechtsthemen und daraus resultierenden Verzögerungen bei der Durchsetzung *Schubert*, Projekte 83 ff.

[527] *Blasius*, Ehescheidung 194 ff, bietet in seiner Entwicklungsgeschichte des EheG 1938 eine umfassende Übersicht über die Überlegungen der damaligen Gesetzgeber, insbesondere auch zu den Auffassungsunterschieden der einzelnen Ministerien und beratenden Gremien.

gegen Mißbräuche bei der Eheschließung und der Annahme an Kindes Statt[528], weiters das *ReichsbürgerG*, das *G zum Schutze des deutschen Blutes und der deutschen Ehre*[529] sowie das *G zum Schutze der Erbgesundheit des deutschen Volkes* (=EhegesundheitsG)[530] normierten das Verbot bzw die Nichtigkeit gemischtrassiger, "für die Volksgemeinschaft unerwünschter" Ehen. Die Scheidungsjudikatur zu bereits vorher bestehenden "Rassemischehen" vollzog den Wandel von anfänglicher Gleichbehandlung dieser mit arischen Ehen zu einer extrem rassefeindlichen Auslegung des Scheidungsrechts.[531]

3.2. Das EheG 1938

Durch das *EheG 1938*[532] wurden die Bestimmungen der §§ 1303 - 1352 BGB bezüglich der Eingehung, Nichtigkeit und Anfechtbarkeit der Ehe und der Wiederverheiratung im Fall der Todeserklärung sowie die Normen zur Scheidung der Ehe (§§ 1564 - 1587) außer Kraft gesetzt. Bedeutete die Einführung des EheG 1938 im Deutschen Reich keine so grundlegende Reform der Eheangelegenheiten wie in Österreich, so ergaben sich bezüglich der Scheidungsgründe im Vergleich zum BGB doch wesentliche Änderungen; insbesondere die Abkehr vom Verschuldensprinzip war jedoch wieder nicht gelungen.

4. Die Entwicklung des Ehe(scheidungs)rechts seit 1945

4.1. Die Neufassung des EheG aus 1946

Nach Ende des Krieges übernahm auch in Deutschland ein alliierter Kontrollrat die Regierungsgeschäfte und erließ am 20.2.1946 ein

[528] DRGBl 1933/979.
[529] DRGBl 1935/1146.
[530] DRGBl 1935/1246.
[531] Mit Fallbeispielen dazu *Rüthers*, Auslegung 403 ff.
[532] Bezüglich des Inkrafttretens und der materiellen Bestimmungen des EheG verweise ich auf das Kap II. B. 2.

EheG[533]. Dieses modifizierte das EheG 1938, indem es einige Vorschriften nationalsozialistischen Inhalts[534] strich und beispielsweise dem Scheidungstatbestand der Zerrüttung (nunmehr § 48 des neuen G) eine Kinderschutzklausel (Abs 3)[535] hinzufügte. Diese Scheidung aufgrund Zerrüttung und Heimtrennung erlebte durch die Judikatur einen eklatanten Wandel. Das NS-Reichsgericht war noch vom Prinzip der Scheidbarkeit einer zerrütteten und völkisch dadurch wertlosen Ehe ausgegangen, ein Widerspruch des anderen Teils zur Scheidung wurde nur ausnahmsweise beachtet. Der Bundesgerichtshof lehnte diesen Ausnahmegrundsatz ab und entwickelte ihn zum Gegenteil, ein Scheidungswiderspruch verhinderte in der Regel eine Scheidung.[536]

4.2. Das Gesetz zur Reform des Ehe- und Familienrechts 1976/77

Mit dem *Ersten G zur Reform des Ehe- und Familienrechts (1. EheRG)*[537] verwirklichte der deutsche Gesetzgeber einen entscheidenden Schritt in der Entwicklung des Ehescheidungsrechts, wobei er Bestimmungen über die Ehe und Ehescheidung wieder in das Bürgerliche

533 G Nr. 16 des Kontrollrats, Amtsbl 4, 77.

534 Es waren dies die Tatbestände der Scheidung aufgrund der Verweigerung der Fortpflanzung und aufgrund Unfruchtbarkeit.

535 *Lehmann/Heinrich*, Deutsches Familienrecht 132: "Infolge dieser Änderungen tritt die Bedeutung des Opfergedankens, der durch den Eheschluß übernommenen Verantwortung, wieder mehr in den Vordergrund. Auf die sittlichen Pflichten, die aus der Ehe erwachsen, ist der Nachdruck zu legen, nicht auf die Aufgabe der Ehe, der Vermehrung und Erhaltung der Art und Rasse zu dienen." Der Bestand einer Ehe sollte damit im Sinn traditioneller Familienpolitik wieder Aufgabe persönlicher, sittlicher Verantwortung sein und nicht Instrument staatlicher Zwecke.

536 "Damit wurde eine Regelung, die ursprünglich den bevölkerungspolitischen Zielen des Nationalsozialismus zu dienen bestimmt war, äußerlich unverändert in eine von ganz anderen Wertanschauungen bestimmte Epoche übernommen." Vgl *Rüthers*, Auslegung 411. Der § 48 EheG wurde durch das FamilienrechtsänderungsG v 11.8.1961, DBGBl 1221, neu gefaßt, um der bestehenden Judikatur eine angepaßte gesetzliche Grundlage zu bieten.

537 G v 14.6.1976, DBGBl 1421. Das G trat mit 1.7.1977 in Kraft.

Gesetzbuch integrierte.[538] Das 1. EheRG bedeutete die Abkehr vom bisher im Scheidungsrecht geltenden Verschuldensprinzip hin zum Zerrüttungsprinzip.[539] Als Grund für die Neuorientierung wurde neben der Schwierigkeit der einwandfreien, gerichtlichen Feststellung des Verschuldens eines Ehepartners und der Überbewertung der Schuldaussprüche auch die unbefriedigende Lage selbst des schuldlos geschiedenen Ehepartners (in der Regel der Ehefrau) in Bezug auf Unterhaltsansprüche genannt.[540]

4.2.1. Die Scheidungsmöglichkeiten

Eine Ehe kann nunmehr gem § 1565 dann geschieden werden, wenn sie gescheitert ist, also "die Lebensgemeinschaft der Ehegatten nicht mehr besteht und nicht erwartet werden kann, daß die Ehegatten sie wiederherstellen".

Das Scheitern der Ehe wird im Gesetz bei einer Trennung[541] der Ehegatten über einen bestimmten Zeitraum angenommen. § 1566 Abs 1 legt eine unwiderlegbare Zerrüttungsvermutung nach Ablauf eines Jahres fest, wenn beide Ehegatten den Scheidungsantrag stellen bzw einer dem An-

---

[538] Die §§ 41 - 77 des EheG 1946 wurden außer Kraft gesetzt, die Regelungen zur Ehescheidung und den Scheidungsfolgen in den §§ 1564 - 1587 BGB normiert.

[539] Dem vorangegangen war eine umfassende Diskussion auf höchster politischer Ebene über das Verständnis von Ehe und Familie, wobei auch die Stellung der Frau im Erwerbsleben als zentraler Aspekt mitbehandelt wurde. In einem Bericht der Bundesregierung der Bundesrepublik Deutschland aus dem Jahr 1966 wurde noch am konservativen Frauenbild der bürgerlichen Frauenbewegung festgehalten. Trotz des Bekenntnisses zu formaler Rechtsgleichheit zwischen den Geschlechtern schienen Einschränkungen der Frau im Ehe- und Familienrecht möglich und verfassungskonform. Erst 10 Jahre später erfolgte durch die Eherechtsreform ein klares Bekenntnis zum partnerschaftlichen Modell im Eherecht.

[540] *Adomeit*, Die Ehescheidung und ihre Folgen, in: *Kühn/Tourneau* (Hg), Familienrechtsreform - Chance einer besseren Wirklichkeit? 71.

[541] Der Trennungsbegriff ist sehr weit auszulegen, man kann auch dann von einer Trennung sprechen, wenn die Ehepartner zB aus materiellen Gründen zwar noch in derselben Wohnung leben, aber eindeutig ist, daß die eheliche Lebensgemeinschaft nicht mehr aufrechterhalten wird. Auch kurzfristige Versöhnungsversuche schaden dem Fristenlauf nicht. Zum Trennungsbegriff siehe *Kissel* (Hg), Ehe und Ehescheidung I 86 ff.

trag des anderen zustimmt. Gem Abs 2 reicht nach 3-jähriger Trennung das Scheidungsbegehren eines Ehepartners, eine Zustimmung des anderen ist nicht mehr erforderlich, es sei denn, die Härteklausel des § 1568 ist erfüllt. Dies ist der Fall, wenn dem Scheidungsbegehren Interessen gemeinsamer, minderjähriger Kinder entgegenstehen oder die Scheidung für den Antragsgegner eine unangemessene Härte darstellen würde. Nach 5-jähriger Trennung entfällt auch dieses Hindernis.

Besteht die Trennung der Ehe noch kein Jahr (§ 1565 Abs 2), so ist einem Scheidungsantrag nur in besonderen Härtefällen stattzugeben, dh ein Festhalten an der Ehe würde für den die Scheidung beantragenden Partner eine besondere Belastung darstellen.[542]

4.2.2. Die Scheidungsfolgen

Wer von den Ehepartnern für das Scheitern der Beziehung verantwortlich ist oder daran "Schuld" hat, ist für die Scheidung und deren Rechtsfolgen unbeachtlich. Ein Unterhaltsanspruch nach der Scheidung, der in den §§ 1569 ff geregelt ist, richtet sich allein nach der Bedürftigkeit eines Partners und der Frage, ob ihm oder ihr eine Selbstversorgung möglich und zumutbar ist.[543] Eigene Einkünfte und eigenes Vermögen sind anzurechnen, jedoch bestimmt § 1574, daß der geschiedene Ehepartner nur einer ihm angemessenen Erwerbstätigkeit nachgehen muß.[544] Um einen Mißbrauch dieser sehr weit interpretierbaren Bestimmung zu verhindern, gebietet die Billigkeitsklausel des § 1579 ein Abwägen in die

---

[542] Entscheidend ist, ob die Fortführung der Ehe oder die Wiederaufnahme der ehelichen Lebensgemeinschaft zumutbar ist. Hier muß die strengste, sprich die Scheidung am schwersten ermöglichende Interpetation gewählt werden. Vergleiche *Schwab* , Das materielle Scheidungsrecht, in: *Schwab* (Hg), Handbuch des Scheidungsrechts 447.

[543] Zu den eine eigene Erwerbstätigkeit ausschließenden Gründen gehören die Erziehung eines minderjährigen Kindes, Alter, Krankheit, Arbeitslosigkeit oder das Nachholen einer wegen der Ehe unterbrochenen Ausbildung (§§ 1570 - 1573 u 1575). Weiters enthält § 1576 eine sogenannte "positive Billigkeitsklausel" (*Kissel* (Hg), Ehe 125), die die Unterhaltsgewährung aus sonstigen schwerwiegenden, nicht aufgezählten Gründen rechtfertigt.

[544] Zur Höhe des einforderbaren Unterhalts siehe *Giesen*, Familienrecht 216 f u 219 ff.

andere Richtung. Unterhalt kann nicht gefordert werden, wenn die Inanspruchnahme des geschiedenen Partners für diesen grob unbillig wäre. Unbilligkeit bestimmt sich nach einer Reihe von im Gesetz aufgezählten Gründen, zB wenn ein Gatte seine Bedürftigkeit mutwillig herbeigeführt hat. Zu den angeführten Beispielen kommt weiters ein generalklauselartiger Tatbestand, der von Gründen spricht, die ebenso schwer wiegen wie die aufgezählten.[545] "Das unterhaltsrechtliche Verhältnis zwischen den früheren Ehegatten folgt nun den allgemeinen Voraussetzungen des Unterhaltsrechts: Bedürftigkeit auf der einen, Leistungsfähigkeit auf der anderen Seite, ..."[546]

Treffen ein geschiedener und ein neuer Ehepartner aufeinander, so wird der 1. bezüglich seiner Unterhaltsansprüche bevorzugt behandelt, wenn der 2. bei einer fingierten Scheidung keinen Unterhaltsanspruch erwarten kann. Auf eine derzeitige Unterhaltsgewährung an den 2. Ehepartner kann sich der Verpflichtete nicht berufen. Stünde dem 2. Ehegatten ein Unterhaltsanspruch nach der Scheidung zu, geht der 1. trotzdem vor, wenn ihm Unterhalt gem § 1570 (Betreuung eines Kindes) oder § 1576 (Billigkeitsklausel) zukommt. Begründet wurde diese Bevorzugung damit, daß "die neue Ehe von vorneherein mit wirtschaftlichen Nachteilen belastet ist, die von dem neuen Ehegatten, der ja davon Kenntnis hatte, mitzutragen sind"[547].

Die vermögensrechtliche Auseinandersetzung nach der Scheidung erfolgt bei Bestehen des gesetzlichen Güterstandes der Zugewinngemeinschaft (§ 1363) durch den sogenannten Zugewinnausgleich.[548] Rechnerisch geht man von einem jeweiligen Ausgangsvermögen (§ 1374) der

---

[545] Einen Überblick zu den Unterhaltsregelungen bieten *Dieckmann*, Die Unterhaltsansprüche geschiedener und getrennt lebender Ehegatten nach dem 1. EheRG, FamRZ 1977, 81 ff sowie nach neuestem Entscheidungsstand *Gernhuber/Coester-Waltjen*, Lehrbuch des Familienrechts 403 ff; *Henrich*, Familienrecht 175 ff; *Schwab*, Familienrecht 179 ff.

[546] *Adomeit*, Ehescheidung, in: *Kühn/Tourneau* (Hg), Familienrechtsreform 74.

[547] *Kissel* (Hg), Ehe 129.

[548] Diese Vermögensaufteilung wurde durch das GleichberechtigungsG v 18.6.1957, DBGBl 609 eingeführt.

Eheleute zum Zeitpunkt der Heirat aus, dem alles während der Ehe Erwirtschaftete und Ersparte[549] hinzugefügt wird. Der Ehegatte, dessen Zugewinn bei der Scheidung höher ist, muß die Hälfte der zwischen den beiden Vermögen bestehenden Differenz dem anderen Partner ausgleichen (§ 1378). Dieser Ausgleich beruht auf der Idee, daß beide Ehegatten gleichermaßen von dem profitieren sollen, was während der Ehe erworben wurde. Worin der Beitrag des einzelnen besteht, soll dabei keine Rolle spielen. So leistet derjenige, der sich der Haushaltsführung oder Kinderbetreuung widmet, einen gleichwertigen Beitrag wie der, der einer Erwerbsarbeit nachgeht. Da Arbeitsleistungen für die Familie schwer in Geld zu werten sind, erfolgt der Ausgleich nur bezüglich der Vermögenswerte.[550] Beendet ein Ehepartner die Ehe ohne Vermögen bzw mit Schulden, so wird der Zugewinn mit Null angenommen. Es gibt keinen negativen Zugewinn, "die Zugewinngemeinschaft ist keine Risiko- oder Verlustgemeinschaft"[551]. Eine in diesem Zusammenhang wichtige Absicherung enthält § 1389, nach dem ein Teil vom anderen ab Rechtshängigkeit des Scheidungsverfahren eine Sicherheitsleistung des Ausgleichsvermögens fordern kann, wenn Gefahr besteht, daß es dem Ausgleich entzogen werde könnte.

[549] Gem § 1374 Abs 2 werden auch bestimmte nach Beginn des Güterstandes erworbene Vermögen (zB Erbschaften) dem Anfangsvermögen zugezählt und nicht als Zugewinn gewertet. Andererseits bestimmt § 1375 Abs 2, daß auch Beträge, die ein Partner leichtsinniger- oder böswilligerweise nicht erworben hat, fiktiv anzurechnen sind.

[550] Eine Doppelbelastung eines Partners durch Berufs- und Familienarbeit wird diesem daher nicht im vollen Wert honoriert, denn auch hier kommt es bei einem Vermögensüberhang zu einer Aufteilung seines erworbenen Kapitals. Zur genauen Berechnung und Abwicklung des Zugewinnausgleichs siehe *Giesen*, Familienrecht 148 ff und *Schwab*, Zugewinnausgleich, in: *Schwab* (Hg), Handbuch des Scheidungsrechts 1445 ff.

[551] *Giesen*, Familienrecht 149.

4.2.3. Der Unterhalt für Kranken- und Altersvorsorge und der Versorgungsausgleich

Gem § 1578 Abs 1 Satz 4 BGB umfaßt der nach der Scheidung geschuldete Unterhalt den gesamten Lebensbedarf. Gem Abs 2 gehören hierzu ausdrücklich die Kosten einer angemessenen Krankenversicherung, sofern der Berechtigte nicht selbst in der gesetzlichen Krankenversicherung erfaßt ist. Weiters hat der Unterhaltsberechtigte[552] gem Abs 3 Anspruch auf die Kosten einer Versicherung für den Fall des Alters oder der Berufs- oder Erwerbsunfähigkeit.[553] Ersetzt werden die Kosten der Selbstversicherung des unterhaltsbeziehenden, geschiedenen Partners, die konkrete Höhe der Zahlungen richtet sich nach dem den ehelichen Lebensverhältnissen entsprechenden Standard. Der Berechtigte kann den Versicherungsträger, bei dem er sich versichern möchte, selbst wählen. Besteht keine Mißbrauchsgefahr[554], so werden die Beiträge vom Unterhaltsbezieher selbst eingezahlt und nicht vom Verpflichteten.[555] Der Vorsorgeunterhalt wegen Alters oder Berufsunfähigkeit kann entfallen, wenn der Berechtigte bereits eine Altersversorgung zu erwarten hat.[556]

Das durch das 1. EheRG geschaffene Institut des Versorgungsausgleichs ist zentraler Anknüpfungspunkt der rentenrechtlichen Absicherung geschiedener Ehepartner in der Bundesrepublik Deutschland. Die Ausführungen dazu bleiben daher dem entsprechenden Kap im Abschnitt III. C. vorbehalten.

---

552 Ausgenommen sind die Fälle der Unterhaltszahlung gem § 1575 aufgrund einer Aus- oder Fortbildung sowie bei einer Umschulung.

553 Zur zeitlichen Begrenzung dieses Unterhalts *Giesen*, Familienrecht 214; eingehend zum Thema des sogenannten Vorsorgeunterhalts *Molkentin*, Krankenversicherungsbedarf und Altersversorgungsbedarf im Unterhalt geschiedener und getrennt lebender Ehegatten.

554 Mißbrauchsgefahr bedeutet den Verdacht, daß die Unterhaltszahlungen nicht für die Einzahlung einer Sozialabsicherung, sondern für sonstige Zwecke verwendet werden. In diesem Fall kann die direkte Einzahlung durch den Verpflichteten angeordnet werden.

555 *Borth*, Ehegattenunterhalt, in: *Schwab* (Hg), Handbuch des Scheidungsrechts 1034 ff.

556 Eine Besserversorgung etwa durch eine zusätzliche Privatversicherung wäre natürlich jederzeit möglich, die Grenze liegt hier beim Versorgungsmaßstab des Verpflichteten.

5. Schlußfolgerungen

Das Ehescheidungsrecht erlebte im Gebiet der heutigen Bundesrepublik eine wechselvolle Geschichte. Ausgehend von den für damalige Zeiten geradezu modernen Bestimmungen des ALR[557] und der Überwindung der Ungleichbehandlung Angehöriger verschiedener Religionen kam es mit Schaffung des BGB zu einem abermaligem Einbruch. Die Eingeschränktheit der Scheidungsmöglichkeiten sowie die Rückkehr zum reinen Verschuldensprinzip konnte allerdings keine wirkliche Senkung der Scheidungsfreudigkeit oder Umkehr bestehender, gesellschaftlicher Strömungen bewirken, wie es von konservativer Seite erwartet wurde.

Die Einführung des EheG 1938 durch die nationalsozialistische Herrschaft diente weniger der Modernisierung oder Revolutionierung des Eherechts als vielmehr einer rassisch und bevölkerungspolitisch gewünschten Einflußnahme des Staates auf den einzelnen Bürger. Die im EheG geschaffenen Strukturen sind teilweise Altbekanntes, neu waren lediglich die Beifügung von Scheidungsgründen typisch nationalsozialistischen Inhalts und die endgültige Abkehr vom Prinzip der Frau als bloßer Unterhaltsempfängerin[558].

Durch konsequente Neuauslegung gelang die Beibehaltung eines nur gering modifizierten EheG in der Nachkriegszeit. Bei der Eherechtsreform der 70er Jahre hingegen kann von einer grundlegenden Neugestaltung des Scheidungs- und Scheidungsfolgenrechts gesprochen werden. Das neue Scheidungsrecht ist gekennzeichnet durch grundlegende Prinzipien: erstens dem Grundsatz der unbedingten Scheidbarkeit nach Zeitablauf und zweitens der Unterhaltsgewährung bei objektivem Bedarf; beide werden mittels einer Reihe von Billigkeitsklauseln abgerundet und sollen so eine möglichst große Einzelfallgerechtigkeit garantieren.

---

[557] Dieses kannte bereits die einvernehmliche Scheidung und ein Scheidungsbegehren aufgrund einseitiger, unüberwindlicher Abneigung gegenüber dem Ehepartner (§§ 716 ff ALR).

[558] Hierbei mangelte es allerdings am emanzipatorischen Ansatz, vielmehr handelte es sich um die Durchsetzung wirtschaftlicher Notwendigkeiten, die eine kriegsbedingt verstärkte Eingliederung der Frauen in den Erwerbsprozeß forderten. Dazu eingehend in Kap II.B.2.3.

C. Die sozialversicherungsrechtliche Absicherung der geschiedenen Ehegatten

Auf eine ähnlich detaillierte Darstellung wie für die österreichische Rechtsordnung soll bezüglich der einzelnen Sozialversicherungsregelungen des deutschen Rechts verzichtet werden.[559] Die deutsche Rechtsentwicklung ist in ihrer Struktur mit der österreichischen vergleichbar, erst die jüngsten Änderungen (Scheidungsrechtsreform 1976) zeigen einen neuen Ansatz für die Behandlung geschiedener Ehepartner durch die Sozialversicherung. In den Ausführungen zu diesem neuen Modell der sozialen Absicherung soll der Schwerpunkt dieses Abschnitts liegen.[560]

1. Die Versicherungsgesetze vor 1945

1.1. Die Nichtbeachtung der (geschiedenen) Ehepartner in den ersten Versicherungsgesetzen

Im ersten UnfallversicherungsG aus 1884 waren Hinterbliebenenrenten nur für Witwen, Waisen und Aszendenten vorgesehen; Witwer oder geschiedene Ehepartner waren nicht erfaßt.[561] Die Witwenrente betrug 20 % des Arbeitsverdienstes des verstorbenen Versicherten und wurde der Frau bis zu ihrem Tod oder ihrer Wiederverheiratung[562] gewährt (§ 6 leg cit). Erfolgte die Heirat erst nach dem Unfall, wurde keine Witwenrente gewährt.

---

[559] Die Ausführungen beziehen sich auf den Kernbereich der Hinterbliebenenrenten der Arbeitnehmer, bestehende Sondernormen für bestimmte Berufgruppen werden nicht angeführt.

[560] Der Frage, inwieweit deutsche Normen Vorbild für eine österreichische Regelung werden könnten, wird im Teil IV nachgegangen werden.

[561] Allen Angehörigen, die nach dem Tod des Versicherten anspruchsberechtigt waren, stand bereits zu Lebzeiten des Versicherten eine Rente in Höhe der Hinterbliebenenrente als Unterhaltsersatz zu, wenn sich der Versicherte in Krankenhauspflege befand (§ 7 leg cit).

[562] Die Rente wurde dann mit dem 3-fachen Jahresbetrag abgefunden.

Die Unfallversicherung der Beamten sowie die landwirtschaftliche Unfallversicherung (beide aus 1886) enthielten die gleichen Regelungen zur Witwenrente wie die allgemeine Unfallversicherung.[563]

In der Invalidenversicherung[564] hingegen waren keinerlei Hinterbliebenenrenten vorgesehen! Die normale Altersrente wurde ab dem 70. Lebensjahr ausbezahlt, die Invaliditätsrente bei vorliegender Erwerbsunfähigkeit[565]. Die Ehepartner des oder der Versicherten waren nur in die Bestimmungen zur Rückerstattung von Versicherungsbeiträgen einbezogen. So normierte § 31 leg cit die Rückerstattung der Hälfte der eingezahlten Beiträge an die Witwe des Versicherten, wenn dieser vor (!) Erlangung einer Rente verstorben war und mindestens 5 Jahre eingezahlt hatte. Verstarb eine weibliche Versicherte unter den gleichen Bedingungen vor Erreichen einer Rente, wurde die Hälfte der Beitragszahlungen an ihre Kinder rückerstattet. Mit der Wiederverlautbarung des G im Jahr 1899 wurde durch den neu geschaffenen § 44 leg cit nun auch der Witwer in dieses System aufgenommen. Er erhielt die Rückerstattung (an Stelle der Kinder) dann, wenn er selbst erwerbsunfähig und die Versicherte die Ernährerin der Familie gewesen war.

1.2. Die Reichsversicherungsordnung und das AngestelltenversicherungsG

§ 588 RVO idF 1911 legte wie bereits das UnfallversicherungsG die Witwenrente mit 1/5 des Jahresarbeitsverdienstes des Verstorbenen fest. Im Fall der Wiederheirat erfolgte eine Abfindung der Rente mit dem 3-fachen Jahresbetrag.[566] Die Witwerrente (§ 592 RVO) war durch die Er-

563 Das Beamtenrecht kannte allerdings keine Abfindung der Rente im Fall der Wiederheirat der Witwe.

564 G betreffend die Invaliditäts- und Altersversorgung v 22.6.1889.

565 Diese war gem § 9 leg cit gegeben, wenn der Versicherte aufgrund seines Gesundheitszustandes bei einer ihm entsprechenden Beschäftigung nicht einmal mehr 1/6 seines bisherigen Lohnes verdienen konnte.

566 Ein Wiederaufleben einer abgefertigten Rente war unbekannt, einzig bei Nichtigerklärung der zweiten Ehe kam es zur entsprechenden Korrektur.

werbsunfähigkeit des Mannes und die überwiegende Unterhaltsleistung der verstorbenen Versicherten für die Familie bedingt. Die Witwerrente wurde in gleicher Höhe wie die Witwenrente ausbezahlt, im Fall der Wiederverheiratung war jedoch keine Abfindung vorgesehen.

Durch das Zweite G über Änderungen in der Unfallversicherung v 14.7.1925[567] erfolgte ein Ausbau der Hinterbliebenenrenten.[568] Die normale Witwenrente wurde bei einem Betrag von 1/5 belassen, war die Frau jedoch erwerbsunfähig wurde die Summe für diesen Zeitraum verdoppelt. Dem rentenberechtigten Witwer standen nach dieser Novelle ebenfalls 2/5 des Jahresarbeitsverdienstes der verstorbenen Versicherten als Rente zur Verfügung (nunmehr § 589 RVO idF 1925). Bezüglich der Differenzierung bei der Abfindung der Renten kam es zu keinem Ausgleich.

Für den Bereich der Invaliden- und Altersversicherung bestimmte § 1258 RVO idF 1911 eine Witwenrente für die invalide Witwe sowie gem § 1260 eine Rente für den erwerbsunfähigen Witwer, sofern seine Frau den Unterhalt der Familie überwiegend aus ihrem Arbeitsverdienst bestritten hatte. Mit Wirkung v 1.1.1938[569] wurde die Witwenrente auch auf nicht invalide Frauen ausgedehnt, wenn sie das 65. Lebensjahr erreicht hatten oder im Zeitpunkt des Todes des Versicherten 3 waisenrentenberechtigte Kinder zu erziehen hatten.[570]

Im AVG 1911 bedurfte es keiner weiteren Voraussetzungen zur Erlangung einer Witwenrente.[571] Der Witwer erhielt gem § 30 eine Rente in gleicher Höhe, wenn seine verstorbene Frau ganz oder überwiegend den Unterhalt der Familie bestritten hatte, und solange er bedürftig war.[572]

---

567 DRGBl 97.

568 *Brucker*, Die Sozialversicherung nach dem neuesten Stand der Gesetzgebung 187.

569 G v 21.12.1937, DRGBl 1393.

570 Die Reihenfolge der Bestimmungen hatte sich ebenfalls geändert, § 1256 RVO regelte nun die Witwenrente, § 1257 RVO die Witwerrente.

571 Diese betrug 2/5 des Ruhegeldes des Verstorbenen (§§ 28 iVm 57 AVG).

572 Die Neufassung des AVG im Jahre 1924 bewirkte keine Änderung der materiellen Regelungen, die Paragraphennummerierung verschob sich um 2 Ziffern (§ 32 Witwenrente, § 34 Witwerrente AVG idF 1924).

1.3. Die Änderungen der RVO und des AVG als Folge des EheG 1938

Hier kann im Bereich der Absicherung Geschiedener auf die Ausführungen zur österreichischen Rechtsentwicklung während der nationalsozialistischen Herrschaft im Abschnitt II.C.3. verwiesen werden. Die durch das Zweite G über die Verbesserung der Leistungen in der Rentenversicherung v 19.6.1942[573] eingeführte Ergänzung der Witwenpensionsregelungen der RVO und des AVG stellte für das deutsche Sozialversicherungsrecht den Beginn einer zwingenden Berücksichtigung geschiedener Ehepartner dar.

1.4. Zusammenfassung

Die deutsche Sozialversicherungsordnungen des vorigen Jahrhunderts schenkten dem Bereich der Hinterbliebenenversorgung der Ehegatten nur geringe Bedeutung. Einzig die Unfallversicherung normierte eine Witwenrente; Witwer oder geschiedene Ehepartner konnten keinerlei Ansprüche geltend machen. Die RVO und das AVG stellten demnach eine deutliche Verbesserung dar. Alle Zweige der Unfall- und Alters(Invaliden)versicherungen räumten sowohl Witwen- als auch Witwerrenten ein, letztere waren jedoch immer an die Tatsache der Erwerbsunfähigkeit des Mannes und die überwiegende Unterhaltsleistung durch die verstorbene Versicherte gebunden.[574]

1942 erfolgte dann - als offensichtlich verspätete Reaktion auf das Scheidungsrecht des EheG 1938 - bei Invaliden- und Altersrenten die erstmalige Einbeziehung der unterhaltsberechtigten, geschiedenen Frau in die Hinterbliebenenabsicherung.

---

[573] DRGBl 407. Das G trat mit Wirkung vom 1.5.1942 in Kraft.

[574] Auch die Altersversicherung der RVO beschränkte die Witwenrente lange Zeit auf invalide Frauen.

2. Die Versicherungsgesetze nach 1945

2.1. Die Unfallversicherung

Die Reform des Dritten Buches der RVO durch das Unfallversicherungs-NeuregelungsG 1963[575] brachte die erstmalige Einbeziehung geschiedener Ehegatten in die Hinterbliebenenversorgung der Unfallversicherung.[576] Die "einfache" Witwenrente betrug gem § 590 Abs 1 RVO 3/10 des Jahresarbeitsverdienstes des Verstorbenen und wurde der Frau bis zu ihrem Tod oder ihrer Wiederverheiratung ausbezahlt. Gem Abs 2 erhöhte sich der Betrag auf 2/5, wenn die Frau das 45. Lebensjahr erreicht hatte oder ein waisenrentenberechtigtes Kind zu erziehen hatte oder berufs- bzw erwerbsunfähig war. Der früheren Ehefrau stand gem § 592 RVO auf Antrag nach dem Tod des Versicherten eine Rente in Höhe der Witwenrente zu, wenn ihr der Verstorbene zur Zeit seines Todes Unterhalt zu leisten hatte, oder wenn er dies ohne ausdrückliche Verpflichtung mindestens während des letzten Jahres vor seinem Tod getan hatte. Waren mehrere anspruchsberechtigte, frühere Ehefrauen vorhanden, erfolgte die Aufteilung der Rente zwischen ihnen entsprechend der Dauer der Ehe mit dem Verstorbenen.[577]

Für den Witwer bzw den früheren Ehemann galten die entsprechenden Bestimmungen gleichsam, wenn die verstorbene Versicherte den Familienunterhalt überwiegend bestritten hatte (§ 593 Abs 1 u 2 RVO).

Bei einer Wiederverheiratung der oder des Rentenberechtigten kam es gem § 615 Abs 1 zu einer Abfindung der Rente mit dem 5-fachen Jahresbetrag. Wurde die 2. Ehe aufgehoben, nichtig erklärt oder geschieden, und lag dem kein alleiniges oder überwiegendes Verschulden des Abgefundenen zugrunde, lebte die Rente unter Anrechnung neu erworbener Unterhalts-, Renten- oder Versorgungsansprüche wieder auf (Abs 2). Gem Abs 3 war dann die Abfindungssumme in Teilbeträgen an die

---

575 G v 30.4.1963, DBGBl 241.

576 *Gitter*, Sozialrecht 22.

577 *Jäger*, Sozialversicherungsrecht und sonstige Bereiche des Sozialgesetzbuches 123.

Versicherung zurückzuzahlen, gemindert um jenen Betrag, der bei Nichtheirat bis zum Datum des Wiederauflebens hätte beansprucht werden können. Diese Regelung galt gleichermaßen für echte und geschiedene Witwen und Witwer (Abs 4). Seit dem Rentenreformgesetz vom 1.1.1973 war es unerheblich, ob der Rentenwerber an der Auflösung der zweiten Ehe schuldig war oder nicht. Die Abschaffung dieser "Disziplinierungsmaßnahmen für eheliches Wohlverhalten" war nicht widerstandlos erfolgt.[578] Weitere Korrekturen bezüglich der Abfindung von Witwen- und Witwerrenten ergaben sich sowohl durch das Hinterbliebenenrenten- und ErziehungszeitenG (HEZG) als auch das RentenreformG 1992.[579]

Durch Urteil des BVerfG v 24.7.1963[580] wurde zwar die Vereinbarkeit bestehender Sozialversicherungsregelungen mit dem Grundgesetz bestätigt, mit der Entscheidung v 12.3.1975[581] wurde dem Gesetzgeber dennoch eine Rechtsänderung zur Gleichbehandlung von Witwen und Witwern bei der Gewährung von Hinterbliebenenrenten aufgetragen.[582] Erst ab dem 1.1.1986 kam es zur endgültigen Gleichstellung[583] unter gleichzeitiger Anordnung von Anrechnungsvorschriften, die die Gewährung von Renten streng nach dem Prinzip der Unterhaltsersatzfunktion festlegten und die Berücksichtigung der jeweiligen Einkommensverhältnisse vorschrieben.[584]

---

578 Siehe *Meyer-Harter*, Die Stellung der Frau in der Sozialversicherung 61. Argumentiert wurde dahingehend, daß der Bestand der zweiten Ehe durch die Aussicht auf eine verschuldensunabhängig wiederauflebende Witwen- oder Witwerrente gefährdet sei.

579 G v 11.7.1985, DBGBl 1450, u G v 18.12.1989, DBGBl 2261.

580 BVerfGE 17, 38 ff (amtliche Sammlung).

581 BVerfGE 39, 169 (amtliche Sammlung).

582 Das Urteil bezog sich zwar auf die Rentenversicherung, die angeführten Gründe konnten jedoch auf die Unfallversicherung gleichwertig übertragen werden. Die Anpassung geschah durch das HEZG; siehe dazu *Ruland*, Rentenversicherung, in: *Maydell/Ruland*, Sozialrechtshandbuch 891.

583 § 593 wurde aufgehoben, die Bestimmungen zur Witwenrente auf Witwer ausgedehnt.

584 Die Anrechnung eigenen Einkommens oder anderer bezogener Renten erfolgte erst nach Überstreiten einer Freibetragsgrenze. Siehe *Bley*, Sozialrecht 290 u *Gitter*, Sozialrecht 137.

Eine durch das 1. EheRG erforderliche Ergänzung der Bestimmungen des § 592 Abs 1 RVO brachte eine Klarstellung bezüglich zeitlich limitierter Unterhaltsansprüche nach den Bestimmungen der §§ 1572, 1573, 1575 u 1576 BGB[585]. Auch die Hinterbliebenenrente der Unfallversicherung an den geschiedenen Ehegatten endete mit dem Endtermin des Unterhaltsanspruchs.

Das Unfallversicherungs-EinordnungsG (UVEG)[586] übertrug die §§ 590 u 592 RVO in §§ 65 u 66 SGB VII, die Bestimmungen des § 615 RVO finden sich nunmehr in § 80 SBG VII.[587]

Die Witwen- und Witwerrente beträgt gem § 65 Abs 2 SGB VII für die ersten drei Monate nach Ablauf des Monats, in dem der Versicherte verstorben ist, 2/3 des Jahresarbeitsverdienstes des Versicherten.[588] Nach Ablauf dieser Zeit beträgt die Hinterbliebenenrente 30 % des Jahresarbeitsverdienstes des Verstorbenen, sie erhöht sich auf 40 %, solange die Witwe oder der Witwer ein waisenrentenberechtigtes oder ein körperlich oder geistig behindertes Kind erziehen, wenn der Rentenwerber das 45. Lebensjahr erreicht hat oder solange der Hinterbliebene berufs- bzw erwerbsunfähig ist.[589] Abs 3 und 4 beziehen sich auf die Einkommensanrechnung und wurden unverändert aus der RVO (dort allerdings Abs 3 u 5) übernommen. Der neue Abs 5 bezieht sich auf wiederaufgelebte Renten nach Auflösung einer zweiten Ehe und dadurch notwendige Anrechnungen. Abs 6 gibt wortgleich die Bestimmung des bisherigen § 594 RVO wieder, der den Ausschluß einer Witwen- oder Witwerrente bei einer Eheschließung nach dem Versicherungsfall normierte.[590]

---

585 So waren die jeweiligen Unterhaltsansprüche auf die Zeit einer Krankheit, der Arbeitssuche oder Ausbildung begrenzt.

586 G v 7.8.1996, DBGBl 1254, in Kraft seit 1.1.1997.

587 Eine umfassende Kommentierung der neuen Regelungen des SGB VII findet sich bei *Brackmann* , Handbuch der Sozialversicherung III.

588 Die RVO gewährte hier gem § 591 eine eigene Überbrückungshilfe.

589 Die Voraussetzungen zur Erlangung der Rente sind demnach gleich geblieben, die Differenz zu früheren Bestimmungen liegt in der Rentenhöhe.

590 Die RVO verwendete hier den Begriff der "Versorgungsehe".

Die Witwen- und Witwerrente an frühere Ehegatten findet sich im § 66 SGB VII, der die Bestimmungen der RVO unverändert übernommen hat.

Die geltenden Regelungen zur Abfindung einer Hinterbliebenenrente bei Wiederheirat gem § 80 SBG VII sehen eine Abfindung mit dem 24-fachen des Monatsbetrages der Rente vor (Abs 1). Erfolgt die Wiederheirat vor Ablauf von 15 Kalendermonaten oder in der 3-Monate-Frist der erhöhten Rente ("Sterbevierteljahr") nach dem Tod des Verstorbenen, so sind gem Abs 2 besondere Berechnungsregeln anzuwenden.

2.2. Die Invaliden- und Altersversicherung

2.2.1. Scheidungen vor dem 1.7.1977

Die wesentlichsten Einschnitte der Nachkriegszeit im Bereich der Invaliditäts- und Altersversicherung erfolgten durch das Arbeiterrentenversicherungs-NeuregelungsG und das Angestelltenrentenversicherungs-NeuregelungsG v 23.2.1957[591]. Die Bestimmungen der RVO und des AVG wurden harmonisiert und neu formuliert, insbesondere das AVG beschränkte sich nicht mehr auf einen bloßen Verweis auf die Normen der RVO, sondern erhielt entsprechende Ausführungen.

Neben der echten Witwe (§ 1264 RVO, § 41 AVG) stand auch der früheren Ehefrau eine Witwenrente zu, wenn ihr der Verstorbene Unterhalt nach den Vorschriften des EheG 1938 oder aus sonstigen Gründen zu leisten hatte oder tatsächlich im letzten Jahr vor seinem Tod geleistet hatte (§ 1265 RVO, § 42 AVG). Die Witwerpension war wie bisher an die Bedingung der überwiegenden Unterhaltsbestreitung der Familie durch die Frau gebunden (§ 1266 Abs 1 RVO, § 43 Abs 1 AVG[592]),

---

591 DBGBl 45 u 88; die Bestimmungen traten rückwirkend mit 1.1.1957 in Kraft.

592 Die im AVG früher geforderte Bedürftigkeit des Mannes war nicht mehr Bestandteil der Bestimmung.

diese Regelungen galten jedoch gem Abs 2 leg cit entsprechend auch für den früheren Ehemann.

Bei Wiederheirat entfiel die Witwen- oder Witwerrente, konnte jedoch wiederaufleben, wenn die 2. Ehe ohne überwiegendes Verschulden des Rentenbeziehers aufgehoben oder geschieden wurde. Abfindungsbeträge[593] und neu erlangte Versorgungsleistungen waren anzurechnen (§ 1291 RVO, § 68 AVG).

Die Bestimmung des § 1265 RVO (und damit auch des § 42 AVG) erfuhr eine Reihe von Ergänzungen, die zusammenfassend als Ausbau des Anspruchs auf Hinterbliebenenrente und Lockerung der Voraussetzungsbestimmungen unter Anerkennung weiterer anspruchsbegründender Sachverhalte gesehen werden kann. So wurde vom Fehlen eines Unterhaltsanspruchs gegenüber dem geschiedenen Versicherten aufgrund eigenen Einkommens abgesehen, wenn zusätzliche Voraussetzungen wie Alter, Berufs- oder Erwerbsunfähigkeit oder Kindererziehung vorlagen.[594]

Eine der wichtigsten Zäsuren trat mit 1.1.1986 in Kraft. Die bereits oben angeführte Entscheidung des Bundesverfassungsgerichts v 12.3.1975[595] hatte eine Neuregelung der Hinterbliebenenrenten angeordnet, der mit dem Hinterbliebenenrenten- und ErziehungszeitenG (HEZG)[596] entsprochen wurde.[597] Die bisherige Ungleichbehandlung von Witwen (unbedingte Witwenrente) und Witwern (Hinterbliebenrente nur im Fall der überwiegenden Unterhaltsgewährung durch die Frau) wurde zwar als

---

593 Die Abfindung war in § 1302 RVO u § 81 AVG geregelt.

594 Die Ausdehnung erfolgte schrittweise durch das Rentenversicherungs-ÄnderungsG v 9.6.1965 (DBGBl 476), RentenreformG v 16.10.1972 (DBGBl 1965), G v 7.5.1975 (DBGBl 1061) und G v 14.6.1976 (DBGBl 1421).

595 BVerfGE 39, 169 (amtliche Sammlung).

596 G v 11.7.1985, DBGBl 1450.

597 *Erlenkämper*, Soziale Sicherheit und soziale Leistungen 131 f; *Schulin*, Sozialrecht 259 f.

noch grundrechtskonform (Art 3 GG, Gleichheitssatz) angesehen, aufgrund des wandelnden Rollenverständnisses der Frau[598] sollte es allerdings zu einer für beide Geschlechter gleichlautenden Regelung kommen.[599]

Seit der durch das RentenreformG 1992[600] erfolgten Übernahme der Bestimmungen der RVO und des AVG ins SGB[601] finden sich die Geschiedenen-Witwen/Witwerrente im § 243 SGB VI. Die Norm ist gemeinsam mit der des § 46 SBG VI zur allgemeinen Witwen/Witwerrente zu lesen, die nunmehr zwischen der sogenannten kleinen (Abs 1) und großen (Abs 2) Witwen/Witwerrente unterscheidet.[602]

Die kleine Witwen/Witwerrente wird ohne weitere Voraussetzungen gewährt, Anspruch auf die große Witwen/Witwerrente hat der hinterbliebene Ehegatte, der ein eigenes oder ein Kind[603] des Versicherten erzieht, der das 45. Lebensjahr vollendet hat oder berufs- oder erwerbsunfähig ist.[604] § 46 Abs 3 bestätigt den Anspruch der/des wiederverheirateten Witwe/Witwers auf kleine oder große Rente für den Fall, daß die 2. Ehe aufgelöst oder für nichtig erklärt wurde (Witwen/Witwerrente nach dem vorletzten Ehegatten).

---

[598] So wurde angemerkt, daß der Gesetzgeber der RVO vom Grundmodell der Hausfrauenehe ausgegangen war. Der Tod des Ehemannes bedeutete für die Frau demnach eine wesentlich größere Gefährdung ihrer wirtschaftlichen Absicherung als der Tod einer (ebenfalls) berufstätigen Ehefrau für den Mann.

[599] Allgemein zu Fragen der Gleichbehandlung von Versicherten *Papier*, Der Einfluß des Verfassungsrechts auf das Sozialrecht, in: *Maydell/Ruland*, Sozialrechtshandbuch 109 ff.

[600] G v 9.11.1989, DBGBl 2261.

[601] Die Versicherungsanstalten der Arbeiter und Angestellten blieben getrennt (§ 125 SGB VI), die materiellen Regelungen erfolgten durch eine einheitliche Grundordnung, die gegebenenfalls mittels Ausnahmebestimmungen ergänzt wird.

[602] Die kleine Witwenrente beträgt 25 % der Vollrente des Verstorbenen, die große Witwenrente beträgt 60 % der Vollrente. Die Rentenberechnung erfolgt gem § 67 SGB VI, zur Umstellung von alter auf neue Rechtslage siehe *Stahl* in *Hauck*, SGB VI K § 67 Rz 3.

[603] Als Kinder werden auch Stief- oder Pflegekinder angesehen, eventuell auch Enkel. Bei behinderten Kindern, die außerstande sind, sich selbst zu unterhalten, gilt die Kindeseigenschaft auch über das 18. Lebensjahr hinaus.

[604] Zu den Detailregelungen siehe die Kommentierung von *Kamprad* in: *Hauck*, SGB VI K § 46.

Die Geschiedenen-Hinterbliebenenrente des § 243 SGB VI unterscheidet ebenfalls zwischen kleiner und großer Witwen/Witwerrente. Allgemeine Voraussetzung für jede Rente ist eine Scheidung vor dem 1.7.1977 und die Tatsache, daß der Rentenwerber nicht wieder geheiratet hat.[605] Nach Abs 1 steht dem geschiedenen Ehegatten eine kleine Rente zu, wenn der Geschiedene im letzten Jahr vor dem Tod des Geschiedenen von diesem Unterhalt erhalten hatte[606] oder er Anspruch darauf hatte[607].

Große Witwen/Witwerrente erhält gem Abs 2 derjenige, dem bereits eine kleine Rente zustünde, der jedoch zusätzlich entweder ein eigenes oder ein Kind des Versicherten erzieht oder das 45. Lebensjahr vollendet hat oder berufs- oder erwerbsunfähig ist. Dies entspricht den allgemeinen Anforderungen des § 46 Abs 2. Von der Tatsache des Unterhaltsanspruchs oder der tatsächlichen Unterhaltsgewährung kann gem § 243 Abs 3 abgesehen - und dennoch eine große Rente beansprucht - werden, wenn dem Geschiedenen Unterhaltsansprüche aufgrund eigenen Einkommens oder anderer Leistungen nicht zustanden[608], er jedoch zum Zeitpunkt der Scheidung ein Kind erzogen hatte oder das 45. Lebensjahr vollendet hatte, und zum Zeitpunkt des Todes des Versicherten ein Kind erzieht oder berufs- oder erwerbsunfähig ist oder das 60. Lebensjahr vollendet hat. Eine derartige Ausnahme dehnt den Beurteilungsrahmen, ob der geschiedene Hinterbliebene einer Rente im Sinn des Unterhaltsersatzes bedarf, zeitlich aus, indem die wirtschaftlichen

---

[605] Die Fälle der Wiederheirat und der Auflösung der zweiten Ehe sind im § 46 behandelt, eigene Bestimmungen zum Wiederaufleben der Renten wie zB § 1291 RVO u § 68 AVG entfielen.

[606] Tatsächliche Unterhaltsgewährung kann auch in Naturalien erfolgen, es müssen jedenfalls mindestens 25 % des zu errechnenden Mindestbedarfs des Geschiedenen gedeckt werden, um diesen Tatbestand zu erfüllen.

[607] Hier wird auf den "letzten wirtschaftlichen Dauerzustand" abgestellt. Dieser beginnt mit der letzten wesentlichen, vermögens- oder einkommensbezogenen Änderung beim Geschiedenen vor dem Tod des Versicherten (*Kamprad* in: *Hauck*, SGB VI K § 243 Rz 58 ff).

[608] Hier sind auch Fälle jener niedrigen Unterhaltsansprüche, die unter die 25 % Grenze des Mindestbedarfes gerutscht waren, erfaßt.

Umstände des Geschiedenen sowohl zum Zeitpunkt der Scheidung als auch zum Zeitpunkt des Ablebens des Versicherten berücksichtigt werden.

Auch geschiedenen Hinterbliebenen steht bei Auflösung einer neuen Ehe bei Erfüllung der sonstigen Voraussetzungen eine Rente nach dem vorletzten Ehegatten zu (§ 243 Abs 4 SGB VI).

2.2.2. Scheidungen nach dem 1.7.1977 - Der Versorgungsausgleich

2.2.2.1. Die Einführung der "Erziehungsrente"

Mit dem 1. EheRG wurde eine neuartige Erziehungsrente gem § 1265a RVO u § 42a AVG eingeführt, an deren Stelle § 47 SGB VI trat.

Die Erziehungsrente gilt nur für nach dem 30.6.1977 Geschiedene und stellt keine abgeleitete Rente dar, sondern ist Eigenrente jenes geschiedenen Partners, der ein eigenes Kind oder ein Kind des Ehegatten erzieht, nicht wieder geheiratet hat und selbst bis zum Tod des Ehegatten die allgemeine Wartezeit für Altersrenten von 5 Jahren erfüllt. Die Rente wird nur auf Antrag und befristet bis zur Erreichung des 18. Lebensjahres des jüngsten Kindes gewährt.[609] Sie gebührt dem Geschiedenen maximal bis zur Vollendung des 65. Lebensjahres.[610] Die Erziehungsrente knüpft an den Unterhaltsanspruch des § 1570 BGB (Unterhalt wegen der Betreuung eines Kindes) an und soll beim Tod des Unterhaltsverpflichteten den Wegfall seiner Beiträge ausgleichen. Die Gewährung einer Altersrente oder einer Rente wegen Erwerbsunfähigkeit an den hinterbliebenen Geschiedenen ist zu diesem Zeitpunkt noch nicht möglich, eine Hinterbliebenenrente im herkömmlichen Sinn aufgrund des

---

609 Bei der Erziehung eines behinderten Kindes kann eine Befristung allenfalls dann erfolgen, wenn mit einem Wegfall der Behinderung zu rechnen ist (*Kamprad* in: *Hauck*: SGB VI K § 47 Rz 12).

610 Ab diesem Zeitpunkt ist Altersrente zu leisten.

Versorgungsausgleich nicht mehr vorgesehen. [611]

In diesem Zusammenhang muß noch § 243a SGB VI angeführt werden: seine Anwendbarkeit beschränkt sich auf Hinterbliebenenrenten für Scheidungsfälle nach DDR-Recht ("Beitrittsgebiet") vor dem 1.7.1977; anstelle der Hinterbliebenenrenten gem § 243 SGB VI tritt die Erziehungsrente gem § 47 SGB VI.

2.2.2.2. Die Auswirkungen des 1. EheRG auf das Hinterbliebenenrentenrecht

Die durch das 1. EheRG[612] erfolgte Abkehr vom Verschuldensprinzip im Scheidungsrecht bedingte eine neue Begründungsweise der Unterhaltsansprüche zwischen geschiedenen Ehepartnern.[613] Dem folgend bedurfte es auch einer Änderung der Geschiedenen-Hinterbliebenenrentenregelungen des Sozialversicherungsrechts, um den Grundsatz der Unterhaltsersatzfunktion dieser Renten aufrechtzuerhalten. Gewählt wurde schließlich das Modell des Versorgungsausgleichs (dh der "Erstellung der Ausgleichsbilanz"[614] erworbener Versicherungsansprüche zwischen den Ehepartnern), dessen inhaltliche Einordnung jedoch nicht im SGB sondern direkt im BGB als Teil der Scheidungsfolgenregelung erfolgte. Der Versorgungsausgleich ist somit nicht sozialrechtliche sondern eherechtliche Materie,[615] die Literatur und Kommentierung des Sozialrechts beschränkt sich diesbezüglich auf bloße Verweise. Die renten-

---

611 Die Erziehungsrente entspricht in ihrer Höhe der wegen Alters oder Erwerbsunfähigkeit, die frühere Unterscheidung zwischen kleiner und großer Rente - abhängig von der Anzahl der zu erziehenden Kinder - wurde aufgegeben. Dazu *Kamprad* in: *Hauck*: SGB VI K § 47 Rz 2.

612 Erstes G zur Reform des Ehe- und Familienrechts v 14.6.1979, DBGBl 1421.

613 Zu den materiellen Regelungen des Scheidungsrechts siehe III.B.4.2. Eine umfassende Auseinandersetzung mit dem Verhältnis von Unterhaltsansprüchen zu Sozialversicherungsleistungen - auch für die Rechtslage nach der Eherechtsreform - findet sich bei *Ruland*, Unterhalt 394 ff.

614 *Eißler*, Versorgungsausgleich 1.

615 *Kissel* (Hg), Ehe 166, spricht von einem "entscheidenden Einbruch sozialrechtlicher Instrumentarien in eines der klassischen Gebiete der Zivilrechtspflege".

rechtlichen Regelungen für nach dem 1.7.1977 geschiedene Ehepartner finden sich im Bürgerlichen Gesetzbuch (BGB) in den §§ 1587 und 1587a-p sowie im G zur Regelung von Härten im Versorgungsausgleich v 21.2.1983[616].

2.2.2.3. Der Versorgungsausgleich

Die Grundidee des Versorgungsausgleichs[617] ist, daß die von den Ehegatten zusammen oder von einem alleine während der Ehe hinzugewonnenen Versorgungspositionen (dh Rentenversicherungsanprüche wegen Alters bzw Berufs- oder Erwerbsunfähigkeit) eine gemeinsame Leistung zur Vorsorge für das gemeinsame Alter darstellen. Ist nur ein Ehegatte erwerbstätig, so gelten seine Ansprüche als auch vom anderen mitverdient, weil dieser auf andere Weise - zB durch die Erziehung von Kindern oder die Betreuung eines pflegebedürftigen Familienmitglieds – seinen "Arbeitsbeitrag" in der Partnerschaft leistet.[618]

Gem § 1587 Abs 1 BGB werden die während der Ehe erworbenen Versorgungsanwartschaften nach dem Grundsatz des Zugewinnausgleichs aufgeteilt, der auch den gesetzlichen Güterstand der Ehegatten[619] dar-

---

616 DBGBl 105. Eine Reihe verfassungsrechtlicher Bedenken gegen die ursprünglichen Regelungen des Versorgungsausgleichs führten zur Nachbesserung der Rechtslage mittels VAHRG. Die zunächst bis 31.12.1986, dann bis 31.12.1994 befristeten Regelungen des VAHRG wurden - aus Anlaß der Rechtsvereinheitlichung mit der ehemaligen DDR - durch Art 30 RÜG (RentenüberleitungsG v 25.7.1991, DBGBl 1606) in Dauerrecht übernommen.

617 Zur Rechtslage nach Einführung des Versorgungsausgleichs siehe *Kroder/Ryssel*, Scheidung, Güterrecht, Unterhalt, elterliche Gewalt, Versorgungsausgleich, Hausrat, Prozeß nach dem neuen Eherechtsreformgesetz; nach aktuellem Stand und mit der neuesten Rechtsprechung *Eißler*, Versorgungsausgleich.

618 Ausgehend von einer gleichberechtigten Partnerschaft überläßt der Gesetzgeber den Ehegatten die freie Entscheidung, wie Rechte und Pflichten aufgeteilt werden. "Die Erfüllung der einzelnen Funktionen ist untereinander völlig gleich zu bewerten; es gibt kein gesetzliches Rollenverständnis und keine gesetzliche Aufgabenverteilung innerhalb der Ehe." *Kissel* (Hg), Ehe 19.

619 Dazu allgemein *Giesen*, Familienrecht 260 ff und *Schwab*, Zugewinnausgleich, in: *Schwab* (Hg), Handbuch 1445 ff.

stellt. Als Grundsatz gilt gem § 1587a Abs 1 BGB: wer die höheren Anwartschaften erwirbt, teilt die Differenz zu denen des Partners zur Hälfte mit diesem. Im Extremfall erwirbt eben nur ein Ehepartner Ansprüche aus einer Erwerbstätigkeit und teilt diese demnach vollständig mit dem nicht berufstätigen Gatten. Dies wäre der typische Fall der "Hausfrauenehe".

Sowohl Anwartschaften des öffentlichen Rechts als auch privatrechtlich begründete Pensionsansprüche sind vom § 1587a Abs 2 BGB erfaßt[620], ausdrücklich jedoch nur mit Hilfe eigenen Vermögens oder durch Arbeit begründete oder aufrechterhaltene Positionen, nicht jedoch Entschädigungszahlungen (zB Unfallrenten), die dem einzelnen persönlich zustehen.

Nur der während der Ehe erfolgte Zuwachs an Versicherungsansprüchen wird berücksichtigt, gezählt wird vom Ersten des Monats der Eheschließung bis zum letzten Tag des dem Scheidungsantrag vorangehenden Monats. Angerechnet werden Versorgungsansprüche gem § 1587 Abs 5 BGB nur bis zu einer bestimmten Höchstgrenze, die sich aus § 76 Abs 2 Satz 3 SGB VI ergibt.[621]

Beim Versorgungsausgleich sind 2 Hauptgruppen zu unterscheiden, jene des *gesetzlichen Versorgungsausgleichs*, der dem Ausgleichsberechtigten Ansprüche in der gesetzlichen Rentenversicherung verschafft, und jene des *schuldrechtlichen Versorgungsausgleichs*, der nur bei Nichtanwendbarkeit des ersten zum Tragen kommt. In jeder Gruppe sind wiederum mehrere Ausgleichsarten möglich.

---

620 Die Aufzählung enthält Renten aus der gesetzlichen Rentenversicherung, Beamtenversorgung, Leistungen aus einer betrieblichen Altersversorgung, private Rentenversicherungen, Zusatzversorgungen des öffentlichen Dienstes sowie berufsständische Versorgungen.

621 *Klattenhoff* in: *Hauck*, SGB VI § 76; *Eißler*, Versorgungsausgleich 15.

Den Normalfall des gesetzlichen Versorgungsausgleichs bildet ein Erwerbstätiger, der eine Rente aufgrund seiner Beiträge an eine gesetzliche Rentenversicherung erhält. Die wichtigsten Versicherungsträger in der Bundesrepublik Deutschland sind die Bundesversicherungsanstalt für Angestellte und die jeweiligen Landesversicherungsanstalten für Arbeiter. Im Fall der Scheidung überträgt das Gericht die Hälfte der errechneten Anwartschaftsdifferenz zwischen den Ehegatten auf den schwächeren Teil. Diese Anrechnung erfolgt in Werteinheiten auf ein im Fall gänzlicher Nichterwerbstätigkeit neu zu schaffendes oder ein bereits bestehendes Sozialversicherungskonto des anderen Ehegatten. Eine Übertragung von einer Anstalt zur anderen ist möglich. Bei Pensionsanfall werden die Werteinheiten unter Berücksichtigung der inzwischen eingetretenen Steigerungen in DM umgerechnet und ausbezahlt. Die gesetzliche Grundlage bildet § 1587b Abs 1 BGB, der Vorgang hat unter dem Begriff *Splitting* allgemeine Akzeptanz gefunden.

Bei der Beamtenversorgung, bei der die öffentliche Hand Versorgungsträger und Dienstherr ist, kommt eine Übertragung von Ansprüchen von einem Ehepartner auf den anderen nicht in Frage. Das Familiengericht ist daher angehalten, dem berechtigten, geschiedenen Ehepartner Rentenanwartschaften bei einer gesetzlichen Rentenversicherung zu verschaffen. Der Dienstherr des Beamten leistet der Versicherung dafür Ersatz, indem er die Versorgung des Beamten dementsprechend kürzt. Diese Art des Versorgungsausgleichs ist in § 1587b Abs 2 BGB und §§ 57 und 58 Beamtenversorgungsgesetz geregelt und wird als *Quasisplitting* bezeichnet. Der Bereich der Beamten wird durch eine Art des Splittings[622] ergänzt, bei dem Zusatzversorgungen des öffentlichen Dienstes, bei denen es sich allerdings nicht um eine klassische Beamten-

[622] Diese Art des Splittings wird sowohl als *erweitertes Quasisplitting* (*Naegele*, Versorgungsausgleich 87 und *Borth*, Versorgungsausgleich 177) als auch unter der Bezeichnung *analoges Quasisplitting* in der Literatur geführt (*Eißler*, Versorgungsausgleich 12 und *Giesen*, Familienrecht 232). Dies sei nur ein Beispiel für die schwierige und uneinheitliche Erfassung des Instituts des Versorgungsausgleichs.

versorgung handelt[623], dennoch wie derartige Anwartschaften behandelt werden. Die gesetzliche Grundlage bildet § 1 Abs 3 VAHRG.

Splitting und Quasisplitting erweisen sich dann als unangebracht, wenn klar ist, daß der Berechtigte keinen Vorteil aus der Aufteilung ziehen kann, etwa weil er die allgemeine Wartezeit in der Rentenversicherung nicht erfüllen kann. Hier ist auf andere Weise ein Ausgleich zu schaffen (§ 1587b Abs 4 BGB). Dem Gericht steht dabei freies Ermessen zu, in Frage kommen außer der direkten Übertragung oder Begründung von Anwartschaften in der gesetzlichen Rentenversicherung alle gesetzlich vorgesehenen Arten des Ausgleichs.[624] Stirbt der Berechtigte bevor er Leistungen aus dem Versorgungsausgleich erhalten hat, wird die Versorgung des Verpflichteten nicht gekürzt.[625] Stirbt der Verpflichtete, so gehen die Forderungen eines öffentlich-rechtlichen Versorgungsausgleich (nur diese!) auf seine Erben über.

Handelt es sich bei den auszugleichenden Versorgungsanwartschaften nicht um soziale Renten, sondern um betriebliche Altersversorgung, berufsständische Versicherungen (zB von Freiberuflern) und Lebensversicherungen auf Rentenbasis, und ist somit die Übertragung auf ein Rentenkonto unmöglich, kommt es zu einer *Realteilung* gem § 1 Abs 2 VAHRG.[626]

"Funktioniert" ein öffentlich-rechtlicher Versorgungsausgleich nicht oder kann nicht vollständig erfolgen (zB aufgrund der Höchstbetragsgrenze des Ausgleichs), so bieten §§ 1587f bis n BGB und § 2 VAHRG

---

623 Als Beispiel sind bestimmte Ärzte- und Abgeordnetenversorgungen sowie Versorgungen öffentlicher Rundfunkanstalten zu nennen; dazu *Naegele*, Der Versorgungsausgleich 88.

624 Dazu gleich unten. *Eißler*, Versorgungsausgleich 133.

625 Die ursprüngliche Regelung wurde aufgehoben und durch § 4 Abs 1 VAHRG ersetzt. *Giesen*, Familienrecht 231 f.

626 In der Praxis sind diese Fälle kaum von Bedeutung, weil eine solche Teilung durch Gesetz, Betriebsvereinbarung, Versicherungsvertrag oder Satzung ausdrücklich normiert werden muß. Dazu *Borth*, Versorgungsausgleich in anwaltschaftlicher und familiengerichtlicher Praxis 167 ff und *Eißler*, Versorgungsausgleich 96 ff.

den sogenannten *schuldrechtlichen Versorgungsausgleich* an. Der schuldrechtliche Versorgungsausgleich kann auf 3 Arten erfolgen: durch Zahlung einer Geldrente (§ 1587g BGB), durch Abtretung (§ 1587i BGB) oder durch Abfindung (§ 1587l BGB). Im ersten Fall zahlt ein Ehegatte dem anderen direkt die Hälfte der Differenz ihrer beiden Versorgungsanwartschaften aus seiner eigenen Versorgung. Die Ausgleichsrente gebührt somit erst, wenn beide ihren Versorgungsstatus, sprich ihr Pensionsalter erlangt haben, oder zumindest der verpflichtete Teil und dem anderen eine eigene Erwerbstätigkeit nicht mehr zumutbar ist. Stirbt der Verpflichtete früher, geht der Berechtigte überhaupt leer aus. Ob es zu einem derartigen schuldrechtlichen Versorgungsausgleich kommt, ist für den Berechtigten immer mit Risiken verbunden, insbesondere dann, wenn zwischen den Ehegatten ein großer Altersunterschied besteht. Die Abtretung der Versorgungsansprüche bietet einen verstärkten Schutz bezüglich der Eintreibbarkeit der Forderungen, eine Abfindung der Ansprüche kann vom Verpflichteten nur gefordert werden, wenn ihm die Zahlung wirtschaftlich zumutbar ist.

Um diese Unsicherheiten, die vom BVfG mit Erk v 8.4.1986 als verfassungswidrig erkannt wurden[627], abzubauen, kam es mit dem G über weitere Maßnahmen auf dem Gebiet des Versorgungsausgleichs[628] zu weiteren Differenzierungen. So wurden einerseits private Versicherungen verpflichtet, nach dem Tod des Verpflichteten Hinterbliebenenrenten zu übernehmen, wenn es bei Fortbestand der Ehe zu solchen gekommen wäre.[629] Andererseits kann das Gericht nach § 3b Abs 1 VAHRG im Rahmen eines *erweiterten Ausgleichs* bzw *Supersplittings*[630] andere

627 BVfG 71, 364 = FamRZ 1986, 543.

628 G v 8.12.1986, DBGBl 2317, abgekürzt VAWMG oder 2. VAHRG. Die Bestimmungen traten mit 1.1.1987 in Kraft, sie bildeten kein eigenes G sondern ergänzten das bestehende VAHRG.

629 Bei dieser Konstruktion des § 3a VAHRG spricht man vom *verlängerten schuldrechtlichen Versorgungsausgleich.*

630 *Eißler*, Versorgungsausgleich 12, verweist darauf, daß der Begriff Supersplitting im Gegensatz zur Vorauflage nicht mehr gebräuchlich sei. *Borth*, Versorgungsausgleich 180, spricht je nach Art der aufzuteilenden Ansprüche von erweitertem Splitting, erweitertem Quasisplitting oder erweiterter Realteilung.

Versorgungsanwartschaften - auch solche aus der Zeit vor der Ehe - heranziehen, die besser übertragbar erscheinen, oder dem Verpflichteten den Einkauf des Berechtigten in einer gesetzlichen Rentenversicherung auferlegen, wenn ihm dies wirtschaftlich zumutbar ist.

Vereinbarungen zwischen den Ehegatten über die Handhabung des Versorgungsausgleichs bedürfen eines Notariatsaktes (§ 1408 Abs 2 Satz 1 BGB). Ein gänzlicher Ausschluß der gesetzlichen Bestimmungen ist möglich, nicht jedoch, wenn er erst in Zusammenhang mit dem Scheidungsverfahren erfolgt. Wird der Versorgungsausgleich ausgeschlossen, so tritt zwischen den Ehegatten im Zweifel kraft Gesetzes der Güterstand der Gütertrennung ein, was allerdings vertraglich wiederum abgewendet werden kann. Eine bereits geschlossene Vereinbarung wird gem § 1408 Abs 2 Satz 2 BGB unwirksam, wenn es binnen eines Jahres zum Scheidungsantrag kommt.[631]

Vereinbarungen, die erst im Zusammenhang mit der Scheidung zu stande kommen,[632] bedürfen der Genehmigung des Familiengerichts (§ 1587o BGB). Hier sind besonders strenge Maßstäbe anzulegen: bei Vereinbarungen ist daher darauf zu achten, daß die übertragenen Vermögenswerte und Ansprüche auch entsprechend abgesichert sind. Außerdem darf es nicht zu einer Vermischung von Unterhalts-, Versorgungs- und güterrechtlichen Regelungen kommen.[633] Insgesamt dürfen durch derartige Vereinbarungen die gesetzlichen Vorschriften und Zielsetzungen bezüglich der Geschiedenenaltersversorgung nicht aufgeweicht oder umgangen werden.

In § 1587c BGB (für den gesetzlichen Versorgungsausgleich) und § 1587h BGB (für den schuldrechtlichen Versorgungsausgleich) finden sich Härteklauseln, durch die eine Inanspruchnahme des Verpflichteten

---

631 *Giesen*, Familienrecht 235 f.

632 Dazu *Eißler*, Versorgungsausgleich 126 ff.

633 Wird zB einem Partner ein Grundstück überschrieben, so kann damit nicht gleichzeitig der Ausgleich der Zugewinngemeinschaft und die Altersabsicherung (durch die daraus entstehenden Erträge) erfolgen.

ganz oder teilweise ausgeschlossen wird[634], wenn dies grob unbillig wäre. Hierbei soll eine Gesamtbewertung der wirtschaftlichen Stellung der Ehegatten erfolgen, ebenso kann das Verhalten während der Ehe in die Beurteilung einfließen.[635] So kann zum Beispiel ein beträchtlicher Vermögenserwerb, der aufgrund einer vereinbarten Gütertrennung nicht in den Zugewinnausgleich fällt, zum Ausschluß des Ausgleichs führen. Es wäre unbillig, dem vermögenslosen Teil Rentenanwartschaften zu entziehen, die vom anderen zur Altersversorgung nicht benötigt werden, weil diese durch die Vermögenserträge bereits gedeckt ist. Die im Hinblick auf eine erwartete Scheidung erfolgte, mutwillige Aufgabe von Anwartschaften, um diese nicht einer Teilung zu unterwerfen, kann ebenfalls zum Ausschluß des Versorgungsausgleichs führen. Ebenso wird ein nicht rollenbedingtes Unterlassen des Erwerbs von Rentenansprüchen einen Ausgleich zu Lasten desjenigen, der durch seine Erwerbstätigkeit Versorgungsansprüche erwirbt, verhindern.[636] Auch bei groben Verletzungen der gemeinsamen Unterhaltsbeiträge während der Ehe kann der rechtswidrig handelnde Teil von einem Versorgungsausgleich ausgeschlossen werden.[637]

---

[634] Eine Verschiebung zugunsten des Berechtigten - etwa durch Nichtanrechnung seiner Versorgungsansprüche - ist nicht möglich; so *Hahne*, Versorgungsausgleich, in: *Schwab* (Hg), Handbuch des Scheidungsrechts 1389.

[635] Derartige Feststellungen dürfen jedoch nicht als Hintertür für eine Scheidungsverschuldensabwägung mißbraucht werden. So ausdrücklich § 1587c BGB Z 1 letzter Halbsatz; siehe auch *Giesen*, Familienrecht 235 und *Henrich*, Familienrecht 184.

[636] Ausjudiziert wurde ein derartiger Fall von FamG Hamburg-Altona (Urteil v 20.6.1984, 351 F 110/83): Beide Ehegatten waren einer Erwerbstätigkeit nachgegangen; die Frau arbeitete regelmäßig und erwarb Rentenanwartschaften, der Ehemann nur gelegentlich als freier Mitarbeiter und ohne sich um eine Altersversorgung zu kümmern. Seine Nachteile in der Versorgung wurden als nicht rollenbedingt (er hatte keine sonstigen Verpflichtungen für Familie oder Haushalt zu übernehmen) gewertet, sondern auf sein Unterlassen zurückgeführt. Ein die Frau belastender Ausgleich wurde daher unter Anwendung des § 1587c Z 1 BGB ausgeschlossen.

[637] Zu den näheren Voraussetzungen der einzelnen Fallgruppen siehe *Hahne*, Versorgungsausgleich, in: *Schwab* (Hg), Handbuch 1390 ff.

2.3. Kritik am bestehenden System des Versorgungsausgleichs

2.3.1. Nichtberücksichtigung der Mehrfachbelastung berufstätiger Mütter

Konnte mit dem Versorgungsausgleich und dem durch das 1. EheRG erfolgten Bruch des Leitbilds der Hausfrauenehe zumindest die gleichwertige Anerkennung der Familienarbeit neben der Erwerbsarbeit erreicht werden, so kam es zu keiner ausgleichenden Lösung hinsichtlich der mehrfachbelasteten Frauen, die voll erwerbstätig sind und dennoch Haushalt und Kindererziehung weitgehend alleine übernehmen. Auf das Problem der Anrechnung der Zeiten der Kindererziehung hat bereits *Pappai* in der Diskussionsphase zum 1. EheRG hingewiesen und die Einführung einer eigenen Rente aufgrund dieses Tatbestandes gefordert.[638] Die oben in 2.2.2.1. beschriebene Erziehungsrente kommt diesem Ansinnen am nächsten, sie bildet allerdings nur einen Unterhaltsersatz und leistet keinen Beitrag zur Begründung oder Aufbesserung der Altersversorgung der Frau.

Zum Gesetzesentwurf des 1. EheRG heißt es den Bereich der Hausarbeit betreffend: "Sind beide Ehegatten erwerbstätig, so werden sie ihren Haushalt in ihrer Freizeit gemeinsam besorgen."[639] Ob dieser programmatische Satz auch im realen Ehealltag verwirklicht wird,[640] bleibt offen und findet demgemäß auch im Versorgungsausgleich keinen Niederschlag. "Die Ungleichbehandlung der erwerbstätigen Ehefrau/Mutter besteht darin, daß sie die Früchte ihrer eigenen - zur Hausarbeit zusätzlichen - Erwerbsarbeit nach der Scheidung mit dem Ehemann teilen muß, sie aber gleichzeitig für ihre Haus- und Familienarbeit in gerin-

---

[638] *Pappai*, Eigenständige soziale Sicherung der Frau, in: *Simitis/Zenz*, Familie und Familienrecht 288 ff.

[639] BT-Drucksachen 7/650, 97.

[640] Auch die Bestimmung des § 1356 BGB zu den Wirkungen der Ehe, der die Haushaltsführung "im gegenseitigen Einvernehmen" geschehen läßt sowie beiden Ehegatten das Recht gibt, erwerbstätig zu sein, bringt diesbezüglich keine Hilfestellung.

gerem Maß entschädigt wird als die nichterwerbstätige Hausfrau."[641] Die Tatsache, daß im Normalfall die Versorgungsanwartschaften des Ehemannes aufgeteilt werden, weil männliche Erwerbstätige aufgrund höherer Erwerbseinkommen auch höhere Rentenansprüche erwerben, kann weder Trost noch Rechtfertigung dieses Mangels sein.

Als Lösungsansatz müßte die Unbilligkeitsklausel des § 1587c BGB zur Anwendung kommen, die für 3 typische Fallgruppen den Ausschluß des Versorgungsausgleichs normiert. Wie *Hartges* kritisiert, sollte nicht die Z 1 (grobe Unbilligkeit des Ausgleichs bei Betrachtung der Umstände des Vermögenserwerbs der Ehegatten)[642] sondern die Z 3 (gröbliche Verletzung der Unterhaltpflicht) zur Anwendung kommen, die von den Gerichten in bisheriger Rechtsprechung nur bei Verletzungen der Barunterhaltsleistungen herangezogen wird.[643]

Eine Ausdehnung auf Verletzungen des Naturalunterhalts (im Sinne von aktiver Mitarbeit im Haushalt oder bei der Kinderbetreuung) wäre denkbar, wird jedoch durch die von der Judikatur für die Anwendbarkeit des § 1587c Z 3 geforderte Voraussetzung der erfolglosen, schriftlichen bzw beweisfähigen Einmahnung des fehlenden Unterhalts eher unrealistisch. Die Ehefrau wäre verpflichtet, im Hinblick auf eine mögliche Scheidung, die Mitarbeit des Mannes im Haushalt einzumahnen. Wählt sie bewußt eine zugunsten der Familie reduzierte Erwerbstätigkeit, erklärt sie nach bestehender Rechtslage damit den Verzicht auf die Abgel-

---

[641] *Hartges Monika*, Die Benachteiligung von berufstätigen Ehefrauen/Müttern bei der Durchführung des Versorgungsausgleichs, STREIT 2/91, 55.

[642] Anlaßfall der Z 1 ist die sogenannte "Studentenehefrau", die es dem Mann durch ihre Erwerbstätigkeit ermöglicht, sein Studium zu absolvieren. Übt er erst kurz vor der Scheidung einen seinem Studium entsprechenden, gut bezahlten Beruf aus, so würde der normale Versorgungsausgleich zulasten der Frau gehen. Sie müßte ihre aus ihrer Erwerbstätigkeit erworbenen Ansprüche teilen, der Ehemann könnte zum Ausgleich noch nicht allzuviel beitragen, hat aber die Sicherheit einer durch seine Frau finanzierten Ausbildung, die ihm rentenrechtlich durch seine weitere Laufbahn noch hohe Anwartschaften garantieren wird.

[643] *Hartges Monika*, Die Benachteiligung von berufstätigen Ehefrauen/Müttern bei der Durchführung des Versorgungsausgleichs, STREIT 2/91, 56.

tung ihrer Doppelbelastung. Schafft sie es, Familie und Vollzeitbeschäftigung unter einen Hut zu bringen, ist sie quasi selbst schuld und kann sich über einen relativ schlechteren Ausstieg beim Versorgungsausgleich nicht beschweren.

2.3.2. Der Regierungsentwurf "Modell 87"

Die ursprüngliche Befristung des VAHRG bis zum 31.12.1986 war Anlaß für die Idee einer grundsätzlichen Reformierung der 1976 geschaffenen Regelungen des Versorgungsausgleichs. Unter der Bezeichnung "Modell 87"[644] stieß ein Reformmodell auf besonders massiven Widerstand.[645] Die Verwirklichung der geplanten Bestimmungen hätte das erklärte Ziel der eigenständigen, sozialrechtlichen Sicherung der nicht oder nur in geringem Maß erwerbstätigen Ehefrau, die aufgrund der Familienarbeit keine geeignete Versorgung im Rentenrecht aufbauen kann, im Fall der Scheidung ad absurdum geführt.

Vorgesehen war, den Zeitpunkt des Ausgleichs von der Scheidung zum Rentenantritt beider Ehegatten zu verschieben.[646] Da dieser in den seltensten Fällen gleichzeitig erfolgt wäre, wäre ein Partner bis zum Rentenanfall des anderen unversorgt gewesen. Auszugleichende Anwartschaften hätten sich nicht auf die während der Ehezeit erworbenen beschränkt[647], sondern auch Zeiten, in denen ein Ehepartner - ohne wieder geheiratet zu haben - wegen der Pflege und Erziehung eines gemeinsamen Kindes nicht erwerbstätig war, wären einzurechnen gewesen. Steigt der potentiell verpflichtete Partner in dieser Zeit aus einer versicherungspflichtigen Berufsarbeit aus, bleiben für den Erziehenden keine auszugleichenden Anwartschaften.

---

644 Es handelte sich um einen Entwurf des Bundesministeriums für Justiz v 8.3.1984.

645 So die negative Stellungnahme des 11. Feministischen Juristinnentages abgedruckt in STREIT 3/85, 94 ff.

646 Bei der Scheidung wären lediglich die Versorgungsträger der Ehegatten zu bestimmen gewesen.

647 Zu den auch heute in Einzelfällen möglichen Erweiterungen siehe oben.

Ein weiterer zentraler Knackpunkt war die geplante Aussetzung des Versorgungsausgleichs für die Dauer einer neuen Ehe. War also ein Partner zum Zeitpunkt des möglichen Versorgungsausgleichs bereits wieder verheiratet und blieb dies bis zum Tod des anderen, so kam es zu keinerlei Ausgleich der Anwartschaften. Hier stellte *Nimsch* die Frage: "[...] gehen die Autoren des Entwurfs davon aus, daß eine Frau spätestens mit der ersten Scheidung merkt, welch trügerische Existenzgrundlage eine Ehe ist und deshalb nicht wiederheiratet?"[648]

Derartige Reformvorschläge zeigten deutlich, daß das Institut des Versorgungsausgleichs in der juristischen Diskussion auch nach 10-jährigem Bestehen noch nicht ausreichend verankert war. Eine aktuelle Infragestellung der Prinzipien des Versorgungsausgleichs läßt sich nicht erkennen, insbesondere nach der Übernahme des Instituts für das vereinte Deutschland[649] kann man von einer gefestigten Position ausgehen.

2.3.3. Grundsätzliche Kritik am Rentenrecht

Nur mittelbar mit dem Versorgungsausgleich hängt die allgemeine Kritik an der sozialversicherungsrechtlichen Alterssicherung, insbesondere an der Rentenreform 1992[650], zusammen - auf sie soll deshalb nur kurz verwiesen werden. Da nach den bestehenden Systemen die Altersrente an die Erwerbstätigkeit anknüpft[651] und Vor- bzw Nachteile aus dem Berufsleben ins Alter mitgenommen werden, richtet sich die Kritik der schlechten Absicherung von Frauen primär gegen die Bedingungen der Frauenerwerbstätigkeit. *Schumann* führt aus, daß die Regelung des Versorgungsausgleichs als Gesetz begrüßt wurde, "das die Frauen den Männern gleichstellte und das - durch die Abschaffung des Schuldprinzips – darauf verzichtete, Frauen für 'eheliches Fehlverhalten' finanziell zu be-

648 *Nimsch Margret*, aufgeschoben - aufgehoben, STREIT 4/84, 125.

649 Dazu insbesondere *Borth*, Versorgungsausgleich 401 ff und *Eißler*, Versorgungsausgleich 27 ff.

650 Dazu insbesondere *Veil ua* (Hg), Frauenleben.

651 Der Versorgungsausgleich durchbricht quasi diesen Zusammenhang, indem auch nicht erwerbstätige Frauen Rentenansprüche geltend machen können.

strafen", tatsächlich habe es "eher kompensatorische Funktionen, die bestenfalls auf eine Gleichstellung im Innenverhältnis sich scheidender Ehepartner abzielen, die gesellschaftliche Ungleichheit der Geschlechter aber kaum berühren."[652] Lohndiskriminierung[653], Verdrängung von Frauen aus dem Arbeitsmarkt[654] bzw in sozialrechtlich schlechter abgesicherte Bereiche[655] sowie die noch immer gegebene rechtliche Bevorzugung des Hausfrauenfamilienmodells[656] führen zur Benachteiligung von Frauen im Rentenrecht, die durch den "kleinen" Beitrag des Versorgungsausgleichs nicht wettgemacht werden kann.[657]

2.4. Zusammenfassung

Der Bereich der Geschiedenen-Hinterbliebenenversorgung machte nach 1945 eine rasante Entwicklung durch. Waren nach dem Krieg allein unterhaltsberechtigte geschiedene Frauen in der Invaliden(Alters-)versicherung anspruchsberechtigt, kam es ab 1957 zu einem umfassenden

---

652 *Schumann*, Das Scheidungsrecht in der anwaltlichen Praxis, in: *Gerhard/Limbach* (Hg), Rechtsalltag von Frauen 105.

653 *Schunter-Kleemann*, Wohlfahrtsstaat und Patriarchat - Ein Vergleich europäischer Länder, in: *Schunter-Kleemann* (Hg), Herrenhaus Europa 160 bzw *Oelschläger/Schunter-Kleemann*, Frauen als Erwerbsarbeiterinnen - Frauen als Familienarbeiterinnen - Frauen, Eltern, Familien als Bezieher sozialer Leistungen, in: *Schunter-Kleemann* (Hg), Herrenhaus Europa 340 ff.

654 Zur "Theorie der industriellen Reservearmee" *Priemel/Schuster*, Frauen zwischen Erwerbstätigkeit und Familie 24 ff.

655 Hier ist insbesondere der Bereich der Teilzeitarbeit zu nennen, der noch immer als beste Lösung bezüglich der Vereinbarkeit von Erwerbs- und Familienarbeit gilt. Dazu *Gensior*, Teilzeitarbeit und frauenspezifischer Arbeitsmarkt, in: *Gerhard/Limbach* (Hg), Rechtsalltag von Frauen 61 ff; *Priemel/Schuster*, Frauen 175 ff; *Prinz K.*, Lebens- und Erwerbsverläufe von Frauen zwischen Kindererziehung, Beruf und eigener Existenzsicherung, in: *Veil ua* (Hg), Am modernen Frauenleben vorbei 212 ff.

656 *Kirner/Schulz*, Die Erwerbsbeteiligung im Lebensverlauf von Frauen in Abhängigkeit von der Kinderzahl, in: *Gather ua* (Hg), Frauen-Alterssicherung 62 ff.

657 Der Vollständigkeit halber sei angeführt, daß die Diskussionen in der Bundesrepublik noch zusätzlich vom Aspekt der Wiedervereinigung mit der ehemaligen DDR beeinflußt sind. Insbesondere die Analyse der Lebens- und Erwerbssituation der Frauen in der DDR ist Thema der Frauenforschung.

Ausbau der Absicherung. Im Rahmen der Arbeiter- und Angestelltenrentenversicherungs-NeuregelungsG wurden einerseits die Anspruchsvoraussetzungen für die Geschiedenen-Witwenrente durch Berücksichtigung tatsächlicher Unterhaltsleistungen gelockert und andererseits auch geschiedene Witwer miteinbezogen[658]. 1963 zog auch die Unfallversicherung nach und schuf erstmals eine Geschiedenen-Hinterbliebenenrente unter den gleichen Bedingungen wie die Rentenversicherung. Hinzu kamen Regelungen betreffend Abfindung und Wiederaufleben der Renten im Fall der Wiederheirat des Rentenbeziehers.[659]

Das 1. EheRG leitete die Neugestaltung dieses Normenkomplexes ein. Ab dem 1.7.1977 ausgesprochene Scheidungen führen im Bereich der rentenrechtlichen Absicherung zu einer verschuldens- und unterhaltsunabhängigen Aufteilung von Versicherungsansprüchen zwischen den Ehegatten nach dem Modell des sogenannten Versorgungsausgleichs.[660] Während der Ehe angesammelte Versorgungspositionen in einer gesetzlichen, betrieblichen oder privaten Rentenversicherung sind unabhängig davon, von wem sie erworben wurden, aufzuteilen.[661] So werden Arbeitsleistungen des nichterwerbstätigen Partners für die Familie denen aus Berufsarbeit gleichgestellt. Die Aufteilung der Ansprüche erfolgt nach einem komplizierten Schlüssel; grundsätzlich wird zwischen dem gesetzlichen und dem schuldrechtlichen Versorgungsausgleich unterschieden. Der gesetzliche (oder auch öffentlich-rechtliche) Versorgungsausgleich führt zur Übertragung von Ansprüchen der gesetzlichen Rentenversicherungsanstalten auf ein Rentenkonto des Ausgleichsberechtigten. Der nur subsidiär anzuwendende schuldrechtliche Versorgungsausgleich birgt größere Risiken für den Berechtigten, weil es zu

---

658 Hier bildete die überwiegende Unterhaltsgewährung für die Familie durch die verstorbene Frau die Grundbedingung des Rentenanspruchs.

659 Bereits 1973 - somit vor der Abkehr vom Verschuldensprinzip im Scheidungsrecht - erfolgte hier eine verschuldensunabhängige Normierung.

660 Eine Besonderheit bildet die Tatsache, daß die entsprechenden Regelungen nicht in die Sozialversicherungsgesetze sondern ins Scheidungsfolgenrecht des BGB übernommen wurden.

661 Der Ehegatte, der mehr Ansprüche erwerben konnte, teilt die Differenz zu denen des anderen mit diesem.

keiner absoluten Absicherung kommt. Durch die Änderungen der ursprünglichen Bestimmungen mittels G zur Regelung von Härten im Versorgungsausgleich (VAHRG) konnten Härtefälle beseitigt werden.[662]

Der Sektor der Unfallversicherung blieb unverändert, ebenso die Hinterbliebenenrenten für vor dem 1.7.1977 Geschiedene. Trotz der ursprünglichen, grundsätzlichen Bestätigung der Verfassungskonformität der für Frauen und Männer unterschiedlichen Anspruchsvoraussetzungen im Rentenrecht durch das BVfG kam es 1986 zu gleichlautenden Bestimmungen der Geschiedenen-Witwen- und Witwerrenten. Die 1992 bzw 1997 erfolgte Übernahme der Invalidenversicherung ins SGB VI sowie der Unfallversicherung ins SGB VII bewirkte keine materielle Neugestaltung der sozialversicherungsrechtlichen Versorgung Geschiedener mehr.[663]

---

[662] Die Bundesrepublik Deutschland hat hier ein klares Bekenntnis zur sozialversicherungs-rechtlichen Absicherung der nicht ständig berufstätigen, geschiedenen Frau abgegeben. Nur eine Sicherung in einer staatlichen Rentenanstalt wird als wirklich zielführend angesehen, der schuldrechtliche Versorgungsausgleich soll nach Möglichkeit zurückgedrängt werden, weil er zu einer abermaligen, direkten Abhängigkeit vom geschiedenen Ehepartner führt.

[663] Einen zusammenfassenden Überblick für das Rentenrecht bietet *Spiolek Ursula*, Änderungen im Recht des Versorgungsausgleichs durch die Änderungen in der Gesetzlichen Rentenversicherung aufgrund des SGB VI - Hinweise für die anwaltliche Tätigkeit, STREIT 4/92, 169 ff. Die beschriebenen Änderungen treffen ausschließlich Regelungen des Sozialrechts und beziehen sich auf die Art der Rentenberechnung (Rentehöhen, Wartezeiten usw) sowie die Anerkennung und Verankerung des Versorgungsausgleichs auch in den Regelungen des SGB VI.

IV. Möglichkeiten für das österreichische Sozialversicherungsrecht

A. Kritik an der bestehenden österreichischen Rechtslage

1. Geschichtlicher Nachholbedarf durch die unterschiedliche Entwicklung von Scheidungs- und Sozialversicherungsrecht

Da - wie in Kap II.C. aufgezeigt - die sozialversicherungsrechtlichen Normen der verschiedenen Berufsgruppen einerseits als auch die Regelungen von Unfall- und Pensionsversicherung andererseits im wesentlichen denselben Grundsätzen entsprachen, werde ich im folgenden Abschnitt nur beispielhaft und ausnahmsweise auf einzelne Normen verweisen und bei der Kritik an den gemeinsamen Determinanten anknüpfen.[664] Die gesonderte Behandlung der Krankenversicherung ergibt sich aus der Verschiedenheit der Materie.

1.1. Die normative Ausgangslage des vorigen Jahrhunderts

Der enge Zusammenhang oder besser die gegenseitige Abhängigkeit und Verzahnung von Scheidungs- und Sozialrecht in den Fragen der sozialversicherungsrechtlichen Absicherung geschiedener, vormals durch den Ehepartner abgesicherter Personen waren von jeher immanent. Die Absicherung erfolgte in der Unfall- und Invaliditäts(Alters-)versicherung in Form von Hinterbliebenenrenten, die Krankenversicherung gewährte in der Regel Krankengeld an unterhaltsberechtigte Familienmitglieder, wenn sich der Versicherte in Krankenanstaltspflege befand. Eine Mitversicherung im heutigen Sinn gab es noch nicht.

---

[664] Der Beamtenversorgung soll eine kurze eigenständige Betrachtung gewidmet sein.

Der neugeschaffenen Materie des Sozialversicherungsrechts stand in Österreich in den 80er Jahren des vorigen Jahrhunderts ein seit mehreren Jahrzehnten bestehendes, bereits kritischen Auseinandersetzungen unterworfenes[665] Eherecht gegenüber. Das Sozialrecht folgte mit seinen Leistungskriterien den durch das Ehe- und Scheidungsrecht erstellten Grundsätzen der alleinigen Unterhaltsgewährung durch den Ehemann und der ausschließlichen Unterhaltsgewährung an die schuldlos geschiedene Frau. Genau diese Unterhaltsleistungen, die der Versicherte nach Eintritt des Versicherungsfalles nicht mehr selbst erbringen konnte, wurden von der Versicherung zumindest teilweise übernommen. Getrennten[666] Ehepartnern standen keine Unterhaltsansprüche zu, sie verschwanden - ebenso wie schuldhaft geschiedene Ehepartner - aus dem Kreis der versicherungsrechtlich Anspruchsberechtigten.[667]

Nach modernen Rechtsbegriffen erfaßten diese Versicherungsgesetze[668] eigentlich keine geschiedenen Ehepartner, sondern in der Regel solche Ehefrauen, denen aufgrund ihres katholischen Religionsbekenntnisses zwar eine Aufhebung der häuslichen Gemeinschaft, aber keine Beendigung ihrer Ehe oder gar Wiederverheiratung möglich war, und die aus diesen Gründen im Fall fehlenden Verschuldens weiterhin Unterhalt von ihrem Ehemann bezogen.

Das AngestelltenversicherungsG aus 1926 reagierte als erstes G auf die Zunahme der Dispensehen mit der Anordnung, daß die schuldlos geschiedene Witwe bei der Gewährung von Hinterbliebenenleistungen der 2. Ehefrau vorzuziehen sei. Diese argumentativ schwer zu begründende Annahme[669] dürfte aus reiner Zweckmäßigkeit und Kostenersparnis er-

---

[665] *Steinlechner*, Reform; einschließlich späterer Entwicklungen *Lehnhoff*, Auflösung.

[666] Die Trennung des AGBG idF 1811 entsprach der gänzlichen Auflösung der Ehe - also der Scheidung im modernen Sinn.

[667] Das PensionsversicherungsG der Angestellten aus 1906 stellte erstmals ausdrücklich den Ausschluß getrennter Ehefrauen fest.

[668] Siehe dazu die Ausführungen in II.C.1. und 2.

[669] Beide Ehefrauen waren theoretisch vom Unterhalt des Mannes bzw nach seinem Tod von einer Hinterbliebenenrente abhängig, genauso war beiden potentiell die Eingehung einer neuen Ehe möglich. Die geschiedene, erste Frau hätte wie der wiederverheiratete

folgt sein. Eine Gewährung von 2 Renten schien unfinanzierbar, eine Teilung der Rente zwischen den Frauen wurde ebensowenig in Erwägung gezogen. Die äußerst umstrittene Dispenserteilung bedeutete einen massiven Eingriff in das konfessionelle Eherecht, wurde von Gesetzgebungsseite im Familienrecht jedoch nie ausreichend abgeklärt, sodaß auch die Reaktionen im Sozialversicherungsrecht eher willkürlich erscheinen mußten.[670]

1.2. Der Umbruch durch das EheG 1938

Das in Österreich 1938 eingeführte EheG begründete ein verschuldensabhängiges, mit einzelnen Zerrüttungselementen ergänztes Scheidungsrecht, das ungebunden von religiösen Vorschriften die vollständige Auflösung aller Ehen ermöglichte. Damit kam es zur grundlegenden Neuordnung des Ehe- und Ehescheidungsrechts in Österreich und zur Schaffung einer Rechtsmaterie, die bis heute in ihren Grundzügen besteht. Die 1939 erfolgte Übernahme der reichsdeutschen Sozialversicherungsnormen, die keinerlei Ansprüche geschiedener Ehegatten kannten bzw gekannt hatten[671], führte nun zu einer völligen Nichtbeachtung selbst schuldlos geschiedener, unterhaltsberechtigter Ehepartner bei der Begründung von Hinterbliebenenleistungen. Diese nach der entgegengesetzten österreichischen Tradition offensichtlich als mangelhaft

Mann eine Dispenserteilung anstreben müssen, der 2. Ehefrau standen als echter Witwe keine eherechtlichen Hindernisse im Weg. Die Unsicherheit der Dispensgewährung an die geschiedene Frau und die Gefahr der Ungültigerklärung einer solchermaßen genehmigten Ehe sprachen wohl eher für deren Bevorzugung, denn sie konnte sich nicht auf eine neue Heiratsmöglichkeit verlassen.

670 Dazu insbesondere auch II.C.2.2.2.

671 Das bei Entstehung der RVO geltende Scheidungsrecht des BGB war mit Ausnahme einer Scheidung bei Geisteskrankheit des Partners ein reines Verschuldensscheidungsrecht, das keine einvernehmliche Scheidung kannte und Unterhaltsansprüche dem schuldlos geschiedenen Teil nur dann zusprach, wenn von ihm eine Versorgung aus eigenem Vermögen oder aus einer Erwerbstätigkeit nicht erwartet werden konnte.

empfundene Rechtslage erfuhr Mitte 1942 eine entsprechende Änderung.[672]

Zumindest im Bereich der Altersrente - und nicht wie bei früherer österreichischer Rechtslage auch bei Unfallversicherungshinterbliebenenrenten - wurden Witwenrenten für geschiedene, unterhaltsberechtigte Frauen ermöglicht. Die Zuteilung erfolgte allerdings mittels einer Ermessensentscheidung. Dem Grunde nach wurde die alte, österreichische, für Katholikenehen konstruierte Regelung der sozialversicherungsrechtlichen Hinterbliebenenansprüche für das neue Eherecht übernommen. Kriterium war nicht länger die "schuldlos geschiedene Ehegattin" sondern die "unterhaltsberechtigte, geschiedene Ehefrau". Defacto handelte es sich dabei um den kleineren Adressatenkreis, denn eine schuldlose Scheidung nach dem EheG 1938 mußte nicht zwangsweise einen Unterhaltsanspruch nach sich ziehen. Auffallend ist, daß hier Bestimmungen, die dem konfessionell gebundenen Scheidungsrecht des ABGB idF 1811 entsprachen, auf das neue Eherecht übertragen wurden, obwohl die Konsequenzen einer Scheidung nach neuem Recht nicht mit denen der "Scheidung von Tisch und Bett" einer Katholikenehe vergleichbar waren. Eine Scheidung nach EheG 1938 entsprach der Trennung des ABGB idF 1811: Für schuldlos getrennte Ehefrauen war im selben jedoch nie ein Unterhaltsanspruch und somit auch keine Hinterbliebenenrente vorgesehen gewesen. Nach österreichischem Recht wäre daher auch für die "neue" Scheidung nach EheG 1938 die gänzliche Abschaffung aller Unterhalts- und Hinterbliebenenleistungen systemimmanent gewesen. Das ABGB idF 1811 hatte diese Konsequenz im Fall der gänzlichen Trennung gezogen, Unterhaltszahlungen waren nur für die quasi "ausgesetzte" Ehe nach einer Scheidung von Tisch und Bett, nicht jedoch für die tatsächlich aufgelöste Ehe normiert. Das Resultat der Verweigerung jeglicher Unterhaltsansprüche in einem säkularisierten

[672] Durch das Zweite G über die Verbesserung der Leistungen in der Rentenversicherung v 19.6.1942, DRGBl 407, und die V v 22.6.1942, DRGBl 411, wurden Bestimmungen der RVO und des AVG ergänzt.

Scheidungsrecht wäre nach damaligem Rechtsempfinden wohl ein zu radikales gewesen.[673]

Für die nach 1942 wieder bestehenden sozialversicherungsrechtlichen Ansprüche Geschiedener ergab sich durch deren Verknüpfung mit den Unterhaltsfolgen eine eigentümliche Konsequenz. Während die Unterhalts- und Hinterbliebenenpensionszahlungen an eine von Tisch und Bett geschiedene Frau nach alter Rechtslage mit der ihr zugedachten Rolle als Hausfrau und Mutter und der Unmöglichkeit einer Wiederverheiratung begründbar waren[674] (das Scheidungsverschulden bildete praktisch eine zusätzliche "moralische Wertung"), lieferte das Verschulden nunmehr das einzige Entscheidungskriterium. Die Feststellung, daß die Ehe eine Versorgungsfunktion für die Frau erfüllte, war nicht länger richtig.[675] Und obwohl eine geschiedene Frau nunmehr quasi eine wirklich von der Ehe befreite Frau war, beließ man es bezüglich der versicherungsrechtlichen Folgen beim traditionellen Ansatz. Das Scheidungsverschulden war (noch immer oder wiederum) entscheidender Prüfmaßstab der Unterhalts- und Versicherungsgewährung. Es

---

673 Entscheidend dürfte dabei auch die Zahl der Betroffenen gewesen sein. Bei einem Anteil von rund 90 % Katholiken konnte man bei den auf das Kirchenrecht zugeschnittenen Scheidungsregeln von allgemeiner Gültigkeit sprechen, während die restlichen Bestimmungen Ausnahmecharakter hatten. Üblich und vertraut war daher eher das Modell der Unterhaltszahlung an die geschiedene Frau als die gänzliche Aufhebung jeder rechtlichen Beziehung zwischen den Ehegatten.

674 Für die vom Gesetzgeber 1811 als Idealvorstellung angenommene bürgerliche Hausfrau und Mutter bestand das Bekenntnis zur vom geschiedenen Mann abgeleiteten, verpflichtenden sozialen Absicherung, die sich die Frau aufgrund ihrer familienorientierten Tätigkeit nicht durch Erwerbsarbeit schaffen konnte. Eine Einschränkung bildete die insbesondere in unteren Schichten herrschende Lebensrealität, die sehr wohl eine Erwerbstätigkeit der Frauen beinhaltete.

675 Die neben Hausarbeit und Kindererziehung auch erwerbstätige Frau entsprach dem neuen Familienbild des Regimes. De facto bedeutete das nur die rechtliche Festschreibung bereits bestehender Annahmen. Die Berücksichtigung von Vermögen und möglicher Erwerbstätigkeit auf Seite der potentiellen Unterhaltsempfängerin und von der Leistungsfähigkeit des möglichen Verpflichteten in der Entscheidungsfindung zum Unterhaltsanspruch war nach den Bestimmungen des ABGB idF 1811 zwar nicht vorgesehen gewesen, von den Gerichten kam es bereits vor 1938 zu entsprechenden Urteilen. Siehe auch FN 138.

war jedoch mittlerweile der alleinige und ein mA zweifelhafter Maßstab, denn der rechtfertigende Hintergrund war weggefallen.

Mit dem G von 1942 kam es zur starren Bedingtheit zwischen Versicherungsansprüchen und Scheidungsverschulden (in Form des Unterhaltsausspruchs), ohne den sozialen Bedarf der Geschiedenen-Hinterbliebenenansprüche mitzudenken. Nicht die Tatsache der Ehe und Mutterschaft als besonders schutzwürdig und daher durch Sozialversicherungsansprüche sichernswert, sondern das Eheverhalten und die daraus ableitbaren unterhaltsrechtlichen Vor- und Nachteile blieben als Determinanten der Hinterbliebenenversorgung übrig. Der für die österreichische Rechtsentwicklung zunächst positiv zu beurteilenden Verbindung der Scheidung von Tisch und Bett und der Ehetrennung zu einer einheitlichen Scheidung steht eine für mich negativ zu wertende, durch legistisches Flickwerk entstandene Reduzierung sozialversicherungsrechtlicher Absicherung auf die Verschuldensfrage gegenüber. Auch wenn vor und nach der Rechtsänderung von 1938 (bzw 1942) die schuldlose Scheidung als tatbestandsentscheidend zu behandeln ist, erfolgte die Begründung der Norm auf jeweils verschiedene Art und Weise.

Das alleinige Abstellen auf die Unterhaltszahlungen als Leistungsvoraussetzung bei Geschiedenen-Witwenrenten erweist sich inhaltlich mA insbesondere deshalb als falsch, weil durch die neuen Bestimmungen des EheG die Unterhaltsregeln als Belohnung für fehlendes Scheidungsverschulden bzw fehlenden Scheidungswillen interpretiert werden müssen.[676] Wenn man nun vielleicht der Sphäre des unmittelbaren Scheidungsfolgenrechts solche Abwägungen zugestehen möchte, so erscheint zumindest das Abhängigmachen sozialer Sicherheit[677] von ehelichem Verhalten nicht gerade von hehren Motiven getragen.

---

[676] Grundsätzlich war die Frau nach der Scheidung auf eine Erwerbstätigkeit zu verweisen, zugesprochener Unterhalt kam einer Privilegierung gleich.

[677] Hier soll es um die Grundsicherung des einzelnen gehen, insbesondere die Alterssicherung, wenn eine selbständige Versorgung nicht mehr möglich ist.

1.3. Die Übernahme ins österreichische Recht nach 1945

Bis zum Inkrafttreten des ASVG 1955 blieb es bei der Beibehaltung der durch das nationalsozialistische Regime eingeführten Bestimmungen. Das ASVG brachte einerseits erhebliche Verbesserungen und führte die Geschiedenenwitwenrente wieder in den beiden Bereichen der Unfall- und Pensionsversicherung ein; der Anspruch wurde zum Rechtsanspruch und war nicht länger vom behördlichen Ermessen abhängig. Andererseits wurden die notwendigen Voraussetzungen des Unterhaltsanspruchs strenger gefaßt und in Gruppen geteilt, sodaß nur Unterhaltszahlungen aufgrund eines gerichtlichen Urteils, eines gerichtlichen Vergleichs oder einer vertraglichen Verpflichtung als hinreichend zur Begründung eines Pensionsanspruchs gesehen wurden. Die Höhe der Rente war mit der Höhe der Unterhaltszahlung festgeschrieben. Sehr bald erwies sich dieser strikte Formalismus in vielen Fällen als gravierendes Hindernis bei der Erreichung der Geschiedenenwitwenrente.

Die Rückkehr zu einer eigenständigen österreichischen sozialrechtlichen Lösung - unter Beibehaltung des EheG 1938 - begründete somit keine Änderung der Zusammenhänge Scheidungsverschulden - Unterhalt - Witwenpension. Der Nachteil des Entscheidungsermessens wurde gegen jenen der Formstrenge eingetauscht.[678]

---

678 Auch auf eine weitere - wohl nur mit striktem Formalismus erklärbare - Kuriosität der Geschiedenen-Hinterbliebenpensionsregelungen möchte ich nochmals hinweisen. Heiratet eine Bezieherin einer Geschiedenenwitwenrente wieder, so wird ihr die Pension in der Höhe des 35-monatsfachen der Pension abgefertigt. Wird auch die neue Ehe aufgelöst, für nichtig erklärt oder geschieden, kann die Pension auf Antrag nach frühestens 2 1/2 Jahren wiederaufleben, sofern die Scheidung nicht aus alleinigem oder überwiegendem Verschulden der Antragstellerin geschah. Die Anspruchsvoraussetzungen werden hier für die wiederaufgelebte Pension wiederholt, der Verschuldensausspruch der 2. Scheidung wirkt somit übergreifend auf den aus der 1. Ehe abgeleiteten Anspruch! Der einmal erworbene Versicherungsanspruch geht durch ein Fehlverhalten während einer weiteren Ehe unwiederbringlich verloren, das Eingehen einer neuen Ehe wird zum Risiko im Hinblick auf eine Alterspension. So beispielsweise §§ 215a und 265 Abs 2 ASVG.

1.4. Die "große" Familienrechtsreform und eine "kleine" Sozialversicherungsreform

Neben Einführung der einvernehmlichen Scheidung (§ 55a EheG) war die unbedingte Scheidbarkeit der Ehe nach 6-jähriger Heimtrennung (§ 55 Abs 3 EheG) zentraler Punkt der Scheidungsrechtsreform. Unterhaltsrechtlich ergaben sich eine generelle Umstellung durch die nun gesetzlich normierte gegenseitige Unterhaltspflicht beider Ehepartner sowie eine speziell auf den § 55 Abs 3 abgestimmte Unterhaltskonstruktion.

Die beiderseitige Verpflichtung der Ehegatten, zum gemeinsamen Unterhalt beizutragen, führte im Familienrecht gleichzeitig zur (zumindest theoretischen) gleichwertigen Anerkennung der Familienarbeit gegenüber der Erwerbsarbeit, weil ein Ehepartner auch auf diese Weise seinen vollständigen Beitrag zum Unterhalt leisten konnte. Dennoch kam es auf sozialversicherungsrechtlicher Ebene diesbezüglich zu keiner Reaktion: Kindererziehung, sonstige Pflegeleistungen oder Haushaltsführung wurden nicht zu versicherungs- und anspruchsbegründenden Tatbeständen. Der haushaltsführende Ehepartner blieb weiterhin bloßer Angehöriger und Mitversicherter des Erwerbstätigen.[679]

Hingegen knüpfte die Sozialgesetzgebung sehr wohl bei dem Konstrukt der §§ 55 Abs 3 und 61 Abs 3 iVm 69 Abs 2 nF EheG an, das den schuldlosen, auf Scheidung geklagten Partner nach denselben Grundsätzen wie während aufrechter Ehe behandelt. Man erfand die "qualifizierte Witwen/Witwerrente" für nach den zitierten Normen geschiedene Personen, wenn sie überdies das 40. Lebensjahr vollendet hatten und die Ehe 15 Jahre gedauert hatte.[680] Die Höhe dieser Rente, die einer normalen Hinterbliebenenrente entsprach, insbesondere aber die erstmalige, ausschließlich auf diese Fälle beschränkte Einbeziehung geschiedener

---

679 Die fehlende bzw mangelnde Anerkennung von Pflegeleistungen und Kindererziehung durch die Sozialversicherung ist aus Sicht der Frauen- und Geschlechterforschung zentraler Punkt aller Pensionsreformdebatten. Dazu noch später.

680 Zum genauen Aufbau der jeweiligen Bestimmungen II.C.4.1.1.3.

Männer[681] in die Hinterbliebenenversorgung lassen die zumindest eigenwillige Konstruktion dieses Tatbestandes erkennen.

Diese unterschiedliche Gewichtung der neu geschaffenen Unterhaltsregelungen bei der Adaption der sozialversicherungsrechtlichen Bestimmungen an das Familienrecht weist eindeutig auf das bewußte Bemühen um Aufrechterhaltung des bestehenden Modells der Hausfrauenehe hin. Die beste (und billigste[682]) sozialversicherungsrechtliche Versorgung bot sich nach wie vor für die mitversicherte und witwenpensionsberechtigte Ehefrau, die aufgefordert war, im Fall eines Scheidungsbegehrens des Mannes diesem möglichst lange zu widersprechen, um ihre gesicherte Position zu erhalten. "Das Alterssicherungssystem hat wie andere Systeme zur sozialen Sicherung neben der materiellen auch eine ideologische Funktion. Die Witwenpension soll das Familienmodell 'Mann Verdiener, Frau nicht erwerbstätige Hausfrau' attraktiv machen und als Ideal festigen."[683] Die oben beschriebene qualifizierte Unterhalts- und Rentengewährung war insbesondere für jene Fälle vorgesehen, in denen der schuldlosen, scheidungsunwilligen, älteren Ehefrau, die bisher ausschließlich Ehemann und Haushalt versorgt hatte, auch nach der Scheidung die Fortsetzung dieses Lebensstandards zugesichert werden sollte.

681 Zur Erreichung einer Geschiedenen-Witwerrente mußten auch die für die normale Witwerrente geforderten Tatbestandsmerkmale der Erwerbsunfähigkeit und Bedürftigkeit des Mannes und der bisherigen überwiegenden Unterhaltsgewährung durch die verstorbene Frau vorliegen.

682 Unter Bruch des eigentlichen Versicherungsprinzips erfolgen zulasten der Versicherungsgemeinschaft oder der Allgemeinheit zusätzliche Leistungen ohne höhere Beitragszahlung des primär Versicherten.

683 *Hieden-Sommer*, Alterssicherung, in: *Renner-Institut* (Hg), Sozialstaat 59.

1.5. Die Entwicklung in der Beamtenversorgung

Die Leistungen an geschiedene Beamtenwitwen wurden analog anderer Versicherungsnormen per G aus 1896[684] ausschließlich vom fehlenden Scheidungsverschulden, nicht jedoch von Unterhaltsgewährungen abhängig gemacht.

Das PensionsG 1921 beinhaltete bezüglich der Geschiedenen-Witwenversorgung nur mehr die Bestimmung, daß die geschiedene, erste Ehefrau der Gattin aus einer Dispensehe vorzuziehen sei, was auf die grundsätzliche Einbeziehung geschiedener Witwen schließen läßt. Aus anderen Bestimmungen des PensionsG 1921 ergab sich die Einschränkung auf schuldlos geschiedene Frauen, denen auch tatsächlich Unterhalt geleistet wurde.

Das PensionsG 1965 legte in Anlehnung an das ASVG ähnlich strenge Kriterien bezüglich der Unterhaltsansprüche geschiedener Frauen als Voraussetzung der Gewährung einer Hinterbliebenenversorgung fest. In Umkehr der früheren Bestimmungen war nunmehr eine Ehefrau aus einer im Todeszeitpunkt aufrechten Ehe einer geschiedenen Witwe vorzuziehen. Die mit der Familienrechtsreform geschaffene qualifizierte Witwenrente konnte für die Beamtenversorgung tatsächlich nur für Witwen übernommen werden, weil zu diesem Zeitpunkt keinerlei Versorgung von Beamtinnenwitwern vorgesehen war.

Die Regelungen der Beamtenversorgung unterlagen somit trotz der Unterschiede zu der allgemeinen Sozialversicherung im Bereich der Hinterbliebenenversorgung den oben beschriebenen Grundsätzen und Änderungen, die Ausführungen zur Diskrepanz zwischen Ehe- und Sozialrecht gelten daher sinngemäß.

---

[684] G betreff Bestimmungen über die Versorgungsgenüsse der Civil-Staatsbeamten (Staatslehrpersonen), dann der Diener, sowie deren Witwen und Waisen.

1.6. Die Krankenversicherungen

Die Erbringung von Krankengeld an Angehörige sowie die Mitversicherung von Familienmitgliedern waren die in der Anspruchspalette der Krankenversicherung zu findenden, auch für geschiedene Ehepartner interessanten Anknüpfungspunkte.[685]

Das Arbeiter-KrankenversicherungsG 1888 verstand nur Angehörige, deren Unterhalt der Versicherte bestritten hatte, als anspruchsberechtigt. Ihnen wurde als Unterhaltsersatzleistung ein Krankengeld ausbezahlt, wenn der Versicherte selbst kein solches bezog, weil er sich in Spitalspflege begeben mußte. Der Sozialversicherungsträger übernahm hier für den Zeitraum der Krankheit die Stellung des Unterhaltsverpflichteten, um die Versorgung der Familie aufrechtzuerhalten.

Die Vorreiterrolle bei der Mitversicherung übernahm das KrankenversicherungsG der Staatsbediensteten aus 1920, das auch ausdrücklich die schuldlos geschiedene Ehegattin in den Versichertenkreis miteinbezog. Hier wiederholten sich die im Unfall- und Pensionsversicherungsrecht bestehenden Grundsätze. Das ArbeiterversicherungsG 1927 hingegen legte wesentlich strengere Kriterien bezüglich der Angehörigeneigenschaft fest. So war nur die in ehelicher Gemeinschaft lebende Gattin erfaßt, was den Ausschluß der geschiedenen Frau aus der Mitversicherung besiegelte. Das GSVG 1935 knüpfte an denselben Tatbestand an.[686]

In den während der Zeit des Nationalsozialismus übernommenen deutschen Versicherungsgesetzen fanden sich keine Ansprüche geschiedener Ehepartner. Im Jahr 1941 wurde allerdings die Möglichkeit der freiwilligen Weiterversicherung nach einem verstorbenen Ehegatten auch auf dessen geschiedene Partner ausgedehnt. Scheidungsverschulden oder

---

685 Sonderleistungen wie beispielsweise ein Wochenhilfeanspruch der schuldlos geschiedenen Frau fanden sich aber im AngestelltenversicherungsG 1926 und im GSVG.

686 Fortschrittlich war das GSVG immerhin bei der Einräumung der Mitversicherungsmöglichkeit des - natürlich in ehelicher Gemeinschaft lebenden - Ehemannes.

Unterhaltsansprüche waren irrelevant; einem ehemaligem Mitversicherten wurde demnach der selbst zu finanzierende Einstieg in die Versichertengemeinschaft "erlaubt". Bereits hier deutete sich die zukünftige Entwicklung an, durch Scheidung ausgeschiedene, ehemals mitversicherte Versicherungswillige auf eine eigene Selbst- oder Weiterversicherung zu verweisen.

Das ASVG folgte diesem strengen Ansatz, der durch die Familienrechtsreform in einem Punkt wieder verwässert wurde. Bei der Scheidung gem §§ 55 Abs 3 und 61 Abs 3 iVm 69 Abs 2 wurde der nach 6-jähriger Heimtrennung klagende, schuldig geschiedene Ehegatte verpflichtet, im Rahmen der Unterhaltsleistungen für den anderen Teil zumindest die Beiträge der Krankenversicherung zu erbringen.

Das Beamtenkrankenversicherungsrecht wiederum ging den pragmatischeren Weg und behandelte jeden schuldlos geschiedenen Ehepartner weiterhin als Angehörigen mit vollen Leistungsansprüchen der Mitversicherung.[687]

Diese inhomogene Entwicklung der Stellung Geschiedener in der Krankenversicherung beruht auf der Durchmischung der Systeme mit teilweise wieder rückgängig gemachten Neuansätzen. In einigen Versicherungsverbänden wurden Grundzüge aus dem Pensionsrecht übernommen und schuldig Geschiedene generell von Leistungen ausgeschlossen, während schuldlos Geschiedene weiterhin mit einer Krankenversorgung rechnen konnten - dies aber ebenfalls in unterschiedlich starkem Ausmaß. Andere Versicherungsgruppen schloßen Geschiedene generell aus der Mitversicherung aus. Während das Beamtenrecht hier die großzügigste Lösung wählte und den (schuldlos) Geschiedenen weiterhin als Mitversicherten in der Versicherungsgemeinschaft beließ, ging das ASVG den Weg der eigenständigen Versicherung, die jedoch in

---

687 Bis 1990 war nur erwerbsunfähigen Ehemännern die Mitversicherung mit der Beamtin möglich gewesen.

bestimmten Fällen aufgrund eherechtlicher Bestimmungen nicht vom Versicherten selbst, sondern vom geschiedenen Ehepartner zu finanzieren ist.

2. Derzeit gültige Rechtslage und aktuelle[688] Forderungen

2.1. Die Unfall- und Pensionsversicherungen

2.1.1. Scheidung als Damoklesschwert über der sozialen Absicherung

Die 1993 erfolgte, anspruchsbegründende Anerkennung tatsächlicher Unterhaltszahlungen zur Erlangung einer Geschiedenen-Hinterbliebenenrente[689] stellte zwar einen wichtigen Schritt in Richtung einer von der Lebensrealität und nicht von theoretischen Konstrukten geleiteten Rechtsordnung dar. Die grundsätzliche Problematik der Verknüpfung von Unterhalts- und Pensionsansprüchen - generell die Verknüpfung von Ehe- und Sozialrecht - wurde allerdings nicht entschärft. Der Großteil der sozialversicherungsrechtlichen Ansprüche Geschiedener hängt nach wie vor unmittelbar von dem bei der Scheidung gefällten Urteil oder geschlossenen Vertrag ab, sprich vom Geschick der Rechtsvertreter oder der Beurteilung durch den/ie Richter/in. Jeder aus dem Tatbestand der Eheschließung abgeleitete, sozialversicherungsrechtliche Anspruch birgt logischerweise die Gefahr in sich, bei einer Scheidung verloren zu gehen. Aufgrund der steigenden Scheidungszahlen[690] scheint der Zu-

---

[688] Als grundsätzliche Anmerkung muß diesem Kapitel vorangestellt werden, daß die Aktualität bei der Fragestellung der sozialversicherungsrechtlichen Absicherung geschiedener Personen, insbesondere geschiedener Frauen, eine relative ist. Seit rund 20 (!) Jahren kreist die Diskussion dieser Problematik um die gleichen Themenschwerpunkte. Bereits im Laufe der Debatten um die Familienrechtsreform entstanden Argumentationslinien und Forderungen, die bis heute Gültigkeit haben und bislang unerfüllt blieben. Siehe dazu auch die bereits in Kap II.C.4.5. beschriebenen unmittelbaren Reaktionen auf die Gesetzesänderungen.

[689] Siehe Kap II.C.5.1.2.

[690] Die Statistiken gehen üblicherweise von einer in den letzten Jahren gleichgebliebenen 33%igen Scheidungsrate aus, nach anderen Angaben ist zukünftig mit etwa 40 Scheidungen pro 100 Eheschließungen zu rechnen.

sammenbruch dieses Systems aber unausweichlich. "Die Erosion der Ehe als bisher dominante Partnerschaftsform wird andauern. Damit wird der Aspekt des sozialen Sicherungssystems in Österreich brüchiger, der bisher für einen Teil der Frauen von Relevanz war: die soziale Absicherung über die Ehe - festgelegt in den Regelungen über die Mitversicherung in der Krankenversicherung und die Hinterbliebenenversorgung in der Pensions- und Unfallversicherung."[691]

Fraglich ist, ob das Abhängigmachen sozialer Leistungen von einer Beurteilung vergangenen privaten, ehelichen Verhaltens - wie das im Scheidungsurteil geschieht - gesellschafts- und rechtspolitisch noch tragbar ist? Die Frage, ob Ehe als materielle Existenzgrundlage dienen kann, ist für die heutige Rechtslage eindeutig mit "Nein" zu beantworten.[692] Sie sollte es mA aber auch gar nicht.

2.1.2. Eigenpension statt Hinterbliebenenrente

Die Palette der Änderungsmöglichkeiten wäre weit gestreut,[693] Reformwille und -ziele sind allerdings typischerweise abhängig von politischen

[691] *Tálos/Wörister*, Sicherung 256. Die gleichen Schwierigkeiten kennt das deutsche System: "Die sozialpolitische Norm, die vorsieht, daß Frauen mit Kindern durch familiären Unterhalt gesichert werden, bricht sich an der empirischen Realität, daß Ehen unbeständig sind und scheitern." (*Mädje/Neusüß*, Frauen 20).

[692] In Abwandlung von: "Kann die Ehe als materielle Existenzgrundlage dienen? Wohl nur für unverbesserliche Optimistinnen." Siehe *Gimpel-Hinteregger*, Arbeitsplatz Haushalt, in: *Frakele/List/Pauritsch* (Hg), Über Frauenleben, Männerwelt und Wissenschaft 248.

[693] Schlagwortartig anführen möchte ich die Diskussionen um "Hausfrauengehalt" und "Hausfrauenpension" sowie die ständige Frage nach einer adäquaten Anrechnung von Zeiten der Kindererziehung. Weiters in diesen Themenkreis einzubeziehen ist die generelle Bewertung von Frauenerwerbstätigkeit und der Streit um fehlende Kinderbetreuungseinrichtungen. Ein äußerst begrüßenswerter sozialversicherungsrechtlicher Ansatz ist die Bestimmung des § 18a ASVG (eingeführt mit 1.1.1988 durch BGBl 1987/609), wonach demjenigen, der die Pflege eines behinderten Kindes, für das erhöhte Familienbeihilfe bezogen wird, übernommen hat, eine Selbstversicherung in der Pensionsversicherung möglich ist. Die Beiträge werden zur Gänze aus dem Familienlastenausgleich finanziert, die Versi-

Überlegungen. Gerade im weiten Bereich des Familienrechts klaffen die Idealvorstellungen von Familie einschließlich der sich aus diesem Tatbestand ergebenden Rechtsfolgen je nach bürgerlicher, liberaler oder sozialistischer Denkweise weit auseinander. Insbesondere die komplexen Zusammenhänge der Materie erschweren eine Reform der Geschiedenen-Versicherungsansprüche, weil die umfassende Neuregelung dieses Themenkomplexes zwingend Änderungen anderer Bereiche mitumschließt.

Die mA einfachste Lösung wäre der ausschließliche Pensionserwerb durch jede Person für sich selbst, ohne die Möglichkeit oder Notwendigkeit abgeleiteter Ansprüche. Jede nach der Pflichtschulzeit geleistete Aufgabe müßte eine entsprechende Wertung und Absicherung in der Pensionsversicherung erfahren. Zu den leistungsbegründenden "Arbeiten" müßten dann aber neben der Erwerbsarbeit auch Zeiten der Ausbildung, Kindererziehung, Alten- und Krankenpflege, vielleicht auch andere (unentgeltliche) soziale Dienste oder Arbeiten im Bereich des Umweltschutzes[694], jedenfalls aber alle bezahlten bzw unbezahlten, gesellschaftlich wertvollen und bewertbaren Arbeiten gehören.

Für eine solche Umstellung des Sozialversicherungssystems bedarf es allerdings einer gänzlichen Neubewertung der Begriffe "Arbeit" und "Erwerbstätigkeit", aus frauenpolitischer Sicht insbesondere der Anerkennung aller von Frauen geleisteten Arbeiten als denen von Männern gleichwertig. Wenn diese Anerkennung schon nicht direkt durch Entgeltzahlungen erfolgt oder erfolgen kann, so hat sie zumindest auf staatlicher Seite durch die Einräumung einer sozialen Absicherung zu geschehen. Eine Hinterbliebenenpension im heutigen Sinn wäre dann nicht mehr notwendig, weil Ansprüche nicht durch eine bestimmte Familienstellung gegenüber einer anderen Person abgeleitet werden sollen,

---

cherung wird bis zur Vollendung des 30. Lebensjahres des zu Pflegenden gewährt, danach ist eine selbst zu bezahlende Weiterversicherung möglich.

694 Der Umweltschutz sei nur als ein Beispiel genannt. Jede Entscheidung darüber, welche Leistungen als im Dienste der Allgemeinheit anzuerkennen sind, stellt eine Wertungsfrage dar.

sondern jedem nach seinen bisherigen Tätigkeiten eigene Pensionsansprüche zuständen.[695] Das kostspielige und komplizierte Modell der Leistung von mehreren Pensionen (zB Pension(en) aus eigener Erwerbstätigkeit, eventuell hier aus verschiedenen Kassen, plus zusätzlich einer oder mehrerer abgeleiteter Pensionen, wie der Hinterbliebenenpension) an eine Person würde wegfallen. Jede/er wäre für seine Alterssicherung eigenverantwortlich, die Verrechnung der Ansprüche müßte durch ein möglichst einfaches und vor allem einheitliches System erfolgen.

An dieser Stelle möchte ich kurz die sogenannten "Nur-Hausfrauen" ansprechen, um nicht den Eindruck zu erwecken, eine Pension für jede/en zu fordern, egal, was sie/er während seines Erwachsenenlebens geleistet hat. Das wäre eine staatliche Volkspension für alle, die jedoch nicht zur Sozialversicherung sondern wiederum in den Bereich der reinen Wohlfahrt und damit Sozialhilfe gehört und in der heutigen Zeit unbestritten nicht finanzierbar wäre. Eine reine Hausfrauentätigkeit, sprich das alleinige Versorgen eines arbeitenden, gesunden, erwachsenen Menschen kann keine vom Staat anerkannte und durch eine Pension belohnte Beschäftigung sein, sondern ist durch den davon profitierenden Ehegatten abzugelten. Dies geschieht durch Unterhaltszahlungen während der Ehe einerseits, andererseits müßte jedoch - die steigende Scheidungsrate vor Augen - auch für die Zeit nach der Ehe vorgesorgt werden. Die Aufgabe des Staates kann sich hier nur darauf beschränken, daß er für diese Fälle einen freiwilligen, privat finanzierten Einstieg in die Pensionskassen anbietet. Ob die Ehepartner gesetzlich dazu verpflichtet werden, oder eine derartige Versorgung in ihrer Privatautonomie liegen soll, ist vor allem ein rechtspolitisches Problem. Der Vorteil der Zwangsversicherung der Hausfrau/des Hausmanns durch Beiträge des Ehepartners liegt darin, daß eine garantierte Absicherung für das Alter und die Zeit einer Arbeitsunfähigkeit im Falle einer Scheidung vorhanden wäre.

---

695 Personen, denen aufgrund einer Erkrankung oder Behinderung keinerlei nach außen wirksame Tätigkeit zugemutet kann, wären wie bisher über spezielle Leistungsgruppen des Sozialrechts abzusichern.

2.2. Die Krankenversicherungen

2.2.1. Unterschiedliche Leistungszugänge bei gleicher Beitragshöhe

Man kann davon ausgehen, daß die Idee der Mitversicherung geboren wurde, um möglichst vielen Personen eine Krankenversorgung bieten zu können. Erfaßt waren die nächsten Familienmitglieder des Versicherten, die mit ihm in enger räumlicher und sozialer Beziehung standen. Dieses Abstellen auf intakte Familienverhältnisse wirkt jedoch mA in gewissem Maße kontraproduktiv, weil ein bestehender Familienverband prinzipiell bereits ein höheres Maß an Sicherheit[696] bietet. Alleinstehende (oder geschiedene) Personen, die nicht selbst erwerbstätig und versichert sind, kommen nie in den Genuß einer abgeleiteten Versicherung, allenfalls wird ihnen eine freiwillige Versicherung erlaubt. Da eine beitragslose Mitversicherung für den vermittelnden Versicherten eine erhebliche Ersparnis, für die Versicherungsgemeinschaft im Ganzen aber eine ungleich verteilte[697] Belastung bedeutet, schiene mir der soziale Gedanke in der Krankenversicherung durch eine allgemeine, an tatsächlichen Notwendigkeiten orientierte Leistungsgewährung eher verwirklicht. Die Mehrbelastung der Erwerbstätigen bliebe zwar gleich, es bestünde aber die Gewißheit, daß etwa bei Verlust des Arbeitsplatzes die eigene Krankenversorgung nicht vom Familienstand, sondern vom aktuellen Bedarf abhängig gemacht würde.

2.2.2. Beitragsgerecht finanzierte Grundabsicherung statt Mitversicherung

Lehnt man eine Pauschalversorgung ab, so wäre zumindest im Sinn einer Leistungsgerechtigkeit eine Differenzierung auf Beitragsseite einzuführen. Demnach hätte derjenige, der andere Personen mitversichert und

---

696 Hier ist vor allem an häusliche Pflege und eine vorübergehende, finanzielle Unterstützung des Kranken zu denken.

697 Versicherte ohne Angehörige finanzieren das System in gleicher Weise wie Versicherte, die mehrere Mitzuversichernde miteinbringen.

mitversorgt, auch höhere Beiträge zu leisten, weil für seine Familie auch potentiell mehr Leistungen zu erbringen sind.[698] Weiters wäre darüber nachzudenken, ob die Zahl der Nichtbeitragszahler nicht durch staatliche Begleichung der Beiträge für solche Personen, die aus anerkannten Gründen ebendiese nicht erbringen können, reduziert werden sollte. Gründe, die für Staat und Gesellschaft ausreichend interessant und notwendig erscheinen, um für eine nicht erwerbstätige Person Versicherungskosten zu übernehmen, sind die von dieser Person sonst erbrachten Leistungen. Hier kommen wie bereits oben für den Bereich der Pensionsversicherung angeführt Kindererziehung und -betreuung, ehrenamtliche oder unzureichend bezahlte Pflege- und Sozialdienste in Frage. Zur Mißbrauchsvermeidung sind zeitliche Limits und Mindestanforderungen an die vollbrachten Tätigkeiten einzuziehen. Ebenso sind bestimmte Sachverhalte als nicht ausreichend förderungswürdig klar auszuscheiden: zu denken ist hier wiederum an die ausschließlich mit der Haushaltsführung beschäftigte Ehefrau. Der erwerbstätige Gatte müßte in diesem Fall die für ihn erbrachten Leistungen selbst honorieren und den minimalen Versicherungsschutz seiner Partnerin selbst finanzieren.[699]

---

698 Ob die Last der Mitversicherung von Kindern weiterhin der Versicherungsgemeinschaft auferlegt bleibt, oder auch hier den Eltern je nach Kinderzahl unterschiedliche, eventuell sozial gestaffelte Beitragspflichten zugemutet werden können, wäre gesondert zu diskutieren.

699 Erinnert sei hier an den Vorstoß der damaligen Frauenministerin *Dr. Helga Konrad*, die zu Beginn des Jahres 1996 mit der Forderung nach Abschaffung der kostenlosen Mitversicherung von Ehefrauen an die Öffentlichkeit ging.

B. Alternative sozialversicherungsrechtliche Bewertung von Familienarbeit

1. Grundsätzliche Anmerkungen

Die Möglichkeiten der sozialen Sicherung, im besonderen der Altersversorgung reichen von einer rein privaten oder betrieblichen Vorsorge bis zum Modell einer aus Steuermitteln finanzierten Grundpension. Die Bindung von Sozialleistungen an eine Erwerbstätigkeit kann unterschiedlich stark ausfallen, die Finanzierung auf verschiedene Weise erfolgen - sie stellt jedoch meist das zentrale Problem dar. Rechtspolitisch geprägt ist die Frage, wem ab welchem Zeitpunkt, aufgrund welcher Vorleistungen und in welcher Höhe ein Versicherungsschutz zukommen soll.

Angesichts der demographischen Entwicklung (steigende Lebenserwartung, sinkende Geburtenzahlen)[700] wird oft von einer bevorstehenden Überalterung der Bevölkerung und der Unfinanzierbarkeit unseres Pensionssystems gesprochen. Die Zunahme der Zahl der Pensionsempfänger im Vergleich zu erwerbstätigen Beitragszahlern[701] führt aufgrund des bestehenden Umlageverfahrens[702] zwangsläufig zu Engpässen.

---

700 Im Überblick inklusive statistischer Angaben für Österreich: *Prinz*, Die Alterung der Bevölkerung und das österreichische Pensionssystem, in: *Brunner/Prinz/Wirth*, Die Zukunft der gesetzlichen Pensionsversicherung; für die Bundesrepublik Deutschland: *Willbers*, Demographische, gesellschaftliche und wirtschaftliche Entwicklung - Konsequenzen für die gesetzliche Rentenversicherung, in: *Blüm ua* (Hg), Langfristige Stabilisierung der gesetzlichen Rentenversicherung - Reform-Modelle im Vergleich 9 ff.

701 Die deutsche Literatur hat hierfür den Begriff "Rentenquotient" geprägt, der nicht mit dem "Altersquotienten" - dem Verhältnis der 20-60-Jährigen zu den Über-60-Jährigen – verwechselt werden darf. Nicht alle unter 60 sind automatisch Beitragszahler, genausowenig beziehen alle über 60 eine Pension. Die Zahlen sind natürlich nicht zwingend, die Grenzen könnten genauso bei 18 bzw 65 Jahren gezogen werden.

702 Zum Begriff siehe *Tomandl*, Grundriß 179 f und *Wannagat*, Lehrbuch 116 f. Daß aber auch das Kapitaldeckungsverfahren im wesentlichen von den gleichen wirtschaftlichen und demographischen Bedingungen abhängig ist wie das Umlageverfahren, zeigt *Rürup*, Steuerfinanzierte Grundrente und Rentenfinanzierung nach dem Kapitaldeckungsverfahren - Ein kritischer Kommentar, in: *Blüm ua* (Hg), Langfristige Stabilisierung der gesetzlichen Rentenversicherung - Reform-Modelle im Vergleich 82 ff.

Interessant ist, daß derartige Prognosen oft von offiziellen Vertretern der Sozialpolitik als "Horrormeldungen" oder "Milchmädchenrechnungen" verunglimpft werden[703], das bestehende System sei mit geringfügigen Anpassungen problemlos aufrechtzuerhalten. "Seit einiger Zeit gibt es eine Wiederbelebung der [...] eigentlich schon überwunden angesehenen Diskussion um die Zukunft der gesetzlichen Rentenversicherung. Unter Hinweis auf die zu erwartenden demographischen Veränderungen werden nicht selten Horrorszenarien an die Wand gemalt, [...]. Diese Darstellungen schüren nicht nur unverantwortlich Ängste und Sorgen bei den Versicherten und Rentnern, sie gehen auch gänzlich an den Tatsachen vorbei. [...] Es gibt keine Probleme, die nicht im bewährten System der gesetzlichen Rentenversicherung und mit den im Rentenrecht vorgesehenen Regelungsmechanismen lösbar wären."[704] Verständlich erscheinen solche Aussagen nur als Verteidigung einer gesetzlichen Pflichtversicherung gegenüber Bestrebungen, die Altersvorsorge gänzlich in den betrieblichen oder privaten Bereich abzudrängen. Daß es aber im staatlichen Sozialversicherungsrecht grundlegender Reformen bedarf, sollte unzweifelhaft sein.

Insbesonders aus frauenrechtlicher Sicht ist der Ruf nach einer grundlegenden Änderung unseres Sozialversicherungssystems zu betonen, politische Willensbezeugungen in Form von Detailkorrekturen können keine dauerhaft gleichberechtigenden Strukturen schaffen.

---

703 *Wirth*, Sozialpolitische Konzepte zur zukünftigen Gestaltung der Pensionsversicherung, in: *Brunner/Prinz/Wirth*, Die Zukunft der gesetzlichen Pensionsversicherung 1 u 4 f.

704 *Blüm*, Langfristige Zukunftsperspektiven der gesetzlichen Rentenversicherung, in: *Blüm ua* (Hg), Langfristige Stabilisierung der gesetzlichen Rentenversicherung - Reform-Modelle im Vergleich 17.

2. Deutsches Recht als Vorbild?

2.1. Zum geltenden Recht

MA wäre eine sinnvolle Übernahme des Systems des Versorgungsausgleichs bei Scheidungen in die österreichische Rechtslage[705] durchaus zu bewerkstelligen. Die Abschaffung des gesetzlichen Güterstands der Gütertrennung und des derzeit bei uns geltenden Verschuldensscheidungsrechts ist selbst bei der Einführung des Versorgungsausgleichs nicht zwingend, weil der Bereich der sozialversicherungsrechtlichen Alterssicherung auch in Deutschland streng von den übrigen Scheidungsfolgen unterschieden wird. Selbst die bloße Änderung sozialrechtlicher Normen könnte hier zu einem gänzlich verschiedenen Lösungsansatz führen. Wie schnell sich der österreichische Gesetzgeber zur Abschaffung des Verschuldensscheidungsrechts entschließen kann, ist fraglich. Auch von Frauenseite halten sich Stimmen, die für eine Beibehaltung des Verschuldensprinzip im Scheidungsrecht plädieren.[706] *Klaar* spricht sich[707] für eine Scheidung aus Verschulden aus und fordert für die zugegebenermaßen bei einer verschuldensabhängigen Unterhaltszuweisung auftretenden Härtefälle einen zusätzlichen verschuldensunabhängigen Unterhaltsanspruch unter Bedingungen, die in etwa den bundesdeutschen Bestimmungen entsprechen.[708]

---

[705] Die Regelung des Versorgungsausgleichs findet sich bereits in den Zielsetzungen des Regierungsübereinkommens vom November 1994; siehe *Tálos*, Ausblick - Perspektiven, in: *Bundesministerin für Frauenangelegenheiten* (Hg), Frauenbericht 1995, 424.

[706] So *Klaar Helene*, Die Scheidung ohne Verschulden: Ein Rosengarten?, Juridikum 3/97, 14 ff.

[707] Unter Berufung auf "Vertreterinnen des Frauenministeriums".

[708] Worin der Sinn einer derartigen Zusatzregelung in Kombination mit dem bestehenden Verschuldensscheidungsrecht liegen soll, ist mA unklar. Die Argumentation, daß die derzeit gültigen Rechtsnormen einer vom Scheidungsbegehren des Mannes überraschten Ehefrau mehr Zeit zum Nachdenken und zur Ausformulierung ihrer Forderungen geben, kann dadurch entkräftet werden, daß sich der österreichische Gesetzgeber auch bei einer Scheidung aufgrund Zerrüttung zu entsprechend langen Fristen entschließen könnte.

Abgesehen von der grundsätzlich weiter bestehenden relativen Abhängigkeit der Ehegatten voneinander, erweist sich das dem deutschen Versorgungsausgleich entsprechende, in Österreich meist unter dem Begriff "Pensionssplittung"[709] diskutierte Modell bezüglich der Pensionshöhen als problematisch. Verdient zB nur ein Ehepartner (im Regelfall der Mann) oder wird die Ehe bald wieder geschieden, so ergibt sich für die Ehefrau eine minimale Pension, die nicht zur Deckung des Lebensbedarfs reichen wird, und somit nur eine theoretische Verbesserung der Frauenaltersversorgung darstellt.[710] Sinnvoll erweist sich das Splitting nur bei Gutverdienenden, wo entweder das hohe Einkommen des Ehemanns eine für beide ausreichende Pension entstehen läßt, oder, wenn beide berufstätig sind, ein gerechter Ausgleich zwischen den Ehegatten entsteht, und so zB Zeiten anerkannt werden, in denen sich die Ehefrau ausschließlich der Familie gewidmet und ihren Beruf vorübergehend aufgegeben hat.[711]

2.2. Reformvorschläge aus der Bundesrepublik Deutschland

Eine der ersten umfassenden, auch in Österreich vorgestellten Zusammenstellungen zum Thema des sozialversicherungsrechtlichen Schutzes der nicht erwerbstätigen Frau lieferte *Krasney*, Richter des deutschen Bundessozialgerichts.[712] Grundtenor seiner Überlegungen war die Not-

[709] Die Begriffsverwendung erfolgt in der österreichischen Literatur allerdings unterschiedlich: Unter "Pensionssplitting" wird oft nur die Aufteilung bei Pensionsantritt bzw bei der Scheidung verstanden, das sofortige Teilen von Anwartschaften wird dann als laufender "Pensionsausgleich" bezeichnet.

[710] Geht man davon aus, daß selbst eine sehr niedrige Pension durch die Zahlung einer Ausgleichszulage zu einer existenzsichernden Summe steigen kann, ist auch das Splitten kleiner Beträge sinnvoll. Aus meiner Sicht stellt dieser Ausgleich jedoch wiederum nur eine Verlagerung des Problems dar und ist zugunsten einer eigenständigen Versicherung abzulehnen. Siehe auch *Hieden-Sommer*, Frauenpolitik 147 ff.

[711] Für 3 verschiedene Ehezeit- und Einkommensannahmen in 2 Splittingmodellen durchgerechnet hat dieses System *Marek Erika*, Versorgungsausgleich bei Scheidung, VR 1993, 244 ff.

[712] *Krasney Otto Ernst*, Der sozialrechtliche Schutz der nicht berufstätigen Frau, DRdA 1974, 127 ff. Einleitend kritisierte er das mangelnde Interesse des Deutschen Juristentages

wendigkeit eines einheitlichen Reformkonzepts für alle Zweige der Sozialversicherung. Hauptkritikpunkt an der bestehenden Rechtslage war für *Krasney* im Bereich der Krankenversicherung der fehlende eigenständige Anspruch der Frau, die nicht aufgrund ihrer Tätigkeit in Haushalt und Familie versichert war, sondern in Abhängigkeit vom Ehemann. Für die Unfallversicherung forderte er anläßlich der steigenden Unfallzahlen eine Einbeziehung der Hausfrauen in den Versicherungsschutz, der Verweis auf private Versicherungen sei unzulässig.[713] Die Möglichkeit der freiwilligen Versicherung in der Rentenversicherung wurde seinerseits als nicht zielführend eingestuft, da sie "bisher nicht den schutzbedürftigen Kreis der nicht berufstätigen Hausfrauen erfaßt, weil eine besondere Regelung der Beitragsleistung fehlt. Dies führt wie bisher bei der freiwilligen Weiterversicherung dazu, daß eine ausreichende Sicherung der nicht berufstätigen Frau durch die Rentenversicherung - verstärkt durch das Fehlen eines Arbeitgeberanteils - mit einer finanziellen Belastung verbunden ist, die eigentlich nur von Eheleuten getragen werden kann, die in der freiwilligen Rentenversicherung weniger einen erforderlichen sozialen Schutz der nicht berufstätigen Frau als vielmehr eine wertbeständige und steuerbegünstigte Vermögensanlage sehen."[714]

Ausgangspunkt des Modells von *Krasney* ist die Gleichstellung der Hausfrauentätigkeit[715] mit einer selbständigen Erwerbstätigkeit.[716] Zentrales Problem ist die Frage der Versicherungsbeitragszahlung, die nach

an der Sozialversicherung: Reformvorschläge zur sozialen Absicherung der nicht berufstätigen Hausfrau lägen seit 1968 auf dem Tisch, das Thema würde allerdings nur schleppend weiterverfolgt. Den Stand der Diskussion in Deutschland zusammenfasssend und mit umfangreichen Literaturverweisen *Ruland*, Unterhalt 394 ff.

713 Ohne näher auf einzelne Argumente einzugehen stellt er die Position der Hausfrau der von Schülern und Studenten gleich, bei denen die Aufnahme in die Unfallversicherung allgemeine Anerkennung gefunden habe.

714 *Krasney Otto Ernst*, Der sozialrechtliche Schutz der nicht berufstätigen Frau, DRdA 1974, 131.

715 Hausfrau ist hier sowohl die "nur" haushaltsführende Ehegattin als auch die kindererziehende Mutter.

716 Gestützt wird diese Annahme durch ein gleichlautendes Urteil des Bundesverfassungsgerichts v 24.7.1963 (BVerfGE 17, 1,13).

Krasney jedoch nicht wie bisher angestrebt über eine beitragslose Ausnahmeregelung gelöst werden soll.[717] Für die Krankenversicherung sollte eine Pflichtversicherung[718] der nicht beruftätigen Ehefrau vorgeschrieben werden, von der nur bei einem ausreichenden anderwertigem Versicherungsschutz, etwa bei Bestehen einer privaten Krankenversicherung, eine Befreiung einzuräumen wäre. Hinsichtlich der Aufbringung der Beitragszahlungen fiel *Krasney* in alte Denkmuster zurück und differenzierte zwischen Frauen, die bereits über den Ehemann mitversichert waren - hier sollte es bei der bestehenden Zahlung bleiben; Frauen, deren Ehemänner nicht in der Krankenversicherung erfaßt waren - hier wäre die Beitragszahlung von der Frau selbst zu erbringen[719], und geschiedenen Frauen, die - sofern sie vor der Scheidung zur ersten Gruppe gehört hatten - auf eine Weiterversicherung zu verweisen wären.[720] *Krasney* hält eine Umstellung des Krankenversicherungssystems nach den vorgeschlagenen Prinzipien für relativ leicht und kostengünstig durchsetzbar, weil alle mitversicherten Frauen bereits im System erfaßt seien. Hierbei vergißt er, daß es bei der Mitversicherung zu keiner Beitragsleistung für die Mitversicherten kommt. Bezüglich dieser Gruppe besteht keine Kosten- und Beitragswahrheit. Gerade gegen diese den Rest der Versicherungsgemeinschaft belastenden[721], ohne Beitrags-

[717] ".... versucht man immer wieder, Lösungen für eine Neuregelung des sozialen Schutzes der Hausfrau nicht von dem eigentlichen Ausgangspunkt einer Versicherungspflicht oder Versicherungsberechtigung, sondern aus Sicht einer möglichst beitragslosen Gestaltung zu finden, und zwar nur als Anschluß an eine vorausgegangene versicherungspflichtige Beschäftigung. Dies ist jedoch nicht nur rechtssystematisch unzutreffend, sondern vor allem - was sicherlich viel schwerwiegender ist - nach dem bisherigen Ergebnis nicht erfolgversprechender." Vgl *Krasney*, DRdA 1974, 132. Leider liefert auch er - wie noch ausgeführt wird - keine wirklichen Konzepte einer gerechtfertigten Verteilung der Beitragslasten.

[718] Eine freiwillige Versicherung würde zu einer Zunahme von Versicherungslücken führen.

[719] Von wem und unter Anrechnung welchen Einkommens blieb offen.

[720] Diese Differenzierungen erscheinen mA unangebracht und führen den Reformansatz, der nach einer einheitlichen Lösung ausgerichtet war, ad absurdum.

[721] Möglicherweise könnte es bei entsprechender Neuberechnung zu einer Beitragssenkung für Alleinversicherte kommen.

tragsdeckung gewährten Leistungsfälle sollte aber ein neues System gerichtet sein.[722]

Bei einer "geläuterten Auffassung vieler Ehemänner über ihre Mitwirkungspflichten im Haushalt" wäre angesichts des hohen Unfallrisiko laut *Krasney* der Ruf nach Einbeziehung der Hausfrau/des Hausmannes in die Unfallversicherung bald erhoben. Auch hier sollte mittels einer Pflichtversicherung vorgesorgt werden, die Beiträge seien den Familien anzulasten, sozial gestaffelt jedoch durch Steuermittel zu stützen.

Das zum damaligen Zeitpunkt bereits als Gesetzesentwurf bestehende Modell des Rentensplittings im Scheidungsfall wurde bezüglich eines laufenden Splittings (also bei aufrechter Ehe und Aufteilung der Anwartschaften nicht erst bei Pensionsantritt) als für beide Ehepartner pensionsmindernd abgelehnt.[723] Auch in der Rentenversicherung sollte die Hausfrau durch eine eigene Pflichtversicherung abgesichert werden.[724] Zurecht weist *Krasney* in seinen Schlußbemerkungen darauf hin, daß Leistungen der Fürsorge und Sozialhilfe an Hausfrauen generell anerkannt und grundsätzlich besser ausgepägt sind als solche der Sozialversicherung. "Diese Feststellung wird leider zT als Trost mißverstanden und nicht als Ansporn für eine Weiterentwicklung der Sozialversicherungsleistungen angesehen."[725]

---

722 Siehe dazu auch die unkritische Übernahme der Ausführungen *Krasneys* bei *Freudenschuß-Reichl*, Gleichberechtigung in der Ehe - Sozialversicherung als Hilfe oder Hemmnis, in: *Bundeskanzleramt* (Hg), Frau und Recht 23.

723 Nicht nur die Renten selbst, sondern auch von der Höhe der Anwartschaften abhängige andere Sozialleistungen waren hiervon betroffen. Genauso *Ruland*, Unterhalt 403.

724 Die Frage der Beitragsaufbringung wurde allerdings nicht behandelt.

725 *Krasney Otto Ernst*, Der sozialrechtliche Schutz der nicht berufstätigen Frau, DRdA 1974, 139.

Rentenreformmodelle der jüngeren Zeit gehen teilweise vom zwingenden Zusammenbruch des staatlichen Versicherungssystems aus. *Obererder/Wezel*[726] stützen ihre Überlegungen daher einerseits auf die Umstellung vom Umlage- zum Kapitaldeckungsverfahren und andererseits auf die Verwaltung der Beitragsgelder durch private Versicherungsgesellschaften. Sie plädieren für eine größtmögliche Entscheidungsfreiheit des einzelnen bei der Wahl seiner Altersvorsorge, fordern aber zumindest für den Bereich einer Mindestsicherung[727] sowie für Fälle der Erwerbsunfähigkeit ein Pflichtversicherungssystem.[728] Für die Absicherung nicht berufstätiger Familienmitglieder wird eine spezielle Versicherung vorgeschlagen, die in Form einer Lebensversicherung Hinterbliebene versorgen soll.[729] Da laut *Obererder/Wezel* die Anerkennung beitragsfreier Zeiten in einem Privatversicherungssystem nicht möglich ist, müßte staatlicherseits durch Beitragszuschüsse ein Lastenausgleich zugunsten der Familien gewährleistet werden. Wie Familie zu definieren ist und unter welchen Voraussetzungen Unterstützung durch Steuermittel zu erwarten ist,[730] wird nicht näher erläutert. Hierin zeigt sich die mA zu starke Erwerbsorientiertheit dieses Entwurfs, der insbesondere im Hinblick auf die unklare Absicherung Geschiedener (geschiedener Frauen) in zentralen Punkten viele Fragen offen läßt.

Als ein bereits relativ ausgereiftes Modell der Rentenversicherung kann das unter dem Begriff *"Voll Eigenständiges System"* von *Rolf* und

[726] *Oberender/Wezel*, Absenkung des gesetzlichen Rentenniveaus und Übergang zum Kapitaldeckungsverfahren, in: *Blüm* ua, Langfristige Stabilisierung der gesetzlichen Rentenversicherung - Reform-Modelle im Vergleich 36 ff.

[727] Die Möglichkeit einer lebensstandardsichernden Altersversorgung mittels Pflichtversicherung wird offensichtlich nicht in Erwägung gezogen.

[728] Ein "Free-Rider-Verhalten", also ein bewußter Verzicht auf eine Versicherung mit der Aussicht in Notfällen durch Leistungen der Sozialhilfe versorgt zu werden, ist aus budgetären Gründen jedenfalls zu vermeiden (*Oberender/Wezel*, Absenkung, in: *Blüm* ua, Stabilisierung 41 f).

[729] Inwieweit diese Versicherungen den einzelnen Familien angelastet oder durch Steuermittel abgedeckt werden sollen, bleibt offen.

[730] Gelten auch Alleinerziehende und Geschiedene mit Kindern als Familie? Sind sie zu versorgende Angehörige und Hinterbliebene oder müssen sie sich selbst versichern?

Wagner[731] vorgestellte angesehen werden. Es stellt den Versuch dar, ohne allzu große Eingriffe in die bestehende Rechtslage, Altersarmut zu verhindern, die Aufrechterhaltung des durchschnittlichen Lebensstandards zu ermöglichen oder schlimmstenfalls eine Mindestsicherung im Alter anzubieten. Jede Person im erwerbsfähigen Alter - auch nicht erwerbstätige Personen - unterliegen einer *Versicherungspflicht*. Die Altersvorsorge wird vollständig von einer bestehenden Erwerbstätigkeit unabhängig, bisherige Arbeitgeberbeiträge zur Sozialversicherung werden als direkter Lohnbestandteil ausgezahlt. Indirektes Ziel ist auch die Erhöhung der Frauenerwerbsbeteiligung:[732] einerseits, um zu garantieren, daß möglichst viele Personen eigene Beiträge einzahlen, und andererseits, um eine Finanzierung im Umlageverfahren aufrecht erhalten zu können.[733] Für Personen, die dennoch (vorübergehend) keiner Erwerbsarbeit nachgehen, haben *"Beitragsgaranten"* die Mindestbeitragspflicht zu übernehmen. Staatlicherseits förderungsbedürftig - im Sinn einer Anerkennung als Erwerbstätigkeit und entsprechender Beitragssubventionierung - sind die Kindererziehung sowie unbezahlte Pflegeleistungen von Angehörigen, Bereiche mit einem typischerweise hohen Frauenanteil.

Zur Bedeutung der Kindererziehung ist anzumerken, daß die deutsche Diskussion in weit stärkerem Maß als die österreichische durch den

---

731 *Rolf*, Individualorientierte soziale Sicherung von Frauen unter familienpolitischen Aspekten, in: *Wagner/Ott/Hoffmann-Nowotny* (Hg), Familienbildung und Erwerbstätigkeit im demographischen Wandel 281 ff; *Rolf Gabriele/Wagner Gert*, Altersvorsorge von Frauen - Probleme und Reformmöglichkeiten, Zeitschrift für Sozialreform 1988, 709 ff; *Wagner/Rolf*, Personenbezogene Versicherungspflicht mit Mindestvorsorge und Bedarfsflankierung, in: *Blüm* ua, Langfristige Stabilisierung der gesetzlichen Rentenversicherung - Reform-Modelle im Vergleich 54 ff.

732 *Schunter-Kleemann* konstatiert für den Istzustand in der Bundesrepublik Deutschland geradezu Gegenteiliges. Die geltenden sozialrechtlichen Bestimmungen fördern den Ausstieg der Frauen aus der Erwerbstätigkeit (*Schunter-Kleemann*, Wohlfahrtsstaat , in: *Schunter-Kleemann*, Herrenhaus 159 ff). Nach heutigen Standards wäre zur Erreichung dieses Ziels jedenfalls eine Aufstockung der Kinderbetreuungsmöglichkeiten unumgänglich, was wiederum neue Arbeitsmöglichkeiten schafft.

733 *Wagner* und *Rolf* gehen davon aus, daß die langfristige Finanzierbarkeit der Renten weniger von der demographischen Entwicklung als von der Entwicklung der Beschäftigten und Beitragszahler abhängt.

Gedanken des Drei-Generationen-Vertrages geprägt wird. Das Rentensystem wird nicht als bloße Umlage der Beiträge der Erwerbstätigen auf die Pension der Nicht-Mehr-Erwerbstätigen gesehen. Auch die Generation der Noch-Nicht-Erwerbstätigen, die jedoch die zukünftigen Beitragszahler sind, muß mitgedacht werden. Erwerbstätige mit Kindern sind nach diesem Modell die am stärksten belastete Gruppe, weil sie sowohl den Unterhalt der Kinder als auch die Renten der Pensionisten finanzieren. Da die Kinder als Garanten der Renten der nunmehr Erwerbstätigen für den Staat von besonderer Bedeutung sind, sollten diese in ihrer Doppelbelastung von der öffentlichen Hand besonders unterstützt werden.[734]

Erfolgt aufgrund mangelnder ersatzwürdiger Tätigkeit keine staatliche Anerkennung und Beitragszahlung, so ist die Versicherung für die jeweilige, nicht erwerbstätige Person von ihren Unterhaltsverpflichteten zu begleichen. Hier wird deutlich, daß durch ein derartiges Modell Ehe und Familie sozialversicherungsrechtlich differenzierter betrachtet wird als bisher. "Die Ausrichtung der gesetzlichen Rentenversicherung am Leitbild der männlichen Einverdiener-Ehe zeigt sich insbesondere in der Ausgestaltung der Hinterbliebenenversorgung und der Erziehungszeiten-Regelung, welche die Nichterwerbstätigkeit eines der beiden Ehepartner, in der Regel der Frau, subventionieren. Verteilungspolitisch bedeutet dies, daß Alleinerziehende und Zweiverdiener-Ehepaare, die aus finanziellen Gründen erwerbstätig sein müssen, die Hinterbliebenenrenten und Kindererziehungszeiten von Frauen gut und sehr gut verdienender Männer mit finanzieren, ohne selbst (voll) von diesen Leistungen zu profitieren."[735] Diese Mitfinanzierung durch die Versicherungsgemeinschaft würde gänzlich entfallen, die Diskrepanz zwischen den Gruppen der Beitragszahler und der Rentenbezieher durch das Voll Eigenständige System verhindert. Wegfallen würden demnach auch die Schwierigkeiten der angemessenen Versorgung von Geschiedenen, abgeleitete Ansprüche wären nicht mehr notwendig. Von Ehepartnern während der Ehe erworbene Anwartschaften würden jedenfalls gesplit-

---

[734] Dazu auch *Menzel K.* (Hg), Familienarbeit in der Alterssicherung 41 ff.

[735] *Wagner /Rolf*, Versicherungspflicht, in: *Blüm* ua, Stabilisierung 59 f.

tet. Ein allein erwerbstätiger Partner müßte die Mindestbeiträge seines nichterwerbstätigen Gatten bezahlen und seine eigene (durch die Erwerbstätigkeit in der Regel zu erwartende) Höherversicherung mit diesem teilen. Somit wird Familien- und Erwerbsarbeit gleich gewertet; die Verteilung der Arbeit, nicht jedoch der Rentenansprüche bleibt den Ehepartnern überlassen.

3. Österreichische Reformmodelle

3.1. Wünsche, Ziele, Rahmenbedingungen

Die Altersversorgung von Frauen im österreichischen Recht ist eine ehebezogene, dh es wird davon ausgegangen, daß die Frau entweder durch die Pension des Ehemannes mitunterhalten wird bzw nach seinem Tod eine Witwenpension erhält. Nochmals zu betonen ist, daß Pensionen aus eigener Erwerbstätigkeit für Frauen heute aufgrund der Lohndifferenzen zwischen den Geschlechtern um 40 % niedriger als die der Männer sind. Von den 390.000 pro Jahr geschiedenen Frauen haben 80.000 keinerlei eigenes Einkommen, demnach auch keinen eigenen Pensionsanspruch. Nur etwa 1,5 % der Geschiedenen können im Alter mit einer Witwenpension rechnen.[736]

Zur Lösung dieser Defizite sucht man - zumindest auf frauenpolitisch engagierter Seite - nach Möglichkeiten eines aufwandsneutralen Pensionsmodells, um ohne Mehrbelastung des Staatshaushalts für alle Frauen zugängliche, den Lebensstandard sichernde Pensionen zu erreichen. Grundsätzlich festgehalten wird an der Idee des öffentlich-rechtlichen Pensionsversicherungssystems, um an gegenwärtigen Bestimmungen anknüpfen zu können.

[736] Dieser letzte Wert basiert auf Schätzungen; es gibt keine exakten statistischen Angaben, weil die Sozialversicherungen die Gruppe der geschiedenen Witwen/Witwerpensionsbezieherlnnen nicht als eigene Kategorie führen.

3.2. Lösungsansätze

Den Ausgangspunkt der aktuellen Diskussion bildet eine von der damaligen Frauenministerin *Dr. Helga Konrad* in Auftrag gegebene Studie, deren Ergebnisse in einem von *Christopher Prinz, Gabriele Rolf-Engel* und *Monika Thenner* vom Europäischen Zentrum für Wohlfahrtspolitik und Sozialforschung erarbeiteten und im November 1996 vorgestellten Projektbericht mit dem Titel "Neue Wege der eigenständigen Alterssicherung von Frauen" dargelegt werden.[737] Präsentiert und durchgerechnet werden neben dem der bestehenden Rechtslage entsprechenden Versorgungssystem, weitere 9 Modelle[738], die Versicherungs- und Versorgungselemente verknüpfen sowie erwerbsarbeits- bzw ehezentrierte und wohnsitzbasierte Systeme umfassen. Grundvoraussetzung für die Berechnungen ist Aufwands- bzw Kostenneutralität aus Sicht der aktuell vorhandenen Mittel, also unter der Annahme der anfallenden Beiträge und eines gleichbleibenden Staatszuschusses.

In der Studie werden diese 10 Altersversorgungsmodelle für 7 typische Frauenbiographien (Erwerbseintrittsalter, Heirat und Witwenschaft werden bis auf eine Ausnahme fix angenommen; bei Scheidungsalter, Kinderzahl, Berufsunterbrechungsdauer und Wiedereinstiegsalter wird variiert) mit jeweils 3 verschiedenen Einkommensverläufen (niedrig, mittel, hoch) durchgerechnet.[739]

Als Zielvorgabe werden die Reformmodelle auf eigenständige Sicherung, Armutsvermeidung, Lebensstandardsicherung, Stärkung des Versicherungsprinzips, Berücksichtigung nichtbezahlter Versorgungsarbeit sowie Familienstandsunabhängigkeit überprüft. "Die Fragen, ob die untersuchten Reformmodelle den Zielen 'Förderung der Frauenerwerbs-

---

[737] Eine Zusammenfassung dieses Berichts sowie zweier Fachtagungen zum gleichen Thema findet sich in *Bundesministerin für Frauenangelegenheiten und Verbraucherschutz* (Hg), Eigenständige Alterssicherung für Frauen.

[738] *Prinz/Rolf-Engel/Thenner*, Wege 79 ff.

[739] Zur genauen Methode der Berechnung (Stichwort: Gruppensimulationsmodell) sowie den getroffenen Annahmen siehe *Prinz/Rolf-Engel/Thenner*, Wege 96 ff.

tätigkeit' und 'partnerschaftliche Arbeitsteilung' Rechnung tragen oder diesen zuwiderlaufen, lassen sich im Rahmen von Verteilungs- und Finanzierungsanalysen nicht beantworten."[740]

Modell 1 stellt das *gegenwärtige Pensionssystem* dar. Die Modelle 2 bis 4 ergänzen das bestehende System um jeweils eine Detailänderung. Grundsätzlich wird in diesen Modellen von der Beibehaltung der bestehenden Wartezeiten, Bemessungsgrundlagen, Steigerungsbeträge und Hinterbliebenenregelungen ausgegangen.

Modell 2 ergänzt das bestehende System durch ein nachträgliches *Pensionssplitting* sowohl bei aufrechter Ehe als auch nach der Scheidung.[741] Modell 3 kombiniert das bestehende System mit einem laufenden *Pensionsausgleich* zwischen den Ehegatten, was nur zu geringen Abweichungen von M 2 führt. Entscheidend ist hier nicht nur die Dauer der Ehe, sondern auch der Zeitpunkt der Ehe (gute oder schlechte Einkommensverläufe).[742] Zusammenfassend kann man anmerken, daß die Einführung eines (laufenden oder nachträglichen) Pensionssplittings zwischen Ehegatten unter Beibehaltung des bestehenden Systems eine totale Abhängigkeit vom Einkommen des Ehemannes bedeutet[743] und bezüglich einer Armutsabsicherung für geringe Einkommensklassen prob-

---

740 *Prinz/Rolf-Engel/Thenner*, Wege 103. Potentielle Effekte lassen sich dennoch angeben.

741 Berechnet werden beide Möglichkeiten extra, somit liegen hier eigentlich 2 Subvarianten vor. Ein Splitting bei bestehender Ehe erweist sich für das System als relativ teurer, was unter der Bedingung der Kostenneutralität zu einer Kürzung etwa der Hinterbliebenenleistungen führen müßte.

742 Beim laufenden Pensionsausgleich bildet die Scheidung den absoluten Schlußpunkt für einen Pensionserwerb. Der Nachteil liegt darin, daß die geschiedene Frau nicht an einer möglichen, gewinnbringenden Karriere des Mannes partizipiert, die sie aber durch ihre Leistungen für die Familie mitbegründet hat.

743 Zu den Nachteilen des Splittings siehe insbesondere auch das Referat von *Hödl* in: *Bundesministerin für Frauenangelegenheiten und Verbraucherschutz* (Hg), Alterssicherung 197 f. Sie spricht von "Scheinverbesserungen" für Frauen.

lematisch ist.[744] Überdies ist keine Anerkennung von Kindererziehungszeiten vorgesehen.[745]

Modell 4 hingegen bessert das bestehende System durch die Anrechnung der *Kindererziehungszeiten* in der Höhe eines durchschnittlichen Erwerbseinkommens von S 19.500,-- auf.[746] Diese vorgeschlagene Höherbewertung von Kindererziehungszeiten bei gleichbleibendem Pensionssystem würde zwar zu einem massiven Anstieg der auf Familienarbeit basierenden Eigenpensionen von Frauen führen, ein Drittel bliebe aber nach wie vor ohne eigene Pension, weil eine Anrechnung nur bei Erreichung von 15 Beitragsjahren möglich ist.[747]

Die Modelle 5 und 6 werden als sogenannte *Zwei-Säulen-Systeme* aufgebaut. Derartige Lösungsansätze gehen von einer auf 2 Sockeln ruhenden Altersversorgung aus, wobei den ersten Teil immer eine staatliche, steuerfinanzierte Grund- oder Volkspension bildet, die ausschließlich von der Wohnsitzdauer im jeweiligen Staat abhängig ist. Bezüglich der 2. Säule besteht die Wahlmöglichkeit zwischen einem freiwilligen oder verpflichtenden, staatlichen oder privaten Versicherungssystem oder dem Verweis auf Betriebspensionen. Das für die Studie festgelegte Modell 5 geht neben einer von einer 40-jährigen Wohnsitzdauer abhängigen Grundabsicherung für jede/n Bürger/in in der Höhe von S 6.600,-- für die 2. Säule vom Weiterbestand des heutigen, beitragsabhängigen Pensionssystems aus. Um die geforderte Kostenneutralität zu wahren und Überversorgungen zu vermeiden, muß von der Bemessungsgrund-

744 War die Ehefrau bisher nicht oder kaum erwerbstätig und kommt es zu einer Scheidung nach langer Ehedauer, kann das Splitten für beide Ehegatten eine Pension unter der Armutsgrenze bedeuten. Rechnerisch wären die Einbußen des Mannes dann sogar größer als die Gewinne der Frau.

745 Ehefrauen oder geschiedene Frauen gutverdienender Männer profitieren von der Leistung "Familienbetreuung" wesentlich mehr als gleichermaßen tätige Frauen von Niedrigverdienern.

746 Durch Kindererziehung allein kann es zu keiner Pensionsbegründung kommen, die angerechneten Zeiten gelten weiterhin als Ersatzzeiten.

747 Der Anreiz, nach einer Kinderpause wieder in den Beruf einzusteigen, liegt in M 4 wahrscheinlich wesentlich höher als im gegenwärtigen System.

lage der Versicherungspension die Hälfte des Sockelbetrages abgezogen werden. Modell 6 reduziert die Höhe der Grundpension der 1. Säule auf S 5.000,--, wobei die Steigerung der 2. Säule wiederum größer ausfallen kann. Zusätzlich wird bei der 2. Säule ein nachträgliches Pensionssplitting[748] zwischen Ehegatten eingeführt.

Diese 2-Säulen-Modelle garantieren im Vergleich zur aktuellen Situation für jede Frau eine eigene Alterspension und führen bei erwerbstätigen, niedrig entlohnten Frauen zu einer enormen Besserstellung.[749] Dennoch kann von M 5 keine Lebensstandardsicherung, sondern nur eine Mindestsicherung durch die Alterspension erwartet werden, weil die Leistungen zu gering ausfallen.[750] Ergänzt man wie in M 6 das 2-Säulen-Modell durch ein Pensionssplitting, werden die oben (für die erste Modellgruppe) beschriebenen Nachteile des Splittings bei niedrigen Einkommen durch den Sockelbetrag der 1. Säule ausgeglichen, und es ergibt sich eine adäquate Versorgung. Dieses Modell stellt für geschiedene Frauen eine besonders positive Variante dar.

Die Modelle 7 bis 10 bauen auf einem *Pflichtversicherungssystem* in verschiedenen Varianten auf. Der Versicherungspflicht nach Modell 7 unterliegen alle Personen über 20 Jahren (früher Erwerbstätige ab Beginn ihrer Tätigkeit), der monatliche Pflichtbeitrag wird mit S 2.200,-- angesetzt, was bei 40 Versicherungsjahren zu einer Pension über der Armutsgrenze (derzeit der Ausgleichszulagenrichtsatz) führt. Die Berechnung einer durch vermehrte Beitragszahlung erreichbaren, höheren Pension (zB bei Erwerbstätigen) erfolgt wie nach geltenden Grundsätzen. Hinterbliebenenleistungen entfallen in einem Pflichtversiche-

---

748 Wiederum wahlweise für ein Splitting nur nach der Scheidung oder auch bei aufrechter Ehe.

749 Ein vermehrter Ausstieg von Frauen aus der Erwerbstätigkeit ist nicht zu befürchten, weil aufgrund fehlender Hinterbliebenenpensionen eine Ehe keine Basis für Pensionsleistungen bietet.

750 Hier fällt insbesondere die schlechte Lage der nicht erwerbstätigen, relativ früh verwitweten Frauen (mit etwa 50 - 65 Jahren) auf, die auf keine Erwerbstätigkeit mehr verwiesen werden können. Sie sind nach den vorliegenden Berechnungen schlechter gestellt als ledige Frauen.

rungssystem, weil jede Person eine eigene Versicherungsversorgung erreicht. Kindererziehungszeiten werden als echte Beitragszeiten gerechnet, wobei der Staat die Beitragszahlung übernimmt.[751] Bei gleichzeitiger Erwerbstätigkeit erfolgt die Zahlung zusätzlich und wird als Zuschlag zur Pension ausbezahlt. Nach Ablauf der anerkannten Kindererziehungsjahre muß die Beitragszahlung für den weiter nicht Erwerbstätigen durch den erwerbstätigen Ehepartner übernommen werden, wobei bis zu einem Familieneinkommen von S 25.000,-- staatliche Förderungen vorgesehen sind. Für Zeiten der Pflegetätigkeit, Arbeitslosigkeit und längerer Krankheit übernimmt der Staat wie bei der Kindererziehung die Beitragskosten.

Modell 8 erweitert das Pflichtversicherungsmodell 7 um eine 20%ige Hinterbliebenenpension, was bei Beachtung der Kostenneutralität zu einer Reduktion des Steigerungssatzes, sprich zu einer relativ geringeren Mindestpension führt. Dieses Manko soll durch eine Ausgleichszulagenregelung beseitigt werden.

Das Modell 9 entspricht dem Modell 7 mit Ausnahme der Anrechnung der Kindererziehung. Sie wird in der Bemessungsgrundlage einer Erwerbstätigkeit gleichgesetzt und entsprechend erhöht. Dies macht wiederum eine Senkung des Steigerungssatzes und die Einführung einer Ausgleichszulage notwendig.

Im letzten Modell 10 wird der verpflichtende Mindestversicherungsbeitrag auf S 3.000,-- erhöht, was zu einer Mindestpension von S 10.000,-- nach 40 Jahren führt. Die staatliche Beitragsübernahme für Zeiten der Kindererziehung erfolgt wie in den Modellen 7 und 8 mit niedriger Bemessung. Hinterbliebenenregelung gibt es keine, dagegen kommt es zwischen den Ehegatten zu einem laufenden Pensionsausgleich.

751 Angerechnet werden mit der bestehenden Bemessungsgrundlage 4 Jahre pro Kind, bei kürzerem Zeitabstand zwischen den Kindern entsprechend weniger, jedenfalls erfolgt die Beitragszahlung aber bis zum 4. Lebensjahr des jüngsten Kindes.

Insgesamt betrachtet führen die konstruierten Pflichtversicherungsmodelle zu den größten Änderungen des bestehenden Rechts, sie liefern in ihren Varianten allerdings sehr unterschiedliche Ergebnisse. Die Grundversion der Pflichtversicherung (M 7) bringt ähnlich dem 2-Säulen-Modell eine allgemeine Mindestsicherung und bietet sogar ein höheres Leistungsniveau als dieses. Trotz dieses prinzipiell positiven Effekts tragen Niedrigverdiener in einem Pflichtversicherungssystem die größten Nachteile, bei ihnen kommt es zu keiner Lebensstandardsicherung. Staatliche Zuschüsse werden - wie im bestehenden System - mehr zu Mittel- und Höherverdienern hin verteilt.[752] Auch die bestehende Lohndiskriminierung von Frauen wird im Pensionssystem fortgesetzt. Bietet man wie in M 8 auch im Pflichtversicherungssystem eine Hinterbliebenenpension, liegen die Ergebnisse sehr nahe an der heutigen Realsituation. Für geschiedene Frauen bleibt in beiden Varianten zumindest das generell positiv zu wertende Resultat eigener Versicherungsansprüche.

Eine Pflichtversicherung unter hoher Anrechnung von Kindererziehungszeiten wie in M 9 führt zu den größten Umverteilungen von Leistungen von Männern an Frauen. Kinderbetreuung wirkt auch dann pensionserhöhend[753], wenn die Frau nie erwerbstätig war. Gleichzeitig besteht aufgrund der Versicherungs- und Beitragspflicht auch ein Anreiz nach außerfamiliärer Arbeit. Geschiedene Frauen mit Kindern steigen bei diesen Annahmen im Vergleich aller Modelle am besten aus.

Die in M 10 vorgesehene höhere Pflichtversicherung mit einem laufenden Pensionsausgleich garantiert eine Lebensstandardsicherung für alle Einkommensgruppen. Die Nachteile des Pensionsausgleichs bei Niedrigverdienern werden durch die hohe Mindestsicherung aufgehoben. Für Ehefrauen und Mütter in hohen Einkommensgruppen ergibt sich durch die gute Absicherung keine Notwendigkeit mehr, eine eigene Erwerbstätigkeit anzustreben.[754]

---

[752] Den Steigerungseffekt einer Sockelpension gibt es nicht.

[753] Bei 8 Kindererziehungsjahren wird eine um etwa S 1.000,-- höhere Mindestpension erreicht.

[754] Geht man von dem Ziel einer hohen Frauenerwerbsbeteiligung aus, ist hier bereits eine Überversorgung anzunehmen.

Beispielhaft für die Vielzahl an vergleichenden Berechnungen seien hier 2 Tabellen (ermittelt für 7 Modellsysteme anhand von 4 Lebensbiographien) angeführt:[755]

Eigenpension einer Frau pro Monat
(mittleres Einkommen, inklusive eventueller Ausgleichszulagen)

	Modell	1	2	4	5	6	7	8
Typ I		9.600	13.100	10.600	11.800	13.900	12.900	11.800
II		9.100	10.000	10.400	11.400	11.600	13.200	12.000
III		-------	8.500	-------	6.600	10.900	8.400	7.700
IV		5.800	10.000	8.000	9.300	11.600	11.500	10.500

I = Berufstätige Ehefrau,1 Kind
II = Berufstätige Ehefrau, 2 Kinder, Scheidung mit 30
III = Hausfrau, 3 Kinder
IV = Hausfrau, 3 Kinder, Scheidung mit 50

Gesamtpension einer Witwe pro Monat
(mittleres Einkommen, inklusive eventueller Ausgleichszulagen)

	Modell	1	2	4	5	6	7	8
Typ I		20.400	20.300	19.500	11.800	13.900	12.900	15.400
II		9.100	10.000	10.400	11.400	11.600	13.200	12.000
III		10.800	13.200	9.000	6.600	10.900	8.400	11.300
IV		5.800	10.000	8.000	9.300	11.600	11.500	10.500

I = Berufstätige Ehefrau,1 Kind
II = Berufstätige Ehefrau, 2 Kinder, Scheidung mit 30
III = Hausfrau, 3 Kinder
IV = Hausfrau, 3 Kinder, Scheidung mit 50

Welches Versicherungssystem das optimalste für Frauen darstellt, kann in dieser verallgemeinernden Fragestellung nicht beantwortet werden. Jedes Modell wirkt unterschiedlich stark (positiv oder negativ) auf ver-

[755] *Prinz/Rolf-Engel/Thenner*, Wege 134 u 137.

schiedene Lebensverläufe. Klar feststeht jedoch, daß die derzeitige Rechtslage für lange nicht berufstätige, geschiedene Hausfrauen und Mütter besonders ungünstig wirkt. Ein 2-Säulen-Modell oder eine Pflichtversicherung bieten jedenfalls Verbesserungen, die konkreten Effekte differieren jedoch stark abhängig von der Biographie und den Einkommensgruppen. Der Versuch, eine Rangordnung der einzelnen Modelle für verschiedene Lebensläufe (von Frauen und Männern) anzugeben, kommt zu folgendem Ergebnis[756]: Für geschiedene Frauen erweist sich das Pflichtversicherungsmodell unter hoher Bewertung von Erziehungszeiten sowohl in niederen als auch in mittleren Einkommensgruppen als die günstigste Variante.[757] Ausgehend davon, daß ein Pflichtversicherungsmodell die sinnvollste Lösung bieten könnte, werden in der Studie als Zusatz 3 weitere Modellvarianten angeführt, die sich vor allem durch einen niederen Pflichtbeitrag (S 700,-- bzw S 1.500,--) auszeichnen. Entstehende Leistungsdefizite werden durch Hinterbliebenen-Splitting- und Ausgleichszulagenregelungen abgefangen.[758]

C. Abschließende Würdigung

Wie ich im ersten Kap dieses Teils aufgezeigt habe, basiert die sozialversicherungsrechtliche Absicherung geschiedener Ehepartner nach aktueller österreichischer Rechtslage auf der Kombination von einem im vorigen Jahrhundert geschaffenen - von den Prämissen eines bürgerlichen Familienbildes und kirchlichen Ehe- und Ehescheidungsrechts bedingten[759] - Sozialrecht mit einem neuen, 1938 unter nationalsozialistischer Herrschaft entstandenen Eherecht. Diese grundlegende, wertge-

---

756 *Bundesministerin für Frauenangelegenheiten und Verbraucherschutz* (Hg), Alterssicherung 217 f.

757 Im Gegensatz dazu ist zB bei Alleinerzieherinnen einem Säulen-Modell der Vorzug zu geben.

758 Da auch hier keine Optimalvariante gefunden wurde, verweise ich bezüglich der näheren Darstellung auf *Prinz/Rolf-Engel/Thenner*, Wege 164 ff.

759 Der Begriff Ehescheidung sollte hier unter Anführungszeichen stehen, denn die damalige Scheidung von Tisch und Bett ist mit der Scheidung im heutigen Sinn nicht ident.

tragene Umstellung des Eherechts ohne entsprechende Adaption der Sozialversicherungsnormen bildet den Grundstein für die strikte Bedingtheit sozialer Versorgung von ehelichem Wohlverhalten, die in diesem Ausmaß nie Wille der Sozialpolitik gewesen war. Auch die Familienrechtsreform der 70er Jahre, die umso mehr[760] eine Reaktion auf Sozialrechtsebene erwarten lassen hätte können, führte zu keiner Änderung der Grundprinzipien.

Sieht man von dieser rechtlichen Widersprüchlichkeit ab, so müßte mA zumindest der Blick auf die real schlechte, soziale Lage Geschiedener - und hier insbesondere geschiedener Frauen, besser noch geschiedener, älterer Frauen - genügend Reformpotential in Bewegung setzen. Daß dem leider nicht so ist, zeigt die dargestellte, seit gut 20 Jahren andauernde Diskussion. Trotz konkreter Reformüberlegungen verhindert offensichtlich die Komplexität der Materie "Soziale Absicherung" jedweden Fortschritt.

Die Beurteilung der von Frauen geleisteten Arbeiten spielt wesentlich in diesen Themenbereich hinein. Sozialversicherung orientiert sich in Österreich noch immer primär am mindestens 40 Jahre, mindestens 40 Stunden pro Woche, schwer arbeitenden, gut verdienenden und unter diesen Bedingungen im Normalfall männlichen Menschen. Geht es darum, eine Familie zu gründen und zu pflegen, so sind es in der Regel die Frauen, die ihren schlechter bezahlten und schlechter abgesicherten Arbeitsplatz verlassen, um zumindest vorübergehend ausschließlich Familienarbeit zu leisten. Hier beginnt die versicherungsrechtliche Abhängigkeit der Frau vom Ehemann, die aufgrund des niedrigeren Versorgungsniveaus[761] und der steigenden Scheidungsziffern nur eine trügerische Sicherheit bietet.[762]

---

[760] Es erfolgte die endgültige Abkehr von der alleinigen Unterhaltsverpflichtung des Ehemannes gegenüber der Frau und im Gegenzug die theoretische Gleichstellung der Familienarbeit mit der Erwerbsarbeit.

[761] Feststeht, daß eine Hinterbliebenenpension niemals Ersatz für eine Eigenpension sein kann oder soll. Die Witwenpension war und ist vom Konzept her keine Alterssicherung, sondern eine Unterhaltsersatzleistung; sie ist nicht Anerkennung von geleisteter Arbeit, nicht einmal geleisteter Familienarbeit (Kinderzahl und Erziehungszeiten finden keinen

Primäres Ziel wäre die versicherungsrechtliche Anerkennung der von Frauen erbrachten Leistungen während der Zeit ihrer familienbedingten Berufsunterbrechung. Egal, wie unser heutiges Sozialversicherungsrecht umgestaltet wird, Frauen muß in gleichem Maß wie Männern – geschiedenen Frauen unabhängig vom Familienstand - die Chance eingeräumt werden, nach einem von Erwerbs- und Familienarbeit erfüllten Leben eine ausreichende Altersversorgung im Sinn einer lebensstandardsichernden Alterspension zu erlangen. Man(n) sollte sich an den Gedanken gewöhnen, daß eine geschiedene Frau, die mehrere Kinder erzogen und daher nur mit Unterbrechungen in ihrem (vielleicht auch schlecht entlohnten) Beruf gearbeitet hat, eine höhere Alterspension erlangt und "verdient" hat, als eine/ein durchgehend Erwerbstätige/er ohne Familienbelastung.

Bei der Reformdurchführung sollte es jedoch nicht wie schon so oft in der Vergangenheit der Sozialgesetzgebung bei einem "Löcherstopfen" bleiben,[763] sondern das gesamte System im Sinn eines einfacher zu handhabenden, leichter überschaubaren und möglichst alle Personen gleichberechtigt umfassenden Rechts umgebildet werden. Ich persönlich gehe dabei auch nicht von einem "unversöhnlichen Gegensatz zwischen Rechtsstaatlichkeit, dem Prinzip der formalen Gleichheit, und Sozialstaatlichkeit, dem Prinzip der materiellen Gleichheit"[764] aus.

Niederschlag in der Pensionshöhe), sondern Unterhaltsersatz. Anspruchsvoraussetzungen sind nicht Alter und Arbeitsleistung, sondern die Ehe und der Tod des Ehemannes.

762 Ehe ist kein Garant für soziale Sicherheit: Das bestehende System der Gratismitversicherung und der Hinterbliebenenpensionen fördert aber in gewisser Weise die Nichterwerbstätigkeit von verheirateten Frauen. Die Konsequenz der mangelnden Absicherung im Scheidungsfall wird oft zu spät erkannt.

763 Für die deutsche Reformpraxis treffend dargestellt von *Veil*, Verliererinnen und Gewinnerinnen der Rentenreform 1992, in: *Veil/Prinz/Gerhard* (Hg), Am modernen Frauenleben vorbei 72: "Werden frauendiskriminierende Bestandteile der Alterssicherung nicht mehr grundlegend diskutiert, dann reduzieren sich - wie bereits geschehen – Reformvorschläge von ursprünglich umfassenden alternativen Entwürfen zu pragmatischen Detailänderungen, wie zum Beispiel von dem Modell der eigenständigen Sicherung der Frau über die Mindestrenten- und Grundrentendebatte zur Erweiterung der Anerkennung von Erziehungszeiten."

764 *Strasser J.*, Grenzen des Sozialstaats? Soziale Sicherung in der Wachstumskrise 45 f.

Literaturverzeichnis

Adomeit Klaus, Die Ehescheidung und ihre Folgen, in: *Kühn Evelyn/ Tourneau Ingrid* (Hg), Familienrechtsreform - Chance einer besseren Wirklichkeit? (Bielefeld 1978)

Baryli Andreas, Zur Geschichte der gesetzlichen Krankenfürsorgepflicht der gewerblichen Arbeitgeber in Österreich, in: *Steindl Harald* (Hg), Wege zur Arbeitsrechtsgeschichte (Ius commune Sonderheft 20) (Frankfurt am Main 1984)

Beidtel Ignaz, Geschichte der österreichischen Staatsverwaltung I (Frankfurt 1968, Nachdruck aus 1896)

Berneike Christiane, Die Frauenfrage ist Rechtsfrage. Die Juristinnen der deutschen Frauenbewegung und das Bürgerliche Gesetzbuch (Baden-Baden 1995)

Beth Marianne, Die Stellung der Frau im Recht, in: *Braun Martha Stephanie* ua (Hg), Frauenbewegung, Frauenbildung und Frauenarbeit in Österreich (Wien 1930)

Binder Martin, Die Problematik der Geschiedenen-Pensionsregelung, in: *Harrer Friedrich/Zitta Rudolf* (Hg), Familie und Recht (Wien 1992)

Blasius Dirk, Ehescheidung in Deutschland 1794 - 1945 (Kritische Studien zur Geschichtswissenschaft 74) (Göttingen 1987)

Blasius Dirk, Reform gegen die Frau: Das preußische Scheidungsrecht im frühen 19. Jahrhundert, in: *Gerhard Ute* (Hg), Frauen in der Geschichte des Rechts (München 1997) 659 ff

Bley Helmar, Sozialrecht^{6} (Frankfurt am Main 1988)

Blüm Norbert, Langfristige Zukunftsperspektiven der gesetzlichen Rentenversicherung, in: *Blüm Norbert* ua, Langfristige Stabilisierung der gesetzlichen Rentenversicherung - Reform-Modelle im Vergleich (Sankt Augustin 1995) 17 ff

Borth Helmut, Versorgungsausgleich in anwaltschaftlicher und familiengerichtlicher Praxis[2] (Neuwied ua 1992)

Borth Helmut, Ehegattenunterhalt, in: *Schwab Dieter* (Hg), Handbuch des Scheidungsrechts[3] (München 1995) 651 ff

Botz Gerhard, Das Anschlußproblem (1918 - 1945) - Aus österreichischer Sicht, in: *Kann Robert A./Prinz Friedrich E.* (Hg), Deutschland und Österreich (Wien/München 1980) 179 ff

Botz Gerhard, Die Eingliederung Österreichs in das Deutsche Reich[3] (1988)

Brackmann Kurt, Handbuch der Sozialversicherung III, Gesetzliche Unfallversicherung (Sankt Augustin 1997)

Brucker Ludwig (Hg), Die Sozialversicherung nach dem neuesten Stand der Gesetzgebung (Berlin 1940)

Brügel Ludwig, Soziale Gesetzgebung in Österreich von 1848 bis 1918 (Wien/Leipzig 1919)

Bundesministerin für Frauenangelegenheiten (Hg), Bericht über die Situation der Frauen in Österreich, Frauenbericht 1995 (Wien 1995)

Bundesministerin für Frauenangelegenheiten und Verbraucherschutz (Hg), Eigenständige Alterssicherung für Frauen (Schriftenreihe der Frauenministerin XIV) (Wien 1997)

Caroni Pio, Privatrecht: Eine sozialhistorische Einführung (Basel/ Frankfurt am Main 1988)

Crome Carl, Handbuch des Französischen Civilrechts III[8] (Freiburg 1895)

Deixler-Hübner Astrid, Scheidung, Ehe und Lebensgemeinschaft[4] (Wien 1997)

Dernburg Heinrich, Das bürgerliche Recht des Deutschen Reichs und Preußens IV, Deutsches Familienrecht (Halle 1903)

Dorrer Rosemarie, Die Situation der Frau im Bundesdienst. Historische Entwicklung und empirische Standortbestimmung (Wien 1979)

Ebert Kurt, Die Anfänge der modernen Sozialpolitik in Österreich (Studien zur Geschichte der österreichisch-ungarischen Monarchie XV) (Wien 1975)

Edlbacher Oskar, Der Einfluß der Familienrechtsreform auf das Sozialversicherungsrecht, in: T*omandl Theodor* (Hg), Die Frau in der Sozialversicherung - ihre gegenwärtige und zukünftige Rechtsstellung (Wien/Stuttgart 1976) 17 ff

Ehrenzweig Armin, System des österreichischen allgemeinen Privatrechts II/2[6] Familien- und Erbrecht (Wien 1924)

Eißler Hans, Versorgungsausgleich[2] (München 1995)

Erlenkämper Arnold, Soziale Sicherheit und soziale Leistungen. Einführung in das Sozialrecht der Bundesrepublik Deutschland (Köln ua 1993)

Fehrenbach Elisabeth, Traditionale Gesellschaft und revolutionäres Recht. Die Einführung des Code Napoléon in den Rheinbundstaaten (Göttingen 1974)

Feil Erich/Holeschofsky Peter, Unterhalt und Vermögensrechte nach der Scheidung (Eisenstadt 1986)

Floßmann Ursula, Das Geschlechterverhältnis in der Rechtslehre Franz von Zeillers, in: *Ogris Werner/Rechberger Walter H.* (Hg), Gedächtnisschrift Herbert Hofmeister (Wien 1996) 179 ff

Floßmann Ursula, Österreichische Privatrechtsgeschichte[3] (Wien 1996)

Förtsch R., Vergleichende Darstellung des Code civil und des Bürgerlichen Gesetzbuches für das Deutsche Reich[2] (Berlin 1899)

Fraser Nancy, Widerspenstige Praktiken. Macht, Diskurs, Geschlecht (Frankfurt am Main 1994)

Freudenschuß-Reichl Irene, Gleichberechtigung in der Ehe – Sozialversicherung als Hilfe oder Hemmnis, in: *Bundeskanzleramt* (Hg), Frau und Recht (Berichte einer Enquete des Staatssekretariats für allgemeine Frauenfragen v 24.9.1981) (Wien 1981)

Funke Wilhelm Friedrich, Verordnung über die Einführung der Sozialversicherung im Lande Österreich (Stuttgart/Berlin 1939)

Gensior Sabine, Teilzeitarbeit und frauenspezifischer Arbeitsmarkt, in: *Gerhard Ute/Limbach Jutta* (Hg), Rechtsalltag von Frauen (Frankfurt am Main 1988) 61 ff

Gerhard Ute, Verhältnisse und Verhinderungen. Frauenarbeit, Familie und Rechte der Frauen im 19. Jahrhundert[2] (Frankfurt am Main 1981)

Gerhard Ute, Frauenleitbilder und Etappen bundesrepublikanischer Frauenpolitik, in: *Veil Mechthild/Prinz Karin/Gerhard Ute* (Hg), Am modernen Frauenleben vorbei. Verliererinnen und Gewinnerinnen der Rentenreform 1992 (Berlin 1992) 17 ff

Gernhuber Joachim/Coester-Waltjen Dagmar, Lehrbuch des Familienrechts[4] (München 1994)

Giesen Dieter, Familienrecht[2] (Tübingen 1997)

Gimpel-Hinteregger Monika, Arbeitsplatz Haushalt - Kann die Ehe als materielle Existenzgrundlage dienen?, in: *Frakele Beate/List Elisabeth/ Pauritsch Gertrude* (Hg), Über Frauenleben, Männerwelt und Wissenschaft (Wien 1987)

Gimpel-Hinteregger Monika, Der Unterhaltsanspruch des geschiedenen Ehegatten bei Eingehen einer Lebensgemeinschaft, in: *Harrer Friedrich/Zitta Rudolf* (Hg), Familie und Recht (Wien 1992)

Gitter Wolfgang, Probleme bei der Kodifizierung des deutschen Sozialrechts, in: *Wannagat Georg/Gitter Wolfgang* (Hg), Festschrift für Erich Fechner (Tübingen 1973) 223 ff.

Gitter Wolfgang, Sozialrecht[3] (München 1992)

Grießl Anton, Kirchliche Vorschriften und österreichische Gesetze und Verordnungen in Ehe-Angelegenheiten[2] (Graz 1890)

Grillberger Konrad, Österreichisches Sozialrecht[3] (Wien/New York 1996)

Gschnitzer Franz, Familienrecht (Wien 1963)

Hahne Meo-Micaela, Versorgungsausgleich, in: *Schwab Dieter* (Hg), Handbuch des Scheidungsrechts[3] (München 1995) 1253 ff

Hattenhauer Hans/Bernert Günther (Hg), Allgemeines Landrecht für die Preußischen Staaten von 1794 (Frankfurt am Main/Berlin 1970)

Hauck Karl ua (Hg), Sozialgesetzbuch, SGB VI Gesetzliche Rentenversicherung, Kommentar (Losebl-Ausg, 40. Erg-Lfg, Stand Oktober 1997) (Berlin)

Heindl Waltraud, Aspekte der Ehescheidung in Wien um 1900, in: *Österreichisches Staatsarchiv* (Hg), Mitteilungen des Österreichischen Staatsarchivs 33 (Wien 1980) 218 ff

Heindl Waltraud, Frau und bürgerliches Recht, in: *Ackerl Isabella* ua (Hg), Politik und Gesellschaft im alten und neuen Österreich, Neck-FS I (Wien 1981) 133 ff

Heindl Waltraud, Gehorsame Rebellen. Bürokratie und Beamte in Österreich 1780 bis 1848 (Wien 1990)

Henrich Dieter, Familienrecht[5] (Berlin/New York 1995)

Hieden-Sommer Helga, Alterssicherung der Frauen, in: *Dr-Karl-Renner-Institut* (Hg), Der Sozialstaat in Österreich. Was bleibt er den Frauen schuldig? Enquete v 9.11.1992 (Wien 1993) 54 ff

Hieden-Sommer Helga, 'Frauenpolitik' - Geschlechterverhältnisse. Wissenschaftliche Grenzziehungen (Klagenfurt 1995)

Hofmeister Herbert, Landesbericht Österreich, in: *Köhler Peter A./ Zacher Hans F.* (Hg), Ein Jahrhundert Sozialversicherung in der Bundesrepublik Deutschland, Frankreich, Großbritannien, Österreich und der Schweiz (Berlin 1981) 445 ff

Hofmeister Herbert, Die Rolle der Sozialpartnerschaft in der Entwicklung der Sozialversicherung, in: *Stourzh Gerald/Grandner Margarete* (Hg), Historische Wurzeln der Sozialpartnerschaft (Wiener Beiträge zur Geschichte der Neuzeit 12/13) (Wien 1986) 278 ff

Hofmeister Herbert, Privatrechtsgesetzgebung für Österreich unter der Herrschaft des Nationalsozialismus, in: *Davy Ulrike/Fuchs H./Hofmeister Herbert/Marte Judit/Reiter Ilse* (Hg), Nationalsozialismus und Recht. Rechtssetzung und Rechtswissenschaft in Österreich unter der Herrschaft des Nationalsozialismus (Wien 1990) 124 ff

Hofmeister Lilian, Ruhender Unterhalt nach Scheidung, in: *Frauenreferat - Amt der Vorarlberger Landesregierung* (Hg), war - ist - soll, Dokumentation, Standpunkte, Perspektiven (Dornbirn 1995) 36 ff.

Hornyik Brigitte, Sind Männer gleicher? Die Judikatur des Verfassungsgerichtshofes zur Gleichheit von Mann und Frau als Spiegel gesellschaftlicher Wertmaßstäbe und ihrer Veränderungen (1919-1993), in: *Mesner Maria/Steger-Mauerhofer Hildegard* (Hg), Der Tod der Olympe de Gouges. 200 Jahre Kampf um Gleichberechtigung und Grundrechte (Wien 1994) 67 ff

Jäger Horst, Sozialversicherungsrecht und sonstige Bereiche des Sozialgesetzbuches[8] (1977)

Jahn Kurt, Allgemeine Sozialversicherungslehre (Stuttgart ua 1965)

Jakob Reinhard, Neues Sozialversicherungsrecht in der Ostmark (Wien 1939)

Kerber Robert (Hg), Die österreichische Kranken- und Unfallversicherung (Wien 1927)

Kerber Robert (Hg), Das Angestelltenversicherungsgesetz in der Fassung der II. Novelle (Wien 1929)

Kerber Robert (Hg), Die gewerbliche Sozialversicherung (Wien 1936)

Kerwitz Harry, Die rechtliche Stellung der Familienangehörigen in der Sozialversicherung (Landsberg 1940)

Kirner Ellen/Schulz Erika, Die Erwerbsbeteiligung im Lebensverlauf von Frauen in Abhängigkeit von der Kinderzahl, in: *Gather Claudia/Gerhard Ute/Prinz Karin/Veil Mechthild* (Hg), Frauen-Alterssicherung[2] (Berlin 1993)

Kissel Otto Rudolf (Hg), Ehe und Ehescheidung I (Kronberg 1977)

Klang Heinrich/Gschnitzer Franz, Kommentar zum Allgemeinen bürgerlichen Gesetzbuch I/1[2] (Wien 1964)

Köstler Rudolf, Das Großdeutsche Eherecht (Wien 1944)

Koziol Helmut/Welser Rudolf, Grundriß des bürgerlichen Rechts II[10] (Wien 1996)

Krainz Josef, System des österreichischen allgemeinen Privatrechts II/2[5] Familien- und Erbrecht (Wien 1917)

Krejci Heinz, Das Sozialversicherungsverhältnis (Wien 1977)

Kroder Markus/Ryssel Herbert, Scheidung, Güterrecht, Unterhalt, elterliche Gewalt, Versorgungsausgleich, Hausrat, Prozeß nach dem neuen Eherechtsreformgesetz (Kissing 1977)

Lange Helene, Die Stellung der Frauenbewegung zu Ehe und Familie, in: *Menschik Jutta* (Hg), Grundlagentexte zur Emanzipation der Frau[2] (Köln 1977)

Lauterbach Herbert/Crantz Friedrich/Demiani Wilhelm, Grundriß der Reichsunfallversicherung (Berlin 1940)

Lederer Max, Grundriß des österreichischen Sozialrechtes[2] (Wien 1932)

Lederer Max/Czerny Ferdinand, Das Bundesgesetz betreffend die Gewerbliche Sozialversicherung (Wien 1935)

Lehmann Heinrich/Henrich Dieter, Deutsches Familienrecht[4] (Berlin 1967)

Lehner Oskar, Familie - Recht - Politik (Wien/New York 1987)

Lehner Oskar, Österreichische Verfassungs- und Verwaltungsgeschichte[2] (Linz 1994)

Lenhoff Arthur, Auflösung der Ehe und Wiederverehelichung. Beiträge zum österreichischen Eherecht (Wien 1926)

Mädje Eva/Neusüß Claudia, Frauen im Sozialstaat. Zur Lebenssituation alleinerziehender Sozialhilfeempfängerinnen (Frankfurt am Main/New York 1996)

Meisel Wilhelm, Die Scheidungsreform und ihre Auswirkung im Sozialversicherungsrecht, in: *Martinek Oswin/Cerny Josef/Weidenholzer Josef* (Hg), Arbeitswelt und Sozialstaat, Festschrift für Gerhard Weißenberg (Wien/München/Zürich 1980)

Mell Wolfgang-Rüdiger, Lebensgemeinschaft und Familienrecht in Österreich, in: *Frotz Gerhard/Ogris Werner* (Hg), Festschrift Heinrich Demelius zum 80. Geburtstag. Erlebtes Recht in Geschichte und Gegenwart (Wien 1973) 155 ff

Menzel Adolf, Die Arbeiterversicherung nach österreichischem Rechte (Leipzig 1893)

Menzel Kathrin (Hg), Familienarbeit in der Alterssicherung. Synopse zu Reformbedarf und Lösungsansätzen (Sankt Augustin 1995)

Mentasti Johann, Die gegenwärtige und künftige Stellung der Frau in der Pensionsversicherung, in: *Tomandl Theodor* (Hg), Die Frau in der Sozialversicherung - ihre gegenwärtige und zukünftige Rechtsstellung (Wien/Stuttgart 1976) 109 ff

Meyer-Harter Renate, Die Stellung der Frau in der Sozialversicherung. Lageanalyse und Reformmöglichkeiten (Berlin 1974)

Molkentin Thomas, Krankenversicherungsbedarf und Altersversorgungsbedarf im Unterhalt geschiedener und getrennt lebender Ehegatten (München 1991)

Naegele Wolfgang, Der Versorgungsausgleich[3] (Freiburg 1990)

Neumann-Ettenreich Robert von, Das österreichische Eherecht (Wien 1913)

Oberender Peter/Wezel Birgit, Absenkung des gesetzlichen Rentenniveaus und Übergang zum Kapitaldeckungsverfahren, in: *Blüm Norbert* ua, Langfristige Stabilisierung der gesetzlichen Rentenversicherung - Reform-Modelle im Vergleich (Sankt Augustin 1995) 36 ff

Oehler A., Soziale Versicherung (Leipzig 1942)

Oelschläger Angelika/Schunter-Kleemann Susanne, Frauen als Erwerbsarbeiterinnen - Frauen als Familienarbeiterinnen - Frauen, Eltern, Familien als Bezieher sozialer Leistungen, in: *Schunter-Kleemann Susanne* (Hg), Herrenhaus Europa. Geschlechterverhältnisse im Wohlfahrtsstaat (Berlin 1992) 329 ff

Öhlinger Theo, Verfassungsrecht[3] (Wien 1997)

Pahrhuber Friedrich, Die österreichische Sozialversicherung (Linz 1951)

Papier Hans Jürgen, Der Einfluß des Verfassungsrechts auf das Sozialrecht, in: *Maydell Bernd von/Ruland Franz* (Hg), Sozialrechtshandbuch (SRH)[2] (Berlin 1996) 73 ff

Pappai Friedrich, Eigenständige soziale Sicherung der Frau, in: *Simitis Spiros/Zenz Gisela* (Hg), Seminar: Familie und Familienrecht (Frankfurt am Main 1975)

Pfeifer Helfried, Grundsätze und Probleme des österreichischen Sozialversicherungsrechtes (Wien 1934)

Pfohl Rudolf, Die wesentlichen sozialversicherungsrechtlichen Ansprüche der Arbeiter und Angestellten[2] (Linz 1952)

Planck G., Bürgerliches Gesetzbuch nebst Einführungsgesetz IV, Familienrecht (Berlin 1901)

Priemel Isabel/Schuster Annette, Frauen zwischen Erwerbstätigkeit und Familie (Pfaffenweiler 1990)

Prinz Christopher/Rolf-Engel Gabriele/Thenner Monika, Neue Wege der eigenständigen Alterssicherung von Frauen. Ausgangslage und Reformmodelle. Ein Forschungsprojekt im Auftrag der Bundesministerin für Frauenangelegenheiten (Wien 1996)

Prinz Christopher, Die Alterung der Bevölkerung und das österreichische Pensionssystem, in: *Bruner Johann/Prinz Christopher/Wirth Friedrich*, Die Zukunft der gesetzlichen Pensionsversicherung (Johannes Kepler Universität Linz, Institut für Volkswirtschaftslehre, Arbeitspapier Nr 9620) (Linz 1996)

Prinz Karin, Lebens- und Erwerbsverläufe von Frauen zwischen Kindererziehung, Beruf und eigener Existenzsicherung, in: *Veil Mechthild/ Prinz Karin/Gerhard Ute* (Hg), Am modernen Frauenleben vorbei. Verliererinnen und Gewinnerinnen der Rentenreform 1992 (Berlin 1992) 165 ff

Rabofsky Eduard, Ver-Fassungsloses Österreich, in: *Dimmel Nikolaus/ Noll Alfred-Johannes* (Hg), Verfassung. Juristisch-politische und sozialwissenschaftliche Beiträge anläßlich des 70-Jahr-Jubiläums des Bundes-Verfassungsgesetzes (Wien 1990) 90 ff

Radner Alfred, Sozialversicherungsrechtlicher Schutz bei Ehescheidung^2 (Linz 1993)

Ramm Thilo, Das nationalsozialistische Familien- und Jugendrecht (Heidelberg 1984)

Rolf Gabriele, Individualorientierte soziale Sicherung von Frauen unter familienpolitischen Aspekten, in: *Wagner Gert/Ott Notburga/Hoffmann-Nowotny Hans-Joachim* (Hg), Familienbildung und Erwerbstätigkeit im demographischen Wandel (Berlin ua 1989) 281 ff

Ruland Franz, Familiärer Unterhalt und Leistungen der sozialen Sicherheit (Berlin 1973)

Ruland Franz, Rentenversicherung, in: *Maydell Bernd von/Ruland Franz* (Hg), Sozialrechtshandbuch (SRH)[2] (Berlin 1996) 877 ff

Rummel Peter, Kommentar zum Allgemeinen bürgerlichen Gesetzbuch II[2] (Wien 1992)

Rürup Bert, Steuerfinanzierte Grundrente und Rentenfinanzierung nach dem Kapitaldeckungsverfahren - Ein kritischer Kommentar, in: *Blüm Norbert* ua, Langfristige Stabilisierung der gesetzlichen Rentenversicherung - Reform-Modelle im Vergleich (Sankt Augustin 1995) 81 ff

Rüthers Bernd, Die unbegrenzte Auslegung. Zum Wandel der Privatrechtsordnung im Nationalsozialismus[4] (Heidelberg 1991)

Savigny Friedrich Carl von, Darstellung der in den Preußischen Gesetzen über die Ehescheidung unternommenen Reform (Berlin 1850)

Schiffbänker Christine, Die Frau in der Sozialversicherung, in: *Aichhorn Ulrike* (Hg), Frauen & Recht (Wien/New York 1997) 215 ff

Schiffbänker Christine, Weibliche Lebenszusammenhänge im Sozialversicherungsrecht, in: *Floßmann Ursula* (Hg), Recht, Geschlecht und Gerechtigkeit. Frauenforschung in der Rechtswissenschaft (Linz 1997) 406 ff

Schimetschek Bruno, Der österreichische Beamte (Wien 1984)

Schlosser Hans, Grundzüge der Neueren Privatrechtsgeschichte[7] (Heidelberg 1993)

Schubert Werner, Französisches Recht in Deutschland zu Beginn des 19. Jahrhunderts. Zivilrecht, Gerichtsverfassungsrecht und Zivilprozeßrecht (Köln/Wien 1977)

Schubert Werner, Das bürgerliche Gesetzbuch von 1896, in: *Hofmeister Herbert* (Hg), Kodifikation als Mittel der Politik (Wien ua 1986)

Schubert Werner, Die Projekte der Weimarer Republik zur Reform des Nichtehelichen-, des Adoptions- und des Ehescheidungsrechts (Paderborn ua 1986)

Schubert Werner, Das Familien- und Erbrecht unter dem Nationalsozialismus. Ausgewählte Quellen zu den wichtigsten Gesetzen und Projekten aus den Ministerialakten (Paderborn ua 1993)

Schulin Bertram, Sozialrecht[5] (Düsseldorf 1993)

Schumann Carola, Das Scheidungsrecht in der anwaltlichen Praxis, in: *Gerhard Ute/Limbach Jutta* (Hg), Rechtsalltag von Frauen (Frankfurt/Main 1988) 105 ff

Schunter-Kleemann Susanne, Wohlfahrtsstaat und Patriarchat - Ein Vergleich europäischer Länder, in: *Schunter-Kleemann Susanne* (Hg), Herrenhaus Europa. Geschlechterverhältnisse im Wohlfahrtsstaat (Berlin 1992) 141 ff

Schwab Dieter, Grundlagen und Gestalt der staatlichen Ehegesetzgebung in der Neuzeit (Bielefeld 1967)

Schwab Dieter, Familienrecht[8] (München 1995)

Schwab Dieter, Das materielle Scheidungsrecht, in: *Schwab Dieter* (Hg), Handbuch des Scheidungsrechts[3] (München 1995) 417 ff

Schwab Dieter, Zugewinnausgleich, in: *Schwab Dieter* (Hg), Handbuch des Scheidungsrechts[3] (München 1995) 1445 ff

Schwab Dieter, Gleichberechtigung und Familienrecht im 20. Jahrhundert, in: *Gerhard Ute* (Hg), Frauen in der Geschichte des Rechts (München 1997) 790 ff

Schwimann Michael (Hg), Praxiskommentar zum ABGB I[2] (Wien 1997)

Schwind Fritz, Kommentar zum österreichischen Eherecht[2] (Wien 1980)

Seidensticker J. A. L., Einleitung in den Codex Napoleon (Tübingen 1808, Nachdruck Glashütten 1972)

Steinlechner Paul, Zur Reform des Eherechts (Innsbruck 1875)

Stolleis Michael, Gemeinwohlformeln im nationalsozialistischen Recht (Berlin 1974)

Strasser Johano, Grenzen des Sozialstaats? Soziale Sicherung in der Wachstumskrise[2] (Köln 1983)

Stubenrauch Moriz von, Commentar zum österreichischen allgemeinen bürgerlichen Gesetzbuche I[8], II[8] (Wien 1902, 1903)

Tálos Emmerich, Staatliche Sozialpolitik in Österreich. Rekonstruktion und Analyse (Wien 1981)

Tálos Emmerich/Wörister Karl, Soziale Sicherung im Sozialstaat Österreich (Baden-Baden 1994)

Tálos Emmerich, Ausblick - Perspektiven, in: *Bundesministerin für Frauenangelegenheiten* (Hg), Bericht über die Situation der Frauen in Österreich, Frauenbericht 1995 (Wien 1995) 423 f

Tennstedt Florian, Geschichte des Sozialrechts, in: *Maydell Bernd von/Ruland Franz* (Hg), Sozialrechtshandbuch (SRH)[2] (Berlin 1996) 25 ff

Teschner Hellmut/Widlar Peter (Hg), Allgemeine Sozialversicherung ASVG mit erläuternden Bemerkungen (Losebl-Ausg, 65. Erg-Lfg, Stand Dezember 1997) (Wien 1974)

Tomandl Theodor, Grundriß des österreichischen Sozialrechts[4] (1989)

Umlauf Joachim, Die deutsche Arbeiterschutzgesetzgebung 1880 - 1890 (Berlin 1980)

Veil Mechthild/Prinz Karin/Gerhard Ute (Hg), Am modernen Frauenleben vorbei. Verliererinnen und Gewinnerinnen der Rentenreform 1992 (Berlin 1992)

Veil Mechthild, Verliererinnen und Gewinnerinnen der Rentenreform 1992, in: *Veil Mechthild/Prinz Karin/Gerhard Ute* (Hg), Am modernen Frauenleben vorbei. Verliererinnen und Gewinnerinnen der Rentenreform 1992 (Berlin 1992) 43 ff

Verosta Stephan, Die internationale Stellung Österreichs 1938 bis 1947 (Wien 1947)

Volkmar Erich/Antoni Hans/Ficker Hans/Rexroth Ernst Ludwig/Anz Heinrich, Großdeutsches Eherecht, Kommentar (München/Berlin 1939)

Wagner Gert/Rolf Gabriele, Personenbezogene Versicherungspflicht mit Mindestvorsorge und Bedarfsflankierung: Das Voll Eigenständige System der Altersvorsorge, in: *Blüm Norbert* ua, Langfristige Stabilisierung der gesetzlichen Rentenversicherung - Reform-Modelle im Vergleich (Sankt Augustin 1995) 54 ff

Walter Robert/Mayer Heinz, Grundriß des österreichischen Bundesverfassungsrechts[8] (Wien 1996)

Wannagat Georg, Lehrbuch des Sozialversicherungsrechts I (Tübingen 1965)

Weber Marianne, Ehefrau und Mutter in der Rechtsentwicklung (Tübingen 1907)

Weber-Will Susanne, Die rechtliche Stellung der Frau im Privatrecht des Preußischen Allgemeinen Landrechts von 1794 (Frankfurt am Main ua 1983)

Wellspacher Moriz, Kritische Bemerkungen zur Zivilgesetznovelle (Wien 1908)

Wellspacher Moriz, Der Entwurf der Zivilgesetznovelle im Herrenhause (Wien 1909)

Wiederin Ewald, März 1938 - staatsrechtlich betrachtet, in: *Davy Ulrike/Fuchs H./Hofmeister Herbert/Marte Judit/Reiter Ilse* (Hg), Nationalsozialismus und Recht. Rechtssetzung und Rechtswissenschaft in Österreich unter der Herrschaft des Nationalsozialismus (Wien 1990) 226 ff

Wilbers Joachim, Demographische, gesellschaftliche und wirtschaftliche Entwicklung - Konsequenzen für die gesetzliche Rentenversicherung, in: *Blüm Norbert* ua, Langfristige Stabilisierung der gesetzlichen Rentenversicherung - Reform-Modelle im Vergleich (Sankt Augustin 1995) 7ff

Wirth Friedrich, Sozialpolitische Konzepte zur zukünftigen Gestaltung der Pensionsversicherung, in: *Bruner Johann/Prinz Christopher/Wirth Friedrich*, Die Zukunft der gesetzlichen Pensionsversicherung (Johannes Kepler Universität Linz, Institut für Volkswirtschaftslehre, Arbeitspapier Nr 9620) (Linz 1996)

Zeiller Franz von, Commentar über das allgemeine bürgerliche Gesetzbuch für die gesammten Deutschen Erbländer der Österreichischen Monarchie I (Wien 1811)

Zeiller Franz von, Das natürliche Privat-Recht[2] (Wien 1808)

Zöllner Detlev, Landesbericht Deutschland, in: *Köhler Peter A./Zacher Hans F.* (Hg), Ein Jahrhundert Sozialversicherung in der Bundesrepublik Deutschland, Frankreich, Großbritannien, Österreich und der Schweiz (Berlin 1981) 45 ff

Zweigert Konrad/Kötz Hein, Einführung in die Rechtsvergleichung auf dem Gebiete des Privatrechts I (Tübingen 1971)

Abkürzungsverzeichnis

ABGB	Allgemeines Bürgerliches Gesetzbuch
Abs	Absatz
aF	alte Fassung
ALR	Preußisches Allgemeines Landrecht
Amtsbl	Amtsblatt
ArbVG	Arbeiterversicherungsgesetz
ArbW	Arbeit und Wirtschaft
ARD	ARD-Betriebsdienst
ASVG	Allgemeines Sozialversicherungsgesetz
AVG	(deutsches) Angestelltenversicherungsgesetz
B-KUVG	Beamten-Kranken- und Unfallversicherungsgesetz
B-KVG	Bauern-Krankenversicherungsgesetz
B-PVG	Bauern-Pensionsversicherungsgesetz
BlgAH	Beilagen zu den stenographischen Protokollen des Abgeordnetenhauses
BlgHH	Beilagen zu den stenographischen Protokollen des Herrenhauses
BlgNR	Beilagen zu den stenographischen Protokollen des Nationalrates
BSVG	Bauern-Sozialversicherungsgesetz
BVfG	(deutsches) Bundesverfassungsgericht
BVerfGE	Entscheidungen des Bundesverfassungsgerichts (amtliche Sammlung)
bzw	beziehungsweise
ca	zirka
DBGBl	deutsches Bundesgesetzblatt
dh	das heißt
DRdA	Das Recht der Arbeit
DRGBl	deutsches Reichsgesetzblatt
DV	Durchführungsverordnung
E	Entscheidung
EB	Erläuternde Bemerkungen
EheG	Ehegesetz
Erk	Erkenntnis

EvBl	Evidenzblatt der Rechtsmittelentscheidungen in ÖJZ
f	folgende
FamRZ	Zeitschrift für das gesamte Familienrecht
ff	fortfolgende
FSVG	Freiberuflichen-Sozialversicherungsgesetz
G	Gesetz
GP	Gesetzgebungsperiode
GSKVG	Gewerbliche Selbständigen-Krankenversicherungsgesetz
GSPVG	Gewerbliche Selbständigen-Pensionsversicherungsgesetz
GSVG	Gewerbliches Sozialversicherungsgesetz
Hg	Herausgeber
hM	herrschende Meinung
idF	in der Fassung
iSd	im Sinn des/der
JBl	Juristische Blätter
JGS	Justizgesetzsammlung
Jh	Jahrhundert
Kap	Kapitel
LZVG	Landwirtschaftliches Zuschußrenten-Versicherungsgesetz
mA	meiner Ansicht
Nr	Nummer
NZ	Österreichische Notariats-Zeitung
OGH	Oberster Gerichtshof
ÖJZ	Österreichische Juristen-Zeitung
PG	Pensionsgesetz
RGBl	Reichsgesetzblatt
RVO	Reichsversicherungsordnung
S	Schilling
Sess	Session
SGB	Sozialgesetzbuch
SozSi	Soziale Sicherheit
SSV-NF	Entscheidungen des Obersten Gerichtshofes in Sozialrechtssachen
StGBl	Staatsgesetzblatt
StProtAH	Stenographische Protokolle des Abgeordnetenhauses
SZ	Entscheidungen des Obersten Gerichtshofes in Zivil- (und Justizverwaltungs-)sachen

ua	und andere
usw	und so weiter
UVEG	Unfallversicherungs-Einordnungsgesetz
V	Verordnung
v	vom
VAHRG	Gesetz zur Regelung von Härten im Versorgungsausgleich
VAWMG	Gesetz über weitere Maßnahmen auf dem Gebiet des Versorgungsausgleichs
VfGH	Verfassungsgerichtshof
VfSlg	Sammlung der Erkenntnisse und wichtigsten Beschlüsse des Verfassungsgerichtshofes
vgl	vergleiche
VR	Versicherungsrundschau
ZAS	Zeitschrift für Arbeitsrecht und Sozialrecht
zB	zum Beispiel
ZNR	Zeitschrift für Neuere Rechtsgeschichte
ZRG	Zeitschrift der Savigny-Stiftung für Rechtsgeschichte

Linzer Schriften zur Frauenforschung, Herausgegeben von Ursula Floßmann

Bisher erschienen – alle Bände A5, broschiert:

Band 1
Regina Nopp

Frau und Musik

Komponistinnen zur Zeit der Wiener Klassik
1. Aufl. 1996, 137 Seiten, ISBN 3 85320 800 2

Das Ziel dieser Arbeit besteht nicht darin, einen nicht vorhandenen „weiblichen Mozart" zu kreieren. Es geht vielmehr darum, einige in der Musikgeschichte immer wieder vorkommende, allzu rasch gefaßte Urteile über komponierende Frauen in Frage zu stellen und durch neue Fakten in einem anderen Licht erscheinen zu lassen. Der Ausgangspunkt ist nicht die zu kreativ-schöpferischen, künstlerischen Leistungen unfähige Frau, sondern die Frau, die dazu sehr wohl imstande ist, die jedoch häufig mit Schwierigkeiten seitens ihrer Umwelt zu kämpfen hat.
Es ist eine Tatsache, daß Frauen es sowohl in früheren Zeiten als auch heute noch wesentlich schwerer haben, bei gleichem Können wie ihre männlichen Kollegen auch die gleichen Erfolge zu erzielen.

Behandelt werden in dieser Studie Komponistinnen des 18. und beginnenden 19. Jahrhunderts, die in der österreichischen Musikgeschichte kaum bekannt sind: Marianna Martines, Josepha Barbara Auernhammer und in ihrem kompositorischen Umfeld Maria Theresia Paradis, Josepha Müllner, Magdalena von Kurzböck, Marianna von Auenbrugger, Antoinette de Lilien, Josephine de Lilien und Karoline Bayer. Neben den männlichen Heroen, wie etwa Haydn, Mozart oder Beethoven, leisteten sie ihren oft nicht unwesentlichen Beitrag zum kulturellen Leben und zur Entwicklung der Musik. Im damaligen Wien wurden diese Frauen allgemein geachtet und konnten sowohl im Inland als auch zum Teil im Ausland trotz der dargestellten Schwierigkeiten bedeutende Erfolge feiern. Gemeinsam ist ihnen allen, daß sie nach dem Tod rasch in Vergessenheit geraten sind.
Diese Mauer des Verschweigens wird nun durchbrochen und gibt Frauen als musikalische Persönlichkeiten ein Stück Geschichte zurück.

Linzer Schriften zur Frauenforschung, herausgegeben von Ursula Floßmann

Band 2
Ilse Hackl

Das Recht auf (bezahlte) Arbeit

Die Arbeitsmarktsituation von Frauen in oberösterreichischen Krisenregionen
1. Aufl. 1996, 130 Seiten, ISBN 3 85320 812 6

Bezahlte Arbeit bedeutet für Frauen in zunehmendem Maße Emanzipation – nicht nur von einem Partner, sondern auch von gesellschaftlichen Rollenerwartungen, die an sie gestellt werden.

Erwerbsarbeit wird gleichgesetzt mit Identität, Unabhängigkeit und Bereicherung der persönlichen Lebenssituation. Frauen sind nicht mehr bereit, sich verborgenen oder offenen Diskriminierungen auszusetzen, sondern setzen sich zunehmend zur Wehr.

In der vorliegenden Arbeit werden nicht nur theoretische Ansätze zur Frauenarbeitslosigkeit behandelt, es kommen auch Frauen zu Wort, die von Arbeitslosigkeit betroffen oder bedroht sind. Zitate aus Interviews machen die Betroffenheit und die Wut, aber auch das Selbstverständnis und die Forderungen der Frauen sichtbar.

Universitätsverlag Rudolf Trauner
A-4021 Linz, Köglstraße 14

LINZER SCHRIFTEN ZUR FRAUENFORSCHUNG, HERAUSGEGEBEN VON URSULA FLOßMANN

Band 3
Sabine Ziegler

Frauennachtarbeitsverbot in Österreich

1. Aufl. 1997, 256 Seiten, ISBN 3 85320 831 2

Seit mehr als einem Jahrhundert ist es in Österreich verboten, Frauen in der Nacht zu beschäftigen. Die „den Frauen eigene, schwache Konstitution“ veranlaßte den Gesetzgeber zur Einführung dieses geschlechtsspezifischen „Schutzgesetzes“, und bis zum heutigen Tag wurde aus der „besonderen Schutzbedürftigkeit der Frau“ die Rechtfertigung für seine Beibehaltung abgeleitet.

Daß dieser Nimbus eines Frauenschutzes par excellence heute keinesfalls mehr aufrechterhalten werden kann, ist nicht nur arbeitsmedizinischen Untersuchungen der letzten Jahre zu entnehmen, wonach feststeht, daß Nachtarbeit für Männer ebenso schädlich ist wie für Frauen. Auch die durchgehende Aufarbeitung der Gesetzgebungsgeschichte und eine Untersuchung der nachteiligen Folgen für das „geschützte“ Geschlecht, wie etwa die Verfestigung der traditionellen Rollenverteilung und des geschlechtsspezifischen Arbeitsmarktes, die Erhöhung des Beschäftigungsrisikos aufgrund der beschränkten betrieblichen Einsetzbarkeit und die Beeinträchtigung der Verdienstmöglichkeiten lassen nur den Schluß zu, daß das Frauennachtarbeitsverbot aufzuheben ist.

Aber auch aus rechtlicher Sicht ist eine Neugestaltung unumgänglich. Durch den Beitritt Österreichs zur EU hat sich ein Anpassungsbedarf des österreichischen Arbeitsrechts ergeben, der auch im Bereich der Nachtarbeit innerstaatliche Neuregelungen erfordert. EU-konform wäre eine ersatzlose Aufhebung ebenso wie eine geschlechtsneutrale Neuformulierung des Verbotes. Derzeit sind sowohl von Arbeitgeber- als auch von Arbeitnehmerseite mehrere Lösungsvorschläge im Gespräch, die alle von der grundsätzlichen Zulässigkeit der Nachtarbeit ausgehen und je nach Interessenlage verschieden starke Schutz- und Ausgleichsmaßnahmen vorsehen.

Universitätsverlag Rudolf Trauner
A-4021 Linz, Köglstraße 14

Linzer Schriften zur Frauenforschung, herausgegeben von Ursula Floßmann

Band 4
Sonja Tauber

Fristenlösung

Möglichkeiten und Grenzen für eine frauenfreundliche Regelung
1. Aufl. 1997, 120 Seiten, ISBN 3 85320 880 0

Seit 1. 1. 1975 ist die Fristenlösung (der Schwangerschaftsabbruch innerhalb der ersten drei Schwangerschaftsmonate) in Österreich straffrei. So kontrovers der Schwangerschaftsabbruch auch diskutiert wurde und wird, scheint doch weitgehend darüber Einigkeit zu herrschen, daß die Fristenlösung ein ausgesprochen liberales Gesetz sei. Vergleicht man sie mit der Indikationenlösung in der BRD vor 1992, dann ist die Fristenlösung unbestritten die frauenfreundlichere der beiden Regelungen.

Die Durchsetzung der Fristenlösung war zweifellos eine große frauenpolitische Errungenschaft. Nach über zwei Jahrzehnten praktischer Erfahrungen ist es aber an der Zeit, die bestehende Regelung neu zu überdenken.

Die Fristenlösung sollte nicht der Endpunkt, sondern ein wichtiger Zwischenschritt einer Entwicklung sein, die allen Frauen ein Recht auf Entscheidungsfreiheit zugesteht. Erst wenn beide denkbaren Wege – das Fortsetzen und der Abbruch einer Schwangerschaft – gleich zugänglich und gleichwertig sind, wird ein individuell und gesellschaftlich unverkrampfterer Umgang mit dem Schwangerschaftsabbruch (und mit Kindern!) das Ergebnis sein.

Universitätsverlag Rudolf Trauner
A-4021 Linz, Köglstraße 14

Linzer Schriften zur Frauenforschung, Herausgegeben von Ursula Floßmann

Band 5
Ursula Floßmann (Hg.)

Recht, Geschlecht und Gerechtigkeit

Frauenforschung in der Rechtswissenschaft
1. Aufl. 1997, 490 Seiten, ISBN 3 85320 889 4

Wir stehen vor einer grundlegenden Neuordnung der juristischen Studien. In seinen Zielvorgaben hat sich der Gesetzgeber deutlicher als je zuvor zur Gleichrangigkeit der Frauen- und Geschlechterforschung mit anderen Forschungsgebieten bekannt. Damit bietet sich erstmals die Chance, offene Frauenfragen auch im rechtswissenschaftlichen Unterricht zu thematisieren.

Dieses Buch soll auf die Bandbreite der juristischen Frauenforschung in Österreich aufmerksam machen. Es wendet sich insbesondere an rechtswissenschaftlich und rechtspolitisch interessierte Leserinnen und Leser mit dem Appell, die eigenen Erfahrungen in Familie, Beruf und Öffentlichkeit kritisch zu hinterfragen und sie in die Diskussion einzubringen. Der Weg zu einem geschlechterdemokratischen Rechtsverständnis ist noch weit. Jeder Beitrag zur Schärfung des Problembewußtseins, jede Kritik, jeder Lösungsvorschlag kann uns ein Stückchen weiterbringen. Die Frauenforschung ist derzeit vor die schwierige Aufgabe gestellt, ihre Erkenntnisse wissenschaftlich fundieren, gleichzeitig aber in akuten Notfällen Soforthilfe leisten zu müssen. Entsprechend vielfältig sind ihre Argumente. Sie weisen aber alle in eine Richtung – in unser aller Zukunft.

Linzer Schriften zur Frauenforschung, herausgegeben von Ursula Floßmann

Band 6
Andrea Heitz

Zeitsouveränität für ArbeitnehmerInnen

Ein Gestaltungsmerkmal der Arbeitszeit und eine personalwirtschaftliche Herausforderung
1. Aufl. 1998, 170 Seiten, ISBN 3 85320 927 0

Zahlreiche Beispiele aus der Industrie zeigen es: Arbeitszeit ist nicht nur eine entgeltpolitische Größe, sondern gleichermaßen ein immer wichtiger werdender Faktor der Aufbau- und Ablauforganisation von Unternehmen.

Aus diesem Grunde trifft man auch in zahlreichen Medien ständig auf die Thematik Arbeitszeitflexibilisierung. Jeder gibt auch vor zu wissen, was damit gemeint ist. Schließlich ist dieser Begriff in den letzten Jahren in den allgemeinen Sprachgebrauch integriert worden. Doch was sich konkret dahinter verbirgt, ist nicht immer unbedingt klar und eindeutig.

Zumeist verbindet man damit jedoch die Anpassung der Arbeitszeit an die Erfordernisse des Betriebes, um die Anlagen besser zu nutzen, Kosten zu senken und die Produktivität zu erhöhen.

Das Hauptaugenmerk dieses Buches liegt allerdings auf einem anderen Aspekt. Es beschäftigt sich mit der Thematik der Zeitsouveränität von ArbeitnehmerInnen, also inwieweit sich für MitarbeiterInnen die Möglichkeit eröffnet, ihre Arbeitszeit selbst zu bestimmen. Vielleicht klingt dies utopisch, doch lassen Sie sich durch das in diesem Buch beinhaltete Ergebnis überraschen.

Mag. Andrea Heitz studierte Betriebswirtschaftslehre an der Universität Linz und verfaßte im Zuge ihres Studiums die vorliegende Arbeit als Diplomarbeit. Sie ist seit 1998 in der Personalentwicklung tätig.

Universitätsverlag Rudolf Trauner
A-4021 Linz, Köglstraße 14